Kleine Mainzer Schriften
zur Theaterwissenschaft

Kleine Mainzer Schriften zur Theaterwissenschaft
Band 27

Ich sehe was, was du nicht hörst

Zur Produktivität des Abwesenden im (Theater)Raum

von

Nikola Schellmann

Herausgegeben von Peter Marx, Kati Röttger und Friedemann Kreuder

Tectum Verlag

Nikola Schellmann

Ich sehe was, was du nicht hörst.
Zur Produktivität des Abwesenden im (Theater)Raum
Kleine Mainzer Schriften zur Theaterwissenschaft; Band 27

ISBN: 978-3-8288-3615-0
ISSN: 1867-7568

Umschlagabbildung: Szene aus *Das letzte Feuer*,
Regie: Andreas Kriegenburg, Bühne: Anne Ehrlich.
Thalia Theater Hamburg, Premiere am 26.01.2008 (UA);
Wiederaufnahme am Deutschen Theater Berlin am 08.04.2010.
Foto: Anne Ehrlich

Lektorat und Satz: Linda Vogt

Druck und Bindung: CPI buchbücher.de, Birkach
Printed in Germany

Besuchen Sie uns im Internet
www.tectum-verlag.de

Bibliografische Informationen der Deutschen Bibliothek
Die Deutsche Bibliothek verzeichnet diese Publikation in der Deutschen Nationalbibliografie; detaillierte bibliografische Angaben sind im Internet über http://dnb.ddb.de abrufbar.

Vorwort

Frau Schellmann schließt mit ihrer Studie an die aktuelle theaterwissenschaftliche Debatte um die Performativität von Räumen an und verknüpft hierbei bezüglich ihrer methodischen Ansätze neuere Theorien zum Raum unter den Vorzeichen des *spatial turn* mit phänomenologischen und bildwissenschaftlichen; hierbei liegt der besondere, innovative Akzent der Arbeit darin, dass sie das Zusammenspiel von Aisthesis, Kinesis und Semiosis im Theater in erster Linie auf durch Zuschauerkonventionen und -wahrnehmungen bedingte Abwesenheiten und Unsichtbarkeiten auf der rezeptiven Inszenierungsebene untersucht und dem Raum hierbei über das Potential zu seiner performativen Entfaltung durch die Akteure hinaus selbst eine *agency* zuschreibt. Frau Schellmann legt damit nicht nur eine theoretisch äußerst originelle, sondern mit Blick auf die von ihr schwerpunktmäßig untersuchte Produktion die erste theaterwissenschaftliche Studie zu Andreas Kriegenburgs Inszenierung von Dea Lohers *Das letzte Feuer* (2008) am Hamburger Thalia Theater (Wiederaufnahme am Deutschen Theater Berlin 2010) vor.

Friedemann Kreuder — Mainz, im Juli 2015

Inhaltsverzeichnis

1 Einleitung

Ich gehe in die Theater, um ein wichtiges oder nur für mich wichtiges Stück zu sehen, die Arbeit eines geschätzten Regisseurs, doch vor allem gehe ich ins Theater, um Schauspieler zu sehen, ganz bestimmte Schauspieler […].
(Christoph Hein)[1]

Man geht ins Theater, um zu schauen, und nicht, um wegzugucken.
(Peter Radtke)[2]

Es ist ein klug gebautes Haus, ein humanes Haus. Human für die Sicht und für den Klang. Ich sitze gerne drin. Man sitzt hart, aber man sitzt gut. Man sitzt hier notwendig. […] Und es ärgert mich, dass die Zuschauer heute […] zwischen der Notwendigkeit dessen, was sie sehen sollten, und der Zufälligkeit dessen, was sie sehen, nicht mehr unterscheiden können.
(Hans Neuenfels)[3]

Wenn ich ins Theater gehe und etwas Gutes sehe – wie zum Beispiel den „Weibsteufel" im Akademietheater –, dann ist das ein körperlicher Genuss. Wenn ich hingegen etwas Schlechtes sehe, wird mir übel.
(Louise Martini)[4]

Untrennbar mit der Vorstellung von Theater und der Vorstellung *im* Theater scheint das Sehen zu sein: So besuchte ich auch am 16. Juni 2008 die Gastspielaufführung des Hamburger Thalia Theaters im Staatstheater Wiesbaden, um zu sehen, was das ist: *Das letzte Feuer.* Die dargebotene Mischung aus Sichtbarkeit und Unsichtbarkeit von Wohnräumen, welche durch permanente Drehung der Bühne vor dem in seinem Sessel fixierten Zuschauer[5] entlang geschoben und für ihn unsichtbar ‚hinten' verändert wurden, schien der Inszenierung durch gerade diese notwendig unsichtbar bleibenden Momente eine besondere Dynamik zu geben, zumal die Akteure nicht unsichtbar werden durften, wenn sie – den von Dea Loher mitunter lang und monologhaft angelegten – Text sprachen und daher entgegen der Drehrichtung der Bühne laufen muss-

1 Hein 2010.
2 Radtke zitiert nach Hoghe 2006.
3 Neuenfels zitiert nach Büning 2010.
4 Martini zitiert nach Dobretsberger 2009.
5 In der vorliegenden Arbeit werden die grammatischen Formen ‚Zuschauer', ‚Akteure' usw. verwendet. Diese beziehen sich gleichermaßen auf alle Zuschauenden, Agierenden usw.

ten. *Ich sehe was, was du nicht siehst? What you see is what you get?* Mal schauen:

> *Alles Sichtbargemachte ist durch das markiert, was dabei unsichtbar bleibt. Man sieht nur, was man sieht; nicht, was man nicht sieht. Und oft sieht man nicht, was zu sehen wäre; oder man sieht etwas, was nicht da ist. Obwohl der Horizont des Sichtbaren mikro- wie makrokosmisch ungeheuer erweitert wird [...], ist der Vorrat des Unsichtbaren niemals aufzubrauchen. Denn mit dem Horizont des Sichtbaren wächst [...] der „negative Horizont" des Unsichtbaren mit; aber nicht einmal das kann man eigentlich wissen.*[6]

Ich wollte noch ein bisschen mehr sehen. Auch von dem, was nicht sichtbar ist. „Nichts ist schwerer zu wissen, als was wir eigentlich sehen"[7], schreibt Maurice Merleau-Ponty – beim Probenbesuch der Wiederaufnahme am Deutschen Theater Berlin im April 2010 antwortete denn auch der Dramaturg der Produktion beim Probenbesuch auf meine Frage, ob ich im Anschluss an die Probe auf die Bühne gehen und ‚dahinter' schauen darf, verhalten bis verständnislos: „Aber Sie sehen doch von hier vorne alles." Die Bühnenbildnerin hingegen zeigte sich nach der Probe erstaunt, warum ich nicht hinter der Bühne sitzen wollte, sondern gleich im Zuschauerraum Platz genommen hatte: „Das hier hinten ist doch viel interessanter für dich, hier siehst du viel mehr."[8]

Diese Situation beschreibt bereits das Spiel mit Unsichtbarkeiten, das in der vorliegenden Arbeit als Inszenierung von Abwesenheiten bezeichnet werden soll: Man sieht eben nicht alles, wenn man im Zuschauerraum sitzt. Natürlich finden bei nahezu jeder Theateraufführung ‚hinter der Bühne' Umräum- oder Dekorationsarbeiten statt, daher ist dieser ‚reale' Teil zum Ermöglichen des Fiktiven ‚vorn' auf der Bühne notwendig. Der Zuschauer sieht darüber hinaus in diesem Falle jedoch nicht die gesamte Fiktion und Geschichte, die präsentiert werden (sollen), eben gerade weil sich ein Teil der Bühne immer unweigerlich im für den Zuschauer nicht einsehbaren Bereich befindet.

Was also passiert, wenn nichts zu sehen ist? Jens Roselt verknüpft Sichtbarkeit im Theater mit dem Verständnis dessen, was gesehen wird:

> *Durchschauen im wörtlichen, also visuellen Sinn, meint den Anspruch, alles Dargebotene zu sehen zu bekommen. Im übertragenden Sinne meint Durch-*

6 Böhme 2004, 219.

7 Merleau-Ponty 1974, 82.

8 Probenbesuch am Deutschen Theater Berlin am 07.04.2010.

schauen aber auch, etwas zu verstehen. Beide Ansprüche korrelieren mit der Annahme, dass sich auf der Bühne etwas zeigt, das gesehen, gehört und verstanden werden will. [...] Nichts soll im Theater passieren, was Zuschauer nicht sehen oder verstehen können.[9]

Wie ist es zu deuten, wenn genau damit gespielt wird: dass der Zuschauer eben nicht alles sieht und auch nicht sehen soll? Oder wenn es nichts zu hören gibt? Wenn die Möglichkeit entzogen wird, die ganze Bühne einzusehen oder keine Akteure die Bühne betreten? Wie ist dies überein zu bringen mit beispielsweise verdeckten Blickwinkeln, weil jemand in den vorderen Reihen die eigene Sicht verdeckt?

Jackob/Röttger zufolge zeigt sich im Theater

[...] keine Handlung, kein Drama. Stattdessen sehen wir sichtbar Inszeniertes, mittels dessen z.B. Handlung dargestellt werden kann. Das, was man im Theater sieht, werden wir nun vorläufig als Bild bezeichnen. Die Bild-Inszenierungen wiederum beruhen auf Struktureinheiten, die wir zwar nicht sehen können, von denen wir aber etwas wissen. Zuweilen dominieren sie [...] den Diskurs über das, was als sichtbares Bild im Theater wahrnehmbar ist. Zumeist geschieht dies im Bestreben, das Verborgene zu erkennen. Dann wird das Sichtbare übersehen und als Störung oder sogar als Gefahr markiert. [...] Was trägt nun also das Phänomen Bild im Theater? Vorerst werden wir festhalten: Es handelt sich um die Relation von inszeniertem Blick (durch das Medium), dem Wahrgenommenen (Bild) und dem Wahrnehmenden (Körper des Menschen).[10]

Der Aspekt der Wahrnehmung wird sich im Verlauf dieser Arbeit insofern als signifikant erweisen, als untersucht werden soll, ob bzw. wie die Wahrnehmung Sehen und Hören einschließt, positions- und perspektivabhängig ist und ferner einen entscheidenden Beitrag zur Raumkonstruktion leistet, der in weitaus intensiverer Weise einer Untersuchung bedarf, als es hier angedeutet wird.

Über den Aufführungsbegriff wird ein Bogen geschlagen zur gleichzeitigen und ‚gleichraumigen' Anwesenheit von Zuschauern und Akteuren: Welche ‚räumlichere' Situation ist denkbar, als wenn etwas im selben Raum passiert – welcher wiederum unterteilt werden kann in weitere Räume –, hier und jetzt, in Ko-Präsenz: ich bin hier, andere sind um mich herum und wieder andere sind da vorn, da oben auf der Bühne und zeigen etwas, erzeugen Bewegungen, führen etwas auf, das ich durch meine eigene Anwesenheit sehen und hören kann.

9 Roselt 2008, 101f.
10 Jackob/Röttger 2003, 242f.

So wird der Raum hier nicht nur Rahmung, Ort, Platz für das Geschehen, sondern trägt maßgeblich dazu bei: sowohl als Spielstätte, wahrnehmungskonstituierende Bedingung für Zuschauer, als auch als Spielstätte für Akteure. Dieser Raum für ein Spiel, das in zweierlei Hinsicht durch Anwesenheit konstituiert ist, soll im Folgenden von Interesse sein und damit gerade nicht oben genannter physikalisch-geometrischer Hinsicht Tribut zollen, sondern in Kombination mit Wahrnehmung und Bewegung, die immer auch Abwesenheit miteinschließen, den Theaterraum markieren.

> *Das Theater erfährt eine strikte Trennung in einen Raum diesseits und einen jenseits der Rampe. Die Art, wie die Beteiligten einer Aufführung den Raum nutzen, ist damit strikt festgelegt: Schauspieler haben so zu spielen, als wären keine Zuschauer anwesend, und Zuschauer sind diskrete Zeugen, die ihre eigene Anwesenheit zu verleugnen haben. Für viele Zuschauer ist diese Haltung ein selbstverständliches Dispositiv der Wahrnehmung im Theater. Diese räumliche Zweiteilung beruht also nicht nur auf dem Spacing des Guckkastens, sondern auch auf der Syntheseleistung von Zuschauern und Schauspielern.*[11]

Jens Roselt zufolge ist in der Theatersituation angelegt, dass feste Rollenzuweisungen von An- und Abwesendem erfolgen. Dies wird anhand der Reformulierung des Raumverständnisses unter Einbeziehung der Produktivität des Abwesenden zu prüfen sein. Es geht nicht um die jeweilige Abwesenheit des Zuschauers oder des Akteurs aus der jeweils anderen Perspektive, sondern um eine Thematisierung der Abwesenheit im Hinblick auf ihre Produktivkraft innerhalb der Wahrnehmung und im Raum.

Da das Abwesende hier nicht als Leere, Nichts oder (absolute) Absenz verstanden werden soll, sondern vielmehr von einer Verhinderung des Blicks oder Verhinderung von Wahrnehmung her rührt und somit das beschreibt, das nicht sichtbar oder auch *gerade nicht da* ist, erscheint es notwendig, dieses Fehlen näher in den Blick zu nehmen.

Insofern dieses Beschriebene, dieses Etwas, sowohl Gegenstand der Analyse ist, als auch ihm gerade durch sein ‚Fehlen' eine aktive Rolle hinsichtlich der Verdeutlichung, Wahrnehmung und Betonung dessen, was *da ist*, zugeschrieben werden kann, wird untersucht, auf welche Seite unterschiedliche Ausformungen einer solchen Abwesenheit ihrerseits selbst produktiv werden sowie darüber hinaus insbesondere hinsichtlich des Theaters ihren anwesenden ‚Mitspielern' oder auch ihrer eigenen hinterlassenen Leere stärkere Präsenz verleihen können.

11 Roselt 2008, 93f.

Die vorliegende Arbeit nimmt somit einen Weg vom Phänomen der Abwesenheit, das sich in Form von Sehen bzw. Nicht-Sehen äußert – und wie gezeigt werden wird, notwendigerweise auch in Form von Hören und Nicht-Hören – über Sehen, Sichtbarkeit, Bild und Bildtheorie, *Visual* bzw. *Pictorial Turn* über Akustik, Stimme, Schweigen zur Analyse von Abwesenheit im Theater und verdeutlicht, inwiefern An- und Abwesenheiten zusammenhängen und die Wahrnehmung des Zuschauers sowohl hiervon abhängig als auch dafür konstitutiv ist.

Große Bedeutung kommt hierbei dem Raum zu: eine wie auch immer geformte Abwesenheit bedingt eine Leere, eine Leerstelle, die zumindest hinsichtlich des Theaters und der Theorie der Aufführung zumeist mit Un-Sichtbarkeit beziehungsweise Un-Hörbarkeit und demnach einer speziellen Ausformung und Beschaffenheit des Raumes einhergeht – sei es in Form von leerem oder gar fehlendem Bühnenraum, Stille oder besonders klanglich erfülltem akustischen Raum, Dunkelheit, (beweglichen) Elementen des Bühnenraums, die andere verdecken; sei es bezüglich des dramatischen Raums und Fehlens von Figuren, bezüglich des linguistischen Raums auf der Ebene von sprachlichen Auslassungen oder des intertextuellen Raums in Form von sprachlichen und textlichen Fragmenten verschiedener Herkunft. Nicht zuletzt sei der Raum gar als Instanz der Abwesenheit genannt, indem er eben gerade den Blick *auf* etwas freigibt oder zu einem Urheber des Abwesenden wird und dadurch eine wesentliche *Rolle* spielt.

Somit sei der Versuch unternommen, u. a. anhand der Inszenierung von *Das letzte Feuer* eine exemplarische Übertragung vorzunehmen von beispielsweise mathematisch, architektonisch, philosophisch, sozial oder politisch angesiedelten Raumtheorien hin zu einer Performativität des Raumes, wobei hier auch (Erinnerungs)Raum, Fehlen und Fehlbarkeit, Leere und Abwesenheit im Text thematisiert werden. Auch mit weitgehend medialen oder ästhetischen Raumansätzen scheint der Bühnenraum in *Das letzte Feuer* nicht ganz fassbar zu sein: Ziel dieser Arbeit ist es demnach, den Raum über Aspekte des Sehens und des Abwesenden greifbar zu machen, so dass er dabei quasi mitspielt, indem er selbst diese Aspekte einerseits mitbestimmt und steuert sowie andererseits dadurch konstituiert ist. Damit wird der Raum zunächst modifiziert in seiner ursprünglichen ‚Rolle' als Bühnenbild, als theatraler Raum, als szenischer Raum, wenig greifbares Konstrukt, als bespielbares Element, das der Aufführung einen Rahmen, einen Ort gibt. Definitionen des Raums per se werden unter anderem vor dem Hintergrund des *Spatial Turn* zusammengetragen, sowie der Versuch einer Definition des Theaterraums unter Einbeziehung der Theorien

Max Herrmanns, Michel de Certeaus oder Erika Fischer-Lichtes unternommen. Der Raum erhält eine *Rolle*, spielt eine Rolle, wird zum Akteur, wird performativ, greift ins Bühnengeschehen ein und zwingt die Akteure, seine Mit-Spieler, zu Schnelligkeit oder Langsamkeit, zu Bewegung oder Stillstand und ‚hilft' ihnen dort, wo sie nicht weiter wissen: weil er da ist.[12] Weil er seine eigene Rolle unermüdlich spielt.

Insofern verfolgt diese Arbeit anhand ausgewählter exemplarischer Texte und Inszenierungen das Ziel, den Raumbegriff als solchen in ein neues Verständnis seiner Nutzbarkeit auf dem und für das Theater zu rücken, da seine performative, weil aktive Funktion bisher weitgehend ungeachtet blieb und die mitunter interdisziplinären Untersuchungen zur Raumtheorie eine angemessene Besprechung dieses Aspektes vermissen lassen. Die Arbeit leistet so einen Beitrag zur Diskussion gegenwärtiger ästhetischer und performativer Termini: Indem neben und in Wechselwirkung mit dem Raumbegriff und der Raumkonstruktion die Aspekte der Sichtbarkeit und Abwesenheit thematisiert werden – etwa in Form von Roland Barthes' *Tod des Autors*, Merleau-Pontys *Phänomenologie der Wahrnehmung* bzw. *Das Sichtbare und das Unsichtbare* oder Peggy Phelans *Unmarked: The Politics of Performance* –, werden darüber hinaus Wahrnehmung und Erwartungshaltung des Zuschauers angesprochen und übertragen einerseits auf den Stücktext, dessen Inhalte und bestimmte Textpassagen sowie andererseits auf die Inszenierung und die Aufführungssituation.

Die getroffenen Analysen schließlich beziehen sich auf Inszenierungen, die jede auf unterschiedliche Weise Abwesenheit thematisieren: Hierbei muss die Annahme erwähnt bleiben, dass, wie in Kapitel 2 ausgeführt wird, Anwesenheit bzw. Sichtbares immer einhergeht mit ebenso Unsichtbarem – daher behandeln Inszenierungen innerhalb des visuellen Mediums Theater stets auch zugleich Abwesendes. In den gewählten Arbeiten wird der Aspekt der Abwesenheit jedoch mehr oder weniger besonders heraus gestellt bzw. lässt sich vor dem Hintergrund der bisher getroffenen Arbeitsergebnisse diesbezüglich besonders in den Blick nehmen: Heiner Goebbels' *Stifters Dinge* kommt ohne menschliche Akteure aus. Katie Mitchells *Fräulein Julie* konstruiert aus mehr oder weniger sichtbaren und hörbaren Situationen und Momenten einen veränderten Blickwinkel auf Strindbergs Dramenvorlage. Karin Beiers *Die Schmutzigen, die Hässlichen und die Gemeinen* stellt die Akteure beinahe setzkastenartig aus und gewährt Blicke in die private Wohnsituation, aber verhindert die Hörbarkeit der Gespräche und Geräusche. Andreas

12 Siehe Tardieu 1965, 16f.

Kriegenburgs *Das letzte Feuer* behält stets einen Teil der Drehbühne in uneinsehbarer Abwesenheit.

Analog zu der im gesamten Verlauf der Arbeit angelegten Reihenfolge von a) Thematisierungen des Sehens und b) des Hörens, c) der Abwesenheit und d) des Raumes erfolgt eine ebensolche Anordnung der Analysen: die Untersuchung von *Fräulein Julie* thematisiert vorrangig das (Nicht-) Sehen, *Die Schmutzigen, die Hässlichen und die Gemeinen* das (Nicht-) Hören, *Stifters Dinge* die Abwesenheit und ihre Performativität - und in der Analyse von *Das letzte Feuer* schließlich dominiert der Raum.

Die Besonderheit der Abwesenheitskonstruktion hinsichtlich der Inszenierung von *Das letzte Feuer* wird in einem diesbezüglich detaillierteren Teil hintenangestellt, da sich die Differenzierung von ‚aktiver' und ‚passiver' Abwesenheit hier gewissermaßen vereint und dem Raum darüber hinaus eine aktive Rolle zuspricht. Außerdem werden in *Das letzte Feuer* Abwesenheiten in unterschiedlichen Aspekten und Zusammenhängen analysierbar und diese ermöglichen somit eine beispielhafte Basis für die Produktivität des Abwesenden per se sowie in Raum, Textraum, Bühnenraum und Theaterraum.

Bestandteile der Analysen werden schließlich zum Einen Wahrnehmung und Perspektive sein: inwiefern kann ich etwas sehen oder hören bzw. wann und warum nicht? Es wird untersucht, welche Rolle dabei die Differenzierung zwischen Zeichen- und atmosphärischer Wahrnehmung spielt und wie daraufhin der Raum der eigenen Anwesenheit den Theaterraum konstituiert - bzw. welche Rolle dem Raum hinsichtlich der Abwesenheitsproduktion zukommt. Zum Anderen werden Abwesenheiten in ihrer je spezifischen Form analysiert und mit den genannten Aspekten des Wahrnehmens und des Raumes in Verbindung gebracht.

August Strindbergs Postulat bezüglich der Bühnenpraxis erweist sich an dieser Stelle als geeignete Hinführung zur Thematik des Sehens, Hörens und der gleichzeitig entstehenden Auslassung:

> *Wenn es auch erfreulich ist, schöne Bühnenbilder zu sehen, so ist es doch verlorene Mühe, wenn man sie nur wenige Augenblicke zu sehen bekommt. Man strengt sich ohnehin an, Dialog und Mimik zu erfassen, so dass man sich kaum dem Bild widmen kann.*[13]

13 Strindberg 2010, 31.

2 Volle Leere und laute Stille – Abwesenheitsformen und ihre Produktivität

Ohne näher auf die Phänomene der Medienlandschaft einzugehen, die der Schnelllebigkeit angepasste und vielfältige Bilder produziert und ebenfalls eine Überreizung zum Thema hat, sei hier der Blick gelenkt auf Hans-Thies Lehmanns Beschreibung der Überfülle, welche notwendigerweise und gewünscht eine Leere zur Folge hat, die ihrerseits umso mehr Potenzial hinsichtlich der Produktivität birgt:

> *Man hat bemerkt, dass die Plethora der Bilder zum Verlöschen der angeschauten Welt führt. Das Prinzip des Übermaßes an Reizen zeitigt Folgen für die Art und Weise ihrer Verarbeitung. Auge und Ohr stellen sich um. ‚Erwarten' sie keine Zeit, geschweige denn Muße, für die Verarbeitung der Informationen, so gehen die Organe dazu über, nur noch oberflächlich zu registrieren. Die Reize brennen nur noch flache Bahnungen, undeutliche Erinnerungsspuren ein, vertiefende Konzentration bleibt abgeschaltet. So negiert am Ende die Plethora der Bilder das Bild, Gesehenes verpufft im Vergessen. Bilder werden bloße Zeichen wie die Buchstaben der Zeitung, deren Gestalt zugunsten der transportierten Information keinen Abdruck hinterlässt.*[14]

Der Videofilmer Gary Hill beschreibt eine „Automatisierung der Weltwahrnehmung"[15] folgendermaßen: „Das Sehen ist nicht mehr die Möglichkeit, etwas zu sehen, sondern die Unmöglichkeit, nichts zu sehen."[16] Die oben genannten Ausführungen Lehmanns können hinsichtlich dieser Arbeit auf die Aspekte des Sehens und Hörens übertragen werden: Sofern die immer mehr zunehmende Sichtbarkeit und Hörbarkeit bedeutet, dass zwangsläufig nicht alles wahrgenommen werden kann, weil dafür weder Zeit noch Muße bleibt, ‚gewöhnt' sich die Wahrnehmung an diesen Umstand und rezipiert weniger intensiv. Eigentlich Sichtbares wird so vermehrt unsichtbar, weil eine genaue Wahrnehmung kaum noch möglich scheint. Logische Folge ist nach Lehmann eine Hinwendung zum Fehlenden:

> *Askese, Bilderlosigkeit, Formalismus, Neigung zu Graphismus, karger Semiose und Schrift, Dauer, Langsamkeit und Schweigen stellen sich einer anderen Art*

14 Lehmann 1995, 432.
15 Virilio 1994, 56.
16 Hill zitiert nach Virilio 1994, 56.

der Beobachtung und Wahrnehmung. [...] Die verborgene Kraft der Leere und Absenz gewinnt Interesse.[17]

Für Lehmann beinhaltet das Theater der Plethora unweigerlich die Leere: „Die Entkoppelung und Dekonnexion der Elemente, die die Bühne überrandvoll bedecken, baut lauter Sackgassen der Deutung. Da sie sich nicht verbinden, haust die Leere in ihnen [...]."[18] Dieser Leere, die Gerald Siegmund mit Bezugnahme auf den Tanz analysiert[19], spricht Lehmann den Charakter eines Hauptdarstellers[20] zu und verdeutlicht so das der wachsenden Fülle inhärente Fehlende, das Anlass gibt, besonders innerhalb der Kulturwissenschaften dieses Abwesende in den Blick zu nehmen. Die vorliegende Arbeit beschäftigt sich gerade *nicht* mit dem Phänomen der Überfülle, aber leistet doch einen Versuch, die mitunter eben dadurch entstehende Produktivität der Leerstelle auszuloten:

> *Der modernen Vorstellung von ‚Erkenntniswachstum' steht somit eine unausgesetzte Produktion von Leerstellen gegenüber; mit der Menge des Wissens steigt immer auch die Menge des Nicht-Wissens. Kulturwissenschaft begegnet diesem Dilemma nicht mit einem Ritt à la Don Quijote gegen die Mühlen der perennierenden Auslassung, sie widmet vielmehr dem Phänomen der Auslassung als solchem ihre Aufmerksamkeit. Leerstellen sind ihr nicht ein zu Beseitigendes, sondern ein zu Beachtendes – ein Motiv und Movens forschender Neugier, da sie Anlass geben, das Ausgelassene sowie den Prozess der Auslassung selbst in den Blick zu nehmen.*[21]

Die Autoren attestieren dem Ausgelassenen dabei „ein Potential des Entwerfens und Erfindens [...]. Sich über das Ausgelassene auszulassen ist somit auch als eine experimentelle Suche nach Darstellungsformen zu verstehen, welche den Phänomenen in ihrer Flüchtigkeit gerecht werden."[22] So ist das Substantiv *Auslassungen* im Titel des betreffenden

---

17 Lehmann 1995, 432.

18 Lehmann 1995, 438.

19 Siehe Kapitel 3.2.1.

20 Lehmann nimmt Bezug auf *From Here to Here* von Saburo Teshigawara: „[Die Leere] belebt sich mit geheimnisvoller Anwesenheit, so dass sich das unabweisliche Gefühl einstellt, der Tänzer dort, als einziger auf der Bühne, sei dennoch keinesfalls allein, sondern umgeben von Gespensterwesen, körperlos in der Atmosphäre anwesend. [...] wird hier gleichsam die Unsichtbarkeit selbst sichtbar und handelt von Trauer, Abwesenheit, Angst, Tod und Schmerz [...]," (Lehmann 1995, 435f.).

21 Adamowsky/Matussek 2004, 13.

22 Adamowsky/Matussek 2004, 13f.

Sammelbandes denn auch in eckige Klammern gesetzt und füllt auf diese Weise eben diese Lücke, die eigentlich durch solche Klammern markiert wird: das Ausgelassene soll erst recht in den Blick genommen werden. Der folgende Auszug aus *Antiklimax* von Werner Schwab verdeutlicht die Thematik der Überfülle und die Notwendigkeit der Auslassung:

> *EINS*
> *Ein Raum, der vollgeräumt ist mit elektrischen Küchengeräten, Elektrowerkzeug, ein Pressluftbohrer etc. Alle Geräte sind in Betrieb und machen einen Höllenlärm.*
> *Mariedl kommt mit einem eingeschalteten Staubsauger auf die Bühne, saugt ein wenig und hält inne. Man sieht Mariedl etwas sachlich erzählen, hört aber keinen Ton davon.*
> *Die lautlose Erzählung wird aufgeregter.*
> *Ein langer und tonloser Schrei.*
> *Unhörbares Schluchzen.*
> *Mariedl fasst sich wieder.*
> *Sie saugt wieder Staub.*
> *[...]*
> *ZWEI*
> *Der ausgeräumte Raum. Mariedl und der nicht eingeschaltete Staubsauger.*[23]

Die Figur Mariedl wird im zweiten Teil aus dem „übervollen Raum der Plethora" herausgenommen und „in den Raum des Vakuums"[24] gestellt, was unterstützt durch die englische Übersetzung des Staubsaugers als *vacuum cleaner* evoziert, dass der Staubsauger die Überfülle aufgesaugt hat und die Produktivität der Stille bzw. des fehlenden Lärms andeutet bzw. hervorbringt.

Es bedarf demnach einerseits notwendig der Analyse solcher Auslassungen[25] und andererseits deren Folge in Form von funktionalen Wirkungsweisen - vornehmlich hinsichtlich des Theaters, wie sie in Kapitel 2.7 und 2.8 erfolgt –, die durch Analyse jenes Abwesenden überhaupt erst sichtbar werden. Dies korrespondiert mit dem in Kapitel 2.8 vorgeschlagenen Modell, das demnach eine Art Rechtfertigung durch die aktuelle kulturwissenschaftliche Forschung erhält.

---

23 Stricker 2007, 247f. Bezug auf Werner Schwab: *Antiklimax*. UA Kampnagel Hamburg 1994.

24 Stricker 2007, 248.

25 Siehe Kapitel 2.3–2.6.

2.1 Spezifische Formen des Abwesenden

Zunächst mag die Beschäftigung mit dem Thema *Abwesenheit* beliebig bzw. beliebig anwendbar erscheinen, bezieht sie sich doch auf etwas, das nicht oder nur bedingt da ist und folglich auch nicht definitiv beschrieben oder bestimmt werden kann.

Ein Eindruck der Beliebigkeit drängt sich ebenfalls auf hinsichtlich der Verknüpfungen, die mit dem Terminus der Abwesenheit vorgenommen werden können: Etwas ist nicht da – und das aus unterschiedlichen Gründen oder Gegebenheiten. Abwesenheit kann sich aus visueller Warte äußern als Unsichtbarkeit, Leere, Verstecken/Verdecken, Verdunkeln, Uneinsehbarkeit, versperrter Blick, Loch oder Verschleierung. Akustisch sind zu nennen Undeutlichkeiten, Unhörbarkeiten, Schweigen, Stille oder Pause. Eine generelle Einordnung, bei deren jeweiliger Interpretation sich auch Zuordnungen zu den genannten Bereichen ergeben, erfahren beispielsweise das Vergessen, das Nichtwissen, Lücken, das Fehlen, das Nichts, der Mangel, die Leerstelle, die Fragmentarisierung, die Auslassung, der Platzhalter, die Unterbrechung, die Verneinung sowie der Verlust und das Verschwinden mit den ihnen eigenen Extremen des Todes und der Sterblichkeit.

Wie insbesondere hinsichtlich des Theaters und der vornehmlich dortigen Räume gezeigt werden soll, folgt Abwesenheit jedoch einer Konzeption beziehungsweise einem Modell ihrer Wirkungsweise, das im Laufe der Arbeit vorgestellt und anhand mehrerer Inszenierungen veranschaulicht werden soll. Außerdem lassen sich hinsichtlich des Abwesenden Aussagen über das Anwesende oder Verbleibende treffen, die ebenfalls wichtig für die Analyse einer möglichen Produktivität sind. Günther Heeg nennt das Theater „spezifische[s] Erscheinen des Abwesenden“[26] und demnach

> *Theater der Visualität […]: die exponierte Unmöglichkeit seiner vollen Präsenz oder anders gesagt: seine Präsenz als Abwesendes. Im Theater der Visualität erscheint, was ansonsten verborgen bleibt zwischen den unbewegten Instanzen des Bild-Objektes und des Betrachters: Der mediale Zwischenraum der wechselseitigen Mit-Teilung von Bild und Sehen, Bewegung und Blick. Im Theater der Visualität erscheint Bild/Bewegung: die Überkreuzung von Auge und Blick, von Sehen und Erblicktwerden, die Bild-Projektion und deren schockhafte Unterbrechung durch die Widerfahrnis des Anderen, schließlich die Höhlung und der Aufbruch der Gestalt.*[27]

26 Heeg 2009, 211.
27 Heeg 2009, 211.

Analog zur notwendigen Verknüpfung von Theater und Sehen sowie Theater und Bild, denen in Kapitel 2.3 eine eingehende Betrachtung zuteil wird, sei hiermit demzufolge die Verknüpfung von Theater und Abwesenheit genannt[28], die daher maßgeblich zurückzuführen bzw. in Zusammenhang zu setzen ist mit dem Aspekt der Visualität. Daher leistet jenes, was man nicht sieht, einen entscheidenden Beitrag zur Analysemöglichkeit und -fähigkeit des Abwesenden. Insbesondere hinsichtlich des Theaters und ihres Auftretens im Theater lassen sich die letztgenannten Formen der Abwesenheit wiederum, je nach Kontext, deshalb unter die Aspekte der Visualität und der Akustik subsumieren, da sie als wesentliche Charakteristika der Inszenierung aufgefasst werden können. Martin Seel beschreibt diesen Sachverhalt des Sehens und Hörens hinsichtlich der Inszenierung folgendermaßen:

> *Wo Inszenierungen stattfinden, wird etwas vorübergehend in Szene gesetzt. Es vollzieht und präsentiert sich als ein räumlich sichtbares oder hörbares Geschehen. Inszenierungen sind immer zugleich ein räumliches und ein zeitliches Verhältnis. Etwas bewegt sich in einem begrenzten Raum, in dem sich das Publikum befindet oder der ihm betrachtend zugänglich ist; etwas ereignet sich in einer begrenzten Zeit, für die die Aufmerksamkeit eines Publikums gesucht und, wenn die Inszenierung gelingt, auch gebunden wird. Jede Inszenierung, heißt das, kann sich nur vor dem Hintergrund nicht inszenierter räumlicher und zeitlicher Verhältnisse abspielen.*[29]

Seels Inszenierungsbegriff wird also maßgeblich definiert durch Räumlichkeit, Sichtbarkeit und Hörbarkeit und wirft im Rahmen der Forschungsarbeit zugleich die Frage nach dem *Un*sichtbaren und *Un*hörbaren in der Inszenierung auf: Im weiteren Verlauf der Arbeit soll gezeigt werden, dass eine untrennbare Verknüpfung zwischen An- und Abwesendem, (Un)Sichtbarem, Präsenz und Absenz besteht. Eine Klammer- oder Kursivsetzung erscheint hierbei unumgänglich, da eine Sichtbarkeit immer zugleich auch eine Unsichtbarkeit mit einschließt und daher bereits exemplarisch für eine Präsenz auch des Unsichtbaren steht: Es kann nicht gesprochen oder geschrieben werden über das, was man *nicht* sieht, ohne auch das – optisch wie analytisch – zu betrachten, *was* man sieht. Eine akustische Pause kann nur beschrieben werden im Kontext der Klänge oder Stimmen, welche sie unterbricht; ein Moment der Stille ist per se schwerlich wahrnehmbar ohne die Erfahrung von Tönen, Geräuschen, Lärm. Eine Leerstelle oder ein

28 Siehe Kapitel 2.7.
29 Seel 2001, 51f.

Fehlen fällt auf, wenn zuvor jemand oder etwas dort war oder zumindest erwartet worden ist, und so *überhaupt jemals* da war, wenn auch in vergangenen ähnlichen Situationen. Verdunkelung und Verdecken bedingen eine vorherige Helligkeit. Ein versperrter Blick wird eben durch ein irgendwie geartetes Etwas versperrt oder verhindert.

Auch die Abwesenheit ergibt sich aus der Betrachtung, dem Sehen und dem Blick, denen das Anwesende unterworfen ist, und verknüpft damit untrennbar Absenz mit Präsenz. Siegmund zufolge fügen die Leerstellen in den von ihm analysierten Tanzperformances „dem Bühnengeschehen signifikante Lücken zu, die die Zuschauer zu imaginativen Eigenleistungen geradezu auffordern." Dabei schlägt er einen Bogen vom „leeren Raum, über einen bestimmten Umgang mit dem Körper, bis hin zur Trennung von Hören und Sehen, wobei der jeweils eine Parameter abwesend gemacht wird [...]" und spannt so hinsichtlich des Tanzes ein Feld auf, das sich in dieser Arbeit hinsichtlich des Theaters als konstitutiv erweist.[30]

Diese Lücken, die für Siegmund innerhalb eines Betrachtens von etwas unumgänglich sind, lassen sich an dieser Stelle bereits insofern als produktiv festhalten, als sie etwas aussparen, das sich in der Imagination des Zuschauers fortschreibt. Sowohl von der einen, abwesenden, als auch der anderen, anwesenden Richtung her gedacht, kann das eine nicht ohne das andere existieren oder beschrieben werden – und dennoch handelt es sich nicht um eine Opposition:

> *Mit dem Begriff der Abwesenheit ist natürlich auch dessen Gegenteil, nämlich ‚Präsenz', aufgerufen. Absenz und Präsenz sind nicht voneinander losgelöst zu betrachten. Dennoch spielt der Begriff der Präsenz in der aktuellen theaterwissenschaftlichen Diskussion eine weitaus zentralere Rolle als der der Absenz. [...] Nicht die Frage nach der Präsenz macht die Theatralität von Kunstwerken aus, sondern das, was diese Präsenz erzeugt und was sie als ihr Anderes ausblenden muss.*[31]

Demnach muss die Bezeichnung der Präsenz als ‚Gegenteil' der Abwesenheit an dieser Stelle insofern kritisiert werden, als nicht ein Gegenteil im Sinne eines gegenseitigen Ausschlusses beschrieben werden soll, sondern eher ein unverzichtbares Gegenstück zur Anwesenheit diese in ihrer Wahrnehmung komplettiert. *Ausblenden* ist hierbei also nicht

30 Siegmund 2006, 10.

31 Siegmund 2006, 10. Theatralität wird von Siegmund an derselben Stelle beschrieben als „[...] Vollzug einer Handlung, die sich *in actu* durch die Ko-Präsenz von Darstellern und Zuschauern ereignet."

im zunächst visuellen Sinne als Verschwinden zu betrachten, sondern als ein in seiner Abwesenheit *andere* Formen des anwesenden Sichtbaren hervorrufender Vorgang.

Hinsichtlich der folgenden Ausführungen sei nun darauf hingewiesen, dass eine Unterscheidung vorzunehmen ist zwischen einerseits einem intendierten Weglassen oder Auslassen und andererseits Unsichtbarkeiten oder Unhörbarkeiten, die technisch oder räumlich bedingt sind. Es muss differenziert werden zwischen einerseits einer bewussten, inszenatorischen Unsichtbarkeit bzw. Unsichtbarmachung von beispielsweise Akteuren und auf der anderen Seite deren temporärer, situations- oder lediglich positionsbedingter Unsichtbarkeit, weil beispielsweise die Köpfe der Zuschauer in den vorderen Reihen die eigene Sicht momentan verdecken. Demnach kann hinsichtlich des Sehens das Weglassen von sichtbaren Elementen gewissermaßen als aktive Abwesenheit, die Verhinderung des Sehens durch Verstellung der Sehbarkeit als passive Abwesenheit eingestuft werden. Analog bedeutete dies für das Hören, dass Schweigen eine aktive Auslassung markiert, das Nicht-Hören von etwas, weil es beispielsweise in einem schalldichten Raum passiert, hingegen als passiv einzustufen ist.

Insbesondere bezüglich des Theaters seien an dieser Stelle die Begriffe der okkasionellen und der inszenierten Abwesenheit eingeführt, da hinsichtlich der Dynamik und bewegungsorientierten Praktiken im Raum - deren Anteil an der Konstitution des Theaterraumes wird in Kapitel 3.2 erläutert - die Zuschreibungen *aktiv* und *passiv* nur oberflächlich greifen. Es geht um Inszenierung, um ein In-Szene-Setzen von etwas[32], das per se eine aktive Handlung darstellt. Jedoch ist eine temporäre Abwesenheit, die aus einer bestimmten Situation oder technischen Gegebenheiten heraus entsteht, ebenfalls nicht als rein passives Element einzustufen: Zum Einen, weil ihr eine gewisse Produktivität innewohnt, wie noch zu zeigen sein wird; zum Anderen, weil es nicht um einen statischen, unbeweglichen, unbeteiligten oder nebensächlichen Charakter dieser Abwesenheit geht. *Okkasionell* deutet in diesem Zusammenhang auf die Prozesshaftigkeit hin, die der jeweiligen Abwesenheit eignet und ihre Veränderbarkeit und Abhängigkeit von beispielsweise Positionierung, Stimmung, Aufmerksamkeit oder Perspektive[33] verdeutlicht. Im Gegensatz zur inszenierten und damit bewusst intendierten und eingesetzten Abwesenheit ist die okkasionelle Abwesenheit als gelegentlich und fallweise und eben in genannter Abhän-

32 Siehe Früchtl 2001, 165.
33 Siehe Kapitel 3.3.

gigkeit von bestimmten Elementen zu beschreiben. Von diesem Ausgangspunkt wird im Folgenden zunächst die Auseinandersetzung mit den Begriffen des Sehens, Hörens und der Wahrnehmung nötig sein, um dann auf den Raum als Rahmen-Instanz für eventuelle okkasionelle und inszenierte Abwesenheiten zu sprechen zu kommen.

2.2 Abwesenheit *von etwas*: nicht Nichts

> *„Sobald die Entstehung ankommt, löst sie sich auf und setzt sich unendlich fort. Die Entstehung ist jener Entzug der Präsenz, durch den alles Präsenz erlangt." Das Da, das immer schon Fort ist, bringt hervor. Nancy denkt Abwesenheit nicht in Opposition zur Präsenz, die der absoluten Opposition von Tod und Leben entspräche, sondern als Ort der Möglichkeiten, die sich ins Spiel bringen, die sich hervorbringen.*[34]

Abwesenheit bildet keinen Gegensatz zu Anwesendem, Sichtbarem, Hörbarem, sondern wird vielmehr selbst zu etwas Wahrnehmbarem, indem es durch das Anwesende maßgeblich mitdefiniert wird - und es darüber hinaus ihrerseits mitdefiniert. So reiht sich das Abwesende selbst in das wahrnehmbar Erscheinende ein und ist demnach nicht als Nichts, Leere, ‚schwarzes Loch' zu betrachten. Das oben von Siegmund genannte Verhältnis von „[...] Entzug der Präsenz, durch den alles Präsenz erlangt"[35] verdeutlicht das Potenzial der Abwesenheit, Dinge zu präsentieren und herauszustellen, indem sie, um mit Nietzsche zu sprechen, eine Unvollständigkeit herstellt:

> *Das Weglassen [...] hat ein Fehlen zum Resultat und lässt sich daher allgemein als Herstellung einer Unvollständigkeit bestimmen [...]. Es handelt sich dabei also um eine nicht sprachlich explizite, sondern rein performative Negation. Und es fragt sich nun, ob der Text das Weggelassene auf eine andere Weise, vielleicht sogar buchstäblich per negationem, zur Sprache bringt.*[36]

Allein die Wortbedeutung der *Ab-wesen-heit* evoziert ein zugrunde liegendes Etwas und verdeutlicht, dass über *etwas* gesprochen werden muss, wenn über nichts, über etwas nicht da Seiendes gesprochen wird: „The word absence comes from the Latin esse, or ‚being', and ab, meaning ‚away'. An absence is the being-away of something. [...] The notion of being is after all present in the very word absence. The body

34 Jean-Luc Nancy zitiert nach Siegmund 2006, 79.
35 Siegmund 2006, 79.
36 Friedrich Nietzsche zitiert nach Schlesier 2004, 222.

could not be away, stand outside, unless it had a being and a stance to begin with."[37]

Der abwesende Akteur in *Stifters Dinge* ist mitunter nicht zuletzt deshalb abwesend, weil es grundsätzlich die Vorstellung und Erwartung eines Akteurs als „stance to begin with" gibt und davon ausgegangen werden kann, dass in einer Theaterinszenierung oder auch einer Performance ein (menschlicher) Akteur auftritt. Ausgehend von dieser Präsenz, die sich innerhalb der Aufführung zur Ko-Präsenz von Zuschauer und Akteur ergänzt[38], ergibt sich zwangsläufig auch dessen Absenz, vornehmlich, wenn der Akteur nicht zu sehen ist oder gar nicht vorkommt. Dies bedeutet nicht, dass eine Leere entsteht, sondern sich im Gegenteil erst durch Performativität des Abwesenden[39] die Fülle der sichtbaren Elemente und ‚Akteure' ergibt.

Das wie auch immer geartete Abwesende ist demnach nicht als vollständige Absenz zu verstehen, sondern als ein *Etwas*, das Wahrnehmung und Aufmerksamkeit nur verstärkt. Dies legt nahe, dass einerseits etwas da *gewesen* sein muss, andererseits aber auch etwas gegenwärtig *da ist*, da andernfalls die Abwesenheit des Anderen nicht präsent wäre. Es handelt sich also nicht um ein endliches Fehlen, einen unwiederbringlichen Verlust, ein Nichts, sondern eher um etwas Unsichtbares, vorübergehend Abwesendes, das in der Vorstellung, Imagination und Erwartung ebenso performativ ist wie das anwesend Sichtbare - und möglicherweise darüber hinaus, da die Aufmerksamkeiten für letzteres gerade durch das Abwesende verstärkt werden.

Theater erscheint nun per se als Aussparung, weil nur in geringem Umfang Dinge auf der Bühne gezeigt werden können. Im Gegensatz zu beispielsweise ‚Ausschnitt' soll der Begriff ‚Aussparung' an dieser Stelle bewusst als Bezeichnung für eine aktive Auslassung von Seiten des Theaters verwendet sein: Bewusst und inszenatorisch angelegt werden Dinge, Handlungsstränge, Assoziationen oder Figuren gezeigt oder eben ausgelassen. Nie wird der Status einer Vollständigkeit erreicht werden, sei es in Form von erschöpfender Behandlung einer Thematik oder auch eines Textes, die außerdem nur ausschnitthaft, szenenhaft, fragmentarisch den Zuschauern dargeboten werden. Sabine Schouten erklärt das Phänomen des Fehlens mit dem Begriff des *Entzugs*, der sich sowohl in der Reduzierung von äußeren Reizen

37 Drew Leder zitiert nach Siegmund 2006, 58.
38 Siehe Kapitel 2.7.
39 Siehe Kapitel 2.8.

durch beispielsweise Dunkelheit im Zuschauerraum, als auch im Entzug von Bühnenelementen äußern kann:

> *Das herkömmliche Theater kann generell als ein Ort professionell produzierter Aufmerksamkeit beschrieben werden. Es bedient sich nicht nur der Trennung von Zuschauerraum und Bühne, um das Interesse der Zuschauer zu bündeln, sondern hat mit Techniken wie der Verdunkelung oder der konformen Sitzausrichtung weitere Methoden gefunden, die den sensuellen Entzug des Publikums verstärken. [...] Dieser Reizentzug fördert die Wahrnehmungsbereitschaft des Zuschauers, indem seine Aufmerksamkeit idealiter in vollem Umfang auf die Bühne kanalisiert wird.*[40]

Schouten zufolge richtet also der Zuschauer seine Aufmerksamkeit auf das, was ihm bleibt, weil ein Anderes entzogen wird. Hier findet sich nun die Abwesenheit nicht wie bei Goebbels oder Kriegenburg auf der Bühne und betont dabei die verbleibenden anwesenden Elemente, sondern verlagert seine Produktivität auf die Wahrnehmung und Aufmerksamkeit des Zuschauers, der diese aufgrund von fehlenden oder reduzierten äußeren Einflüssen „auf die Bühne kanalisiert".[41] Schouten beschreibt die „übliche Gliederung in Darsteller- und Zuschauerraum"[42] als Entzug „potentielle[n] Bewegungsraum[es]" für den Zuschauer: „[...] indem er zum Darbietungsraum gemacht wird [geht] [d]ieser räumliche Entzug [...] mit einer Reduktion von Sinneswahrnehmungen einher."[43]

Über Schoutens Ansatz hinaus erfordert zudem die Einschränkung des ‚persönlichen' Raumes durch eng gelegene benachbarte Sitze oder des Blickfeldes durch Verdunkelung des Zuschauerraums oder Köpfe in den vorderen Reihen eine gewisse Anstrengung, um das Bühnengeschehen für sich selbst adäquat verfolgen zu können. Wenn nicht alles zu sehen ist und dadurch Unsichtbarkeiten oder Abwesenheiten entstehen, erfolgt eine Intensivierung der Wahrnehmung dessen, was zu sehen ist oder auch dessen, was als fehlend auffällt. Schouten betont jedoch ebenso, dass mit dem Begriff des Entzugs „nichts Minimalistisches, Absentes gemeint [ist]."[44] Beispielhaft nennt sie

> *die Einschränkung visueller Wahrnehmung, hervorgerufen durch den Gazevorhang. Das dahinter Erscheinende verliert an Kontur, löst sich ins Diffuse auf und erzeugt damit eine bekannte Reaktion: Meine Wahrnehmung wird inten-*

40 Schouten 2004, 108.
41 Schouten 2004, 108.
42 Schouten 2004, 107.
43 Schouten 2004, 107.
44 Schouten 2004, 114.

siviert, ich schaue genauer hin. Der Entzug beschränkt sich jedoch nicht aufs Visuelle. Ich kann nicht nur nicht klar sehen, was vor sich geht, ich kann es auch nicht durchschauen.[45]

Schouten entwickelt damit einen Ansatz, der sich sowohl gegen die Analyse „künstlerischer Strategien der ästhetischen Verweigerung"[46] ausspricht, als auch die Gegensätzlichkeit von Entzug und Präsenz ablehnt.[47] Sie beschreibt vielmehr einen

> *Wahrnehmungsvorgang in Aufführungen [...] als prozesshafte Hervorbringung von aisthetischer Gegenwärtigkeit, resultierend aus einer Mangelerfahrung. Als ein spezieller Modus der Wahrnehmung ist der Entzug dabei nicht durch spezifische Inhalte, sondern lediglich durch den Verlauf einer ‚Mehr-Weniger-Abfolge' gekennzeichnet.*[48]

Diese Betrachtungsweise sei nun bezüglich der vorliegenden Arbeit als sehr geeignet herausgestellt, um die Abhängigkeiten und Verknüpfungen von und zwischen Wahrnehmung, Aufmerksamkeit, Sehvorgängen und Sehgewohnheiten sowie Akteuren und Zuschauern zu erfassen. Außerdem werden diese in Beziehung gesetzt zu An- und Abwesendem als *Erfahr*barem, wobei Sicht- und Hörbarkeit als spezifische Formen sowohl der Abwesenheit als auch der Wahrnehmung sowie darüber hinaus das Raumerlebnis als Instanz der Abwesenheit markiert werden sollen. Dies sei als vorläufiges Zwischenergebnis hinsichtlich Kapitel 3.3 festgehalten, in dem es um die Bedeutung der Wahrnehmung des

---

45 Schouten 2004, 114. Schouten nimmt Bezug auf *Tragedia Endogonidia* der Theatergruppe Socìetas Raffaello Sanzio. Siehe Schouten 2004, 111ff.

46 Schouten 2004, 106f. Schouten führt dies auf Lehmann/Weibel zurück: „Unter ihrer Ästhetik der Absenz beschreiben Ulrike Lehmann und Peter Weibel die Arbeiten einer Reihe von Künstlerinnen und Künstlern, die seit den neunziger Jahren auf mediale Bilderfluten und beschleunigte Produktions- und Konsumprozesse auf dem Kunstsektor mit künstlerischen Strategien der Verweigerung reagieren: ‚Einige kehren Bilder um oder verbergen sie vor den Augen der Betrachter, andere verbrennen oder zerstören sie, wieder andere erinnern nur mit Worten an bekannte Bilder. Manche Künstler lassen den Ausstellungsraum völlig leer.'" (Schouten 2004, 117.) Siehe auch: Lehmann, Ulrike und Weibel, Peter (Hg.) (1994): *Ästhetik der Absenz. Bilder zwischen Anwesenheit und Abwesenheit.* München.

47 Siehe Gumbrecht, der die Spannung zwischen Materialität und Referentialität in der Opernwahrnehmung als „Oszillieren zwischen Wahrnehmung und Sinn, zwischen der Dimension von Präsenz und der Dimension von Absenz [...]" beschrieb. (Gumbrecht 2001, 76.)

48 Schouten 2004, 107.

Abwesenden vornehmlich im Theater gehen wird. Auch diesbezüglich wird es wichtig sein, Abwesendes nicht als Leere aufzufassen, sondern dessen Produktivität in den Vordergrund zu rücken und aus der Entzugssituation und -erfahrung heraus zu einem Verständnis von Abwesendem als aktiver Kraft hinsichtlich der Wahrnehmung und Aufmerksamkeit auf dem Theater zu gelangen. Schouten nutzt das Beispiel eines Spaziergangs[49] und hält diesbezüglich als Beobachtung fest, dass die Entzugssituation, der sie sich ausgesetzt sah und die sie den Blumenduft und das Licht bewusst wahrnehmen ließ, einer Verschiebung der Aufmerksamkeit geschuldet sei, „[...] indem Wahrnehmungsinhalte, die zuvor unauffällig blieben, plötzlich deutlich ins Bewusstsein treten."[50]

Die bereits eingangs getroffene Feststellung, dass Abwesendes keinen Gegensatz zu Anwesendem darstellt, sondern selbst zu etwas Wahrnehmbarem wird, lässt sich also nun vor allem insofern belegen, als der von Schouten beschriebene Prozesscharakter der Wahrnehmung einer ständigen Bewegung von Absenz und Präsenz zwischen zwei Polen von *Da* und *Nicht-da*[51] bedingt und bedarf. Daher ist Schoutens Erklärungsansatz für das genannte Verständnis von Abwesendem als Wahrnehmbarem zugleich anwendbar auf den *nicht-Nichts*-Charakter des Abwesenden: indem Abwesenheit als Wahrnehmungskonstrukt selbst einer solchen Prozesshaftigkeit unterliegt, kann es kein Verschwinden im Nichts bedeuten, sondern gewährleistet vielmehr eine größere Intensität:

> *Als Zuschauer auf Entzug zu sein, bedeutet also nicht, den Eindrücken beraubt, der Leere anheim zu fallen. Als ein Prozess der Wahrnehmung bewegt sich der Entzug vielmehr indem er aus einem Weniger an Eindrücken ein Mehr produziert. Fördern Theateraufführungen durch den Entzug des Raumes schon immer die Aufmerksamkeit des Zuschauers, so ist der Entzug als ästhetisches Instrument der Inszenierung eine Aufforderung zur bewussten aisthetischen Wahrnehmung. Die alltägliche Perzeption, darauf trainiert, eine Flut von Eindrücken in Reiz-Reaktion-Schemen verebben zu lassen, setzt aus. Stattdessen erweist sich die Entzugserfahrung [...] als produktive Klammer zwischen Subjekt und Objekt: Mit der Reduktionserfahrung geht eine Intensivierung der Wahrnehmung einher, die letztlich zu einer Potenzierung der Präsenzerlebnisse, zur ‚phänomenalen Fülle' führen kann.*[52]

49 Schouten bezieht sich auf den Naturpark Schöneberger Südgelände in Berlin. Siehe Schouten 2004, 104ff.

50 Schouten 2004, 108.

51 Siehe Schouten 2004, 115f.

52 Schouten 2004, 115f.

2.3 Visualität und Akustik als spezifische Merkmale der Präsenz: Un/Sichtbarkeit als spezifische Form des Abwesenden

Ausgehend von der in Kapitel 2.1 getroffenen Einteilung des Abwesenden in Unterformen des Akustischen und Visuellen soll an dieser Stelle die Visualität hinsichtlich des Sehens per se, des Gesehen-Werdens und des Bildes auf dem Theater sowie deren Funktionalität und Funktionsweise untersucht werden - unter anderem auf ihr Potential hin, eine Annäherung an die Thematik der Abwesenheit auf dem Theater zu leisten und mögliche Erklärungsversuche aufzuzeigen. Dies stellt keinen Versuch dar, die Betrachtung des Bildes im Sinne der Bildtheorie oder Bildwissenschaft[53] und ferner dessen Zusammenhang mit der Visualität auf dem Theater bzw. in der Theaterwissenschaft möglichst historisch und vollständig nachzuzeichnen oder zu rechtfertigen, wie der von Kati Röttger et al. dargelegte Abriss dieser Entwicklung und Problematik einschlägig thematisiert und einleitet. Dies bedürfte einer weiter reichenden Auseinandersetzung, die in der vorliegenden Arbeit nur insofern angesprochen wird, als sie Hilfestellung hinsichtlich eines Hintergrundes der Bildforschung und Verständnisses von Seh-Vorgang und Abhängigkeit von einem Sehenden leistet, was wiederum aufgrund der notwendigen Präsenz des Sehenden eine Verknüpfung bietet zur Theorie der Aufführung, wie sie in Kapitel 2.7 weiter ausgeführt wird.

2.3.1 Theorie des Bildes: vom *Linguistic* zum *Pictorial Turn*

In einem zunächst interdisziplinär gehaltenen Rahmen seien an dieser Stelle Ansätze zur Theorie des Bildes aufgezeigt[54], die im Folgenden auf die Thematik des Sehens, der Wahrnehmung und in Bezug auf vornehmlich die Situation im Theater spezialisiert werden sollen. Kati Röttger skizziert die Antworten auf die Frage nach dem Bild in fünf Richtungen, von denen die erste als durch die analytische Philosophie strukturierte Bildwissenschaft beschrieben wird, in der der methodische Zugang über allgemeine und objektiv anerkannte Kriterien erfolgt. Die Phänomene des Bildes können so in einem allgemeinen und abstrakten System beschrieben und erklärt werden und ermöglichen über eine Gliederung in bestimmte Strukturmerkmale eine um-

53 Siehe beispielsweise Sachs-Hombach, Klaus (Hg.) (2005): *Bildwissenschaft. Disziplinen, Themen, Methoden*. Frankfurt am Main.

54 Siehe Jackob/Röttger 2009, 32ff.

fassende und differenzierte Bildwissenschaft. Dieser liegt ein „semiotisches Bildverständnis, in dem es vor allem um ein Höchstmaß von allgemeiner Verbindlichkeit geht […]“[55], zugrunde, in dem nicht nur der methodische Zugang zum Phänomen des Bildes, sondern auch die Analyse seiner Inhalte und Informationen berücksichtigt werden.

Ein kultureller, sozialer und politischer Zugang zu Bildern liegt den in der anglo-amerikanischen Denktradition entstandenen Visual Culture Studies zugrunde, die daher weniger das Wesen des Bildes denn über das Bild hinaus im Bereich der Sichtbarkeit die Funktionen und Wirkungen des Visuellen untersuchen. Anhand des Verborgenen oder Unsichtbaren entsteht eine kritische Betrachtung des Sehens, die sich weniger an Regelsystemen orientiert und stattdessen Prozesse von gegenseitigem Blick aufeinander berücksichtigt.[56] Diese wiederum stellen für eine Aufführung wichtige Bestandteile dar.[57]

Die Phänomenologie wiederum thematisiert den Seh-Akt als solchen und verknüpft dessen körperspezifische Bedingungen in biologischer und historischer Sichtweise mit der Wahrnehmung des Bildes. Sie nimmt ihren Ausgang im Gegensatz zur erstgenannten analytischen Bildwissenschaft vom jeweiligen Bild her und beinhaltet demnach *nicht* eine „ideale Betrachterposition […] ebenso […] wie eine Universalisierung des Bildbegriffs auf der Basis eines verbindlichen Textes.“[58] Röttger beschreibt die Phänomenologie nur als bedingt bildwissenschaftlich, da sie nicht bei bestimmten Kriterien der Bildbeschreibung ansetzt und ihnen zufolge modellhaft Bilder analysiert, sondern das je nach Wahrnehmung entstandene spezifische Bild behandelt.

Die Kunstgeschichte bildet den vierten von Röttger beschriebenen Ansatz und behandelt ein Verständnis des Bildes als einerseits aus der Geschichte entstanden, das jedoch andererseits „in der Auseinandersetzung mit dem Gegenwartshorizont seine eigentliche Brisanz erhält.“[59]

Das Ziel der Bildanthropologie schließlich ist es, diese historischen Fragen nach dem Bild mit dem Akt der Wahrnehmung zu verknüpfen und somit eine Geschichte des Sehens „als Geschichte des Blickes in Verbindung mit wahrnehmendem Körper und Bild-Körper“[60] fortzuschreiben. Die Forschungsperspektive ist dabei nicht auf das Bild gerichtet, sondern vom Bild aus wird eine „Rückbindung des Bildes an

55 Jackob/Röttger 2009, 33.
56 Siehe Jackob/Röttger 2009, 33f.
57 Siehe Kapitel 2.3.2 und 2.3.5.
58 Jackob/Röttger 2009, 35.
59 Jackob/Röttger 2009, 35.
60 Jackob/Röttger 2009, 35.

den Körper des Menschen als eigentlichen Ort der Bilder"[61] vorgenommen. Der Körper wird darüber hinaus medial als Bilder produzierend als auch aufnehmend und speichernd verstanden: „Denn Bilder brauchen immer ein Medium, in dem sie sich verkörpern, also auch zeigen können. [...] Voraussetzung für diese Relation ist der Mensch als erster Produzent und einziger Rezipient von Bildern."[62] Das Bild wird demnach nicht in Verwechslung mit einem Medium betrachtet und ermöglicht so eine phänomenale Herangehensweise für das Medium Theater sowie das dafür notwendige Medium Mensch, indem sich dieses sowohl aus der Handlung oder Darstellung des Schauspieler-Körpers, als auch der Wahrnehmung des Zuschauer-Körpers konstituiert.[63]

Diesbezüglich betont Röttger eine Erweiterung der rein technischen Perspektive von Medien- und Bildbegriff um eine anthropologische Sichtweise, die an dieser Stelle eines Verweises auf die Notwendigkeit des Zuschauers beziehungsweise des Menschen per se bedarf. Diese in den folgenden Kapiteln näher erläuterte Bedingung des Sehens, der Wahrnehmung und damit auch des Bildes findet ihre Analogie in der Darstellung des Abwesenden in Kapitel 2.7 bzw. 2.8, das den Zuschauer und seine Aufmerksamkeit ‚braucht': Es „[...] zeigt sich, dass in dieser *oszillierenden Bewegung des Blicks* und dessen Inszenierung durch das Bild sich die Frage nach dem Verhältnis von sichtbaren Bildern und sichtbaren Dingen letztlich nicht von der Präsenz eines wahrnehmenden Körpers trennen lässt."[64]

Die genannten Ansätze beinhalten bereits vielfältige Elemente, die sich auch hinsichtlich einer Spezifikation auf den Bereich des Theaters als produktiv erweisen werden und Anlass und Kriterien für das Sehen auf dem Theater und seine Funktionsweise bieten (können).

Generell sei an dieser Stelle festgehalten, dass die bekannte Mehrdeutigkeit des Bildes, für das im Englischen zwei Begriffe unterschieden werden, sowohl einen physischen Gegenstand, ein von Menschen produziertes Artefakt – ‚picture' – darstellen, als auch eine „mentale, imaginäre Entität"[65] – ‚image' – bezeichnen kann.

W.J.T. Mitchells *Picture Theory* rief 1994 den *Pictorial Turn* aus[66], in dessen Zusammenhang der Autor von der Notwendigkeit der „Wiederent-

61 Jackob/Röttger 2009, 35.
62 Jackob/Röttger 2009, 35f.
63 Siehe Jackob/Röttger 2009, 36.
64 Jackob 2009, 104.
65 Mitchell 2008, 18.
66 Siehe Belting 2008, 7.

deckung des Bildes"[67] hinsichtlich der Deutung unserer Welterfahrung spricht: „Bilder sind unsere Art, einen Zugang zu den Dingen zu bekommen, was auch immer diese sein mögen."[68] Im selben Jahr benannte Gottfried Boehm den *Iconic Turn*, der von einer unterschiedlichen Position ausgeht. Mitchell beschreibt in dem 2005 erschienenen Buch *What Do Pictures Want? The Lives and Loves of Images*[69] bereits durch den Titel ein buchstäbliches Eigenleben der Dinge und führt die von Boehm genannte Bezeichnung als gleichwertig an: „Anstatt ihn einfach nur hinzunehmen, unternahm *Picture Theory* den Versuch, den ‚pictorial turn' – oder den, wie er manchmal auch genannt wird, ‚iconic' bzw. ‚visual' turn – zu analysieren."[70] Er führt jedoch im Anschluss an eine Tagung im Rahmen des IFK 2005[71] einen Briefwechsel mit Boehm über die unterschiedlichen Positionen der *Turns*. Boehm nennt „Die Wende zum Bild [...] eine Konsequenz der Wendung zur Sprache"[72], wohingegen Mitchell *pictorial* nicht als malerisch verstanden, aber zugleich die Aufmerksamkeit auf Bildtechniken und Bildmedien gelenkt wissen will. Er betont die „Ungreifbarkeit der mentalen Bilder"[73], deren Fluktuation und Ereignishaftigkeit zwischen Medien und Körpern[74] sowie die Notwendigkeit, „[...] dass Bilder – einschließlich der Weltbilder – immer mit und bei uns waren und dass es nicht möglich ist, Bilder – und noch viel weniger Weltbilder – hinter sich zu lassen, um eine authentischere Beziehung zum Sein, zum Realen oder zur Welt zu entwickeln."[75]

Mitchell nimmt mit *Picture Theory* Bezug auf den von Richard Rorty 1967 geprägten Begriff des *Linguistic Turn*, in dessen Sinne die Realität auf die Zeichenwelt der Sprache zurückzuführen ist. Im Zuge dieser sprachkritischen Wende verschob sich die Auffassung von Wissen als notwendig zum Verständnis der Welt und der Grenzen und Fähigkeiten des menschlichen Verstandes. Bis dahin galten Erfahrung und Erkenntnis als organisierendes Prinzip der Psyche. Mit dem *Linguistic Turn* wurde die Sprache zum Ausgangspunkt der Welt- und Gegenstandserfahrung: „Erst durch die Sprache und nicht schon im Vorfeld

---

67 Belting 2008, 7.
68 Mitchell 2008, 13.
69 Die direkten und indirekten Zitate in diesem Kapitel beziehen sich auf die deutsche Ausgabe von 2008.
70 Mitchell 2008, 20.
71 Belting bezieht sich auf eine Wiener Tagung am Internationalen Forschungszentrum für Kulturwissenschaften im Jahre 2005. Siehe Belting 2008, 8.
72 Boehm zitiert nach Belting 2008, 8.
73 Belting 2008, 8.
74 Siehe Belting 2008, 8.
75 Mitchell 2008, 12.

unseres geistig-mentalen Apparats ist uns die Welt gegeben."[76] Die Regeln von Sprache und Sprechen müssen verstanden werden, um Dinge, Bilder und Handlungen zu deuten. Röttger nimmt an dieser Stelle einen Übertrag auf Theaterwissenschaft vor: ehemals mental vorgestellte Eindrücke konnten nun formal auf Regeln und Aufbau der Sprache bezogen werden, sowohl bezüglich des einzelnen theatralen Zeichens als auch hinsichtlich universellen kulturelle Zusammenhänge, in die jede Aufführung gesetzt werden muss.[77] Semiotik und Textverständnis waren zwar produktiv, ließen jedoch Ansätze außer Acht, die

> *ihren Ausgang in dem unmittelbaren Bereich der sichtbaren und wahrnehmbaren Welt nehmen und sich konsequent auf die wechselseitige Bedingtheit des Denkens und des Sehens berufen. Dabei wird gänzlich vernachlässigt, dass sich der erste und folgenreiche Begriff des physischen und dennoch ‚durchdachten' Sehens in der klassischen Antike in einem direkten Zusammenhang mit dem Theater herausgebildet hatte.*[78]

Röttger beschreibt eine seit den 1990er Jahren erfolgte Erweiterung des semiotischen Modells auf phänomenologische Aspekte und vor allem eine durch die Performativitätstheorie motivierte größere Konzentration auf Vollzug und Ereignishaftigkeit:

> *Doch obgleich die Begriffe des Sehens und des Blicks offenkundig eine enge Verbindung mit dem Theater aufweisen, wurden Fragen nach dem Bild in dieser Forschungsperspektive mehr oder weniger außen vor gelassen. Dieser Eindruck ändert sich auch nicht, wenn man weniger nach einem einheitlichen und weithin sichtbaren Weg zum Bild sucht, sondern umgekehrt vom Phänomen des Bildes selbst ausgeht.*[79]

Nachdem also der *Linguistic Turn* Boehm zufolge eine „prinzipielle Sprachabhängigkeit aller Erkenntnisse"[80] darstellte, sah er darin die Notwendigkeit zur „Überprüfung der grundsätzlichen Tragfähigkeit der Sprache"[81], deren Konsequenz die ikonische Wende sei, „[...] denn schon wenn es um die Begründung der Wahrheit von Sätzen geht, muss man auf Außersprachliches zurückgreifen."[82]

76 Jackob/Röttger 2009, 24.
77 Siehe Jackob/Röttger 2009, 24.
78 Jackob/Röttger 2009, 25.
79 Jackob/Röttger 2009, 26.
80 Boehm zitiert nach Jackob/Röttger 2009, 32.
81 Jackob/Röttger 2009, 32.
82 Jackob/Röttger 2009, 32.

Das folgende Zitat Röttgers stellt nun eine vom *Pictorial Turn* ausgehende Verknüpfung zum Sehen als solches und Sehen auf dem Theater und somit zu den folgenden Kapiteln dar, da es sich vorausgreifend auf den Aufführungsprozess, die Produktivität der Bilder sowie die Selbstreferentialität und den Praxischarakter des Sehens bezieht:

> *Mit der ikonischen Wendung auf dem Theater [...] hingegen wird der Zuschauer auf die besondere Bildqualität des Gezeigten und auf den Akt von dessen Aufführung aufmerksam gemacht. Werden die Augen der Betrachter für die Sicht auf die aufgeführten Bilder geöffnet, tritt die produktive Leistung der Bilder in den Vordergrund: sie bilden Realität nicht einfach ab, sondern bringen eine (eigene) Realität hervor. Damit wird das Sehen von Bildern zu einer aktiven, produktiven oder besser gesagt: mitproduzierenden Leistung erhoben.*[83]

Indem die Annahme von Theater als einem Medium besteht, „[...] das Sehen einrichtet [...]"[84] sowie von der Konzeption ausgegangen wird, dass Theater sich in Vollzug und Verkörperung ereignet, schließt sich die Frage an, ob dies auch als „Vollzug und Verkörperung von Bildern [gelten könne]: ‚In ihrer Übertragung und durch ihre Inkorporation wird der Zuschauer selbst im Wahrnehmungsprozess zu einer Art Medium und damit ein Träger von Bildern.'"[85]

2.3.2 Sichtbarkeit/Unsichtbarkeit: Dimensionen der Anwesenheit

Die Thematik des Abwesenden, hier in Form von Unsichtbarem, Nicht-Sichtbarem bedarf ebenso einer Auseinandersetzung mit dem Begriff des Sichtbaren, wie umgekehrt in Kapitel 2.1 bzw. 2.2 angedeutet wurde: das Anwesende schließt immer das Abwesende mit ein. Alexander Jackob beschreibt in Auseinandersetzung mit Maurice Merleau-Ponty,

> *[...] dass das Verhältnis zwischen sichtbaren Dingen und sichtbaren Bildern zugleich und unauflösbar mit dem Unsichtbaren, dem Unbestimmten und dem Abwesenden in unserem Blick verbunden ist. Allein gehört hier das Unsichtbare nicht mehr in den Erkenntnisbereich eines geistigen Auges oder in einen reinen Ideenhimmel. [...] Denn zur Eigenart des Sichtbaren gehört es, „mit einem im strikten Sinne Unsichtbaren unterfüttert zu sein, das es als bestimmte Form der Abwesenheit anwesend sein lässt."*[86]

83 Röttger 2009a, 71.
84 Balme 2003, 212.
85 Jackob/Röttger zitiert nach Balme 2003, 212.
86 Jackob 2009, 105.

Indem also das Unsichtbare nicht als vollständig Abwesendes verstanden werden kann[87], sondern als das, was man im und am Sichtbaren aus einer bestimmten Perspektive zu einer bestimmten Zeit gerade nicht sieht, entsteht ein Verständnis von der Welt, von Wahrnehmbarem und Sichtbarem als ein zusammengesetztes Ineinandergreifen aus Anwesendem und Abwesendem, was erneut Anlass gibt, bei der Betrachtung des Einen auch das Andere zu analysieren. An dieser Stelle sei der okkasionelle Charakter dieser Abwesenheit qua Unsichtbarkeit betont, denn die Aspekte der Anordnung und Position von Subjekt und Objekt bedingen diese Art der Abwesenheit: Hinsichtlich der Sichtbarkeit und der verdeckten Seite des Würfels, die notwendig verdeckt sein muss, um eine andere Seite sichtbar zu machen, sei nun dem Visuellen auf dem Theater die Fähigkeit zugesprochen, aus dem ‚Wechselspiel', oder besser gesagt Zusammenspiel, von Sichtbarkeit und Unsichtbarkeit, eine Produktivität des Abwesenden insofern ableitbar zu machen, als das Nicht-Sichtbare in seiner Unsichtbarkeit dem visuell Anwesenden umso mehr Sichtbarkeit verleiht. Das Sichtbare bedarf einer und bedingt eine gleichzeitige Unsichtbarkeit.

> *Wenn wir einen der Gegenstände betrachten, die wir wahrnehmen, und an diesem Gegenstand eine der Seiten, die wir nicht sehen; oder wenn wir die Gegenstände betrachten, die in diesem Augenblick nicht in unserem Gesichtsfeld sind, z. B. das, was hinter unserem Rücken geschieht; oder das, was in Amerika geschieht oder auf der anderen Seite der Erdkugel, wie sollen wir dann die Existenz dieser abwesenden Gegenstände oder dieser unsichtbaren Teile der gegenwärtigen Gegenstände (objets présents) beschreiben?*[88]

Merleau-Ponty nennt als Antwortmöglichkeit die Psychologie, der zufolge die nicht gesehenen Seiten beispielsweise einer Lampe vorzustellen seien (représente), womit sie allerdings „nicht als gegenwärtig existierend erfasst sind, denn das, was vorgestellt ist, befindet sich nicht hier vor uns, ich nehme es nicht wirklich wahr. Es ist nur etwas Mögliches."[89] Eine zweite Variante wäre, von dem auszugehen, was sich notwendig ergäbe, wenn der Blickwinkel des Betrachters geändert würde - vor dem Hintergrund des Wissens, wie genau zum Beispiel ein Würfel strukturiert ist. Merleau-Ponty zufolge sei diese Deutung allerdings im Hinblick auf die Wahrnehmung selbst nicht haltbar: „Es ist *wahr*, dass die Lampe eine Rückseite und der Wür-

87 Siehe Kapitel 2.2.
88 Merleau-Ponty 2003, 28f.
89 Merleau-Ponty 2003, 29.

fel eine weitere Fläche hat. Aber diese Formulierung entspricht nicht dem, was in meiner Wahrnehmung gegeben ist. Diese gibt mir nämlich keine Wahrheiten wie die Geometrie, sondern Gegenwärtigkeiten (présences)."[90]

Vor diesem Hintergrund käme – zumindest im Deutschen – dem Terminus der *Wahr-Nehmung* eine interessante Dimension zu: indem etwas wahrgenommen wird, wird es für wahr genommen, als wahr eingestuft. Merleau-Ponty zufolge ist diese Annahme jedoch nicht haltbar, da sie nicht die Wahrnehmung per se berücksichtigt. Bei ihm wird demnach ‚Ich glaube nur, was ich sehe' zu „Die Welt ist das, was ich wahrnehme."[91]

Unter Berücksichtigung des eigenen Standorts, der Syntheseleistung durch den Betrachter, „der in den Gegenständen bestimmte perspektivische Aspekte feststellen kann"[92], Gebundenheit an den eigenen Leib sowie dessen Bewegungshorizont sei an dieser Stelle nur knapp zusammengefasst, was Merleau-Ponty hinsichtlich des Wahrnehmungsbegriffs postuliert:

> *Die Wahrnehmung stellt also ein Paradox dar und das wahrgenommene Ding hat selbst paradoxe Züge. Es existiert nur, insofern jemand es wahrnehmen kann. Ich kann mir nicht einmal für einen Augenblick ein Ding an sich vorstellen. [...] wenn ich versuche, mir einen Ort in der Welt vorzustellen, der noch von niemandem besucht wurde, vergegenwärtigt mir die Tatsache, dass ich ihn vorstelle, diesen Ort; ich kann also keinen wahrnehmbaren Ort vorstellen, an dem ich selbst nicht anwesend wäre.*[93]

An dieser Stelle ergibt sich bereits vorgreifend eine Verknüpfung mit dem Raum, denn dieser ist als Phänomen des eigenen Da-Seins zu verstehen, welches wiederum die Wahrnehmung ermöglicht: „Der Mensch ist im Raum dadurch auch inmitten des Sichtbaren und des Unsichtbaren. Das Sichtbare sieht der Mensch aus der Mitte seiner Selbst als Sehender heraus, der selber sichtbar ist."[94] Meike Wagner fasst den dies unterstreichenden phänomenologischen Ausgangspunkt folgendermaßen zusammen: „Ausgehend vom Paradox der menschlichen Wahrnehmung, dass man sich niemals sehend sieht und dass der blinde Fleck – Ort der blinden Materialität des Sehnervs – genau der Ermöglichungs-

90 Merleau-Ponty 2003, 29f.
91 Wiesing 2003, 117.
92 Merleau-Ponty 2003, 33.
93 Merleau-Ponty 2003, 33.
94 Meyer 2009, 115f. Siehe außerdem Merleau-Ponty 1986, 114ff.

grund des Sehens ist, erscheint das reine Sichtbare in Frage gestellt; das Unsichtbare ist ihm immer beigegeben."[95]

Das besagte Unsichtbare sei hierbei „konstitutiv im Sichtbaren, im Eigenen angesiedelt […]" und kann bzw. muss daher nicht auf irgendeine Weise ins Sichtbare übertragen werden. Merleau-Ponty fasst im Gegensatz zu Jacques Lacan[96] das Phänomen des Unsichtbaren und dessen Nicht-Sehen nicht als Verlust auf, sondern beschreibt es als Bestandteil der Wahrnehmung, der nicht *außerhalb* der Welt liegt, eben *weil* er abwesend ist, sondern benennt es als „Unsichtbares dieser Welt"[97]. Dies impliziert seine grundlegende Existenz in der Welt des Sichtbaren, der es notwendig angehören muss und nimmt ihm den Charakter von dessen ‚Kehrseite'.

Ein weiteres Beispiel für die intrinsische Verbindung von Sicht- und Unsichtbarem ist die Situation der Wahrnehmung, wie sie Gerald Siegmund in seiner Analyse der Abwesenheit mit Bezug auf vornehmlich den Tanz mit Verweis auf ebenfalls Merleau-Ponty anführt.[98] Demnach sei das Sehen kein Vorgang, der in nur eine Richtung zielt, sondern die angesehenen Dinge, die Aufmerksamkeit des Betrachters auf sich ziehen, blicken zurück: „Sie […] geraten in mein Blickfeld, das sie mit ihren Blicken durchkreuzen […]"[99] und gewährleisten dadurch ein „Gesehenwerden von einem anderen Ort her, dem ich in der Welt immer schon unterworfen bin."[100] Siegmund spricht an dieser Stelle von einer Asymmetrie der Wahrnehmung, die verhindert, dass der Sehende und der Gesehene sich jemals an derselben Stelle befinden können, von deren Perspektive aus die Wahrnehmung beider identisch wäre. Dadurch, dass ich einen anderen sehen kann, der wiederum ebenfalls etwas oder mich sieht, wird mir bewusst, dass ich trotz des eigenen Sehens ebenso Vieles nicht sehen kann:

> *Die Präsenz des Anderen macht mir […] das deutlich, was ich nie sehen kann. In der Wahrnehmungssituation sind mir die Dinge nie vollständig gegeben, weil sie aus einer Abwesenheit heraus erscheinen. Mein eigener Rücken entzieht sich meinem Blick ebenso wie alle Ansichten eines Gegenstandes, der mir immer nur*

---

95 Wagner 2003, 262.

96 Im Unterschied zu Jacques Lacan, der mit dem Spiegelstadium die Antizipation des ‚anderen Blicks' in das eigene Bild herausarbeitet; siehe Siegmund 2006.

97 Merleau-Ponty zitiert nach Wagner 2003, 262.

98 Siehe Siegmund 2006, 198.

99 Siegmund 2006, 198.

100 Siegmund 2006, 198.

von einer Seite aus perspektivisch zugänglich ist. Meine Abhängigkeit vom Blick des Anderen, der mich einkreist und bestimmt, ermöglicht also gleichzeitig eine Nähe und eine Distanz zu den Dingen.[101]

Vergleichbar hiermit ist das Beispiel der Zeugenschaft, die auch hinsichtlich der Aussage, die getroffen wird, voraussetzt, dass der Zeuge in seiner Abwesenheit von etwas Zeugnis ablegt und darüber hinaus zunächst etwas wahrgenommen haben muss, das er bezeugen kann:

Der Zeuge ist der erste Agent der erzählten Geschichte – ‚histor' bedeutet im Griechischen Zeugenschaft. Die Bedingungen der Zeugenschaft müssen erfüllt sein, um glaubhaft über Geschichte sprechen zu können. Aber um heute Geschichte zu machen, ist die Zeugenschaft eben auch unabdingbare Voraussetzung. Mit anderen Worten: Geschichte kann nicht gemacht werden, wenn sie nicht vorher wahrgenommen, gleichsam schon ‚abgelesen' wurde.[102]

Als wesentliches Kriterium der Zeugenschaft wird die visuelle Wahrnehmung genannt: „Der Augenzeuge hat nichts berührt, aber alles gesehen. […] So spricht die Logik der Justiz der optischen Dimension allein die vollgültige Aussagekraft zu, ohne die die Wahrheit eines Zeugnisses immer zweifelhaft bleibt."[103] Eine Parallele hinsichtlich der Notwendigkeit des Rezipienten ergibt sich an dieser Stelle aus der Notwendigkeit der Visualität heraus: nicht nur die Geschichtswissenschaft, sondern auch die Justiz benötigt Visualität, indem der Zeuge etwas Gesehenes wiedergeben muss, da mitunter der „höhere Wert des Visuellen darin besteht, dass es zugleich Anspruch auf Unmittelbarkeit und auf ewige Gültigkeit erheben kann."[104] Hinsichtlich des Aspekts des Sehens und damit der Sichtbar- wie Unsichtbarkeit führt Bruno Tackels Derrida an, der von der Blindheit des Zeugen ausgeht, da gewissermaßen die Wahrnehmung von der Zeugenaussage abgelöst wird. Aufgrund der Unmöglichkeit der Gleichzeitigkeit von Sehen, Zeigen und Sprechen und der damit einhergehenden Charakterisierung der Zeugenschaft durch eben diese Trennung[105] entsteht eine Notwendigkeit der Abwesenheit – entweder die des Geschehenen, des Sehaktes oder des Zeugen selbst.

101 Siegmund 2006, 198.
102 Tackels 1994, 134.
103 Tackels 1994, 135.
104 Tackels 1994, 135f.
105 Siehe Tackels 1994, 137.

Der Zeuge sagt, was er nicht mehr sieht, und er hat gesehen, was er noch nicht sagen konnte. Wer Zeugnis ablegt, ist nicht als Zeuge da, denn er befindet sich nicht am Orte des Ereignisses, von dem er berichtet. Und wenn er dort ist, berichtet er noch nicht. Er wird den Ort verlassen, Zeuge werden und zugleich nicht mehr Zeuge sein können. Derrida formuliert dieses Paradox in der Formel, dass der Zeuge immer blind ist. [...] Nehmen wir einmal die Redensart, dass der Zeuge die Vergangenheit wieder aufweckt, beim Wort. In diesem Sinne würde er uns nur dies mitteilen: Ich war Zeuge, und indem ich vor Sie trete, um Zeugnis abzulegen, bin ich es nicht mehr.[106]

Dies verdeutlicht also die notwendige Abwesenheit des Zeugenstatus, denn während der Zeugen*aussage* ist die Bezeichnung *Zeuge* nicht mehr treffend. Indem der Zeuge anwesend war und nun von der abwesenden Situation Zeugnis *ablegt*, dieses also abgibt, wird die eigentliche Situation erneut präsent.

An dieser Stelle sei nun ein Bogen geschlagen zur Notwendigkeit des Sehenden und der Abhängigkeit der Wahrnehmung vom Wahrnehmenden, sowie damit verknüpft den Begrifflichkeiten von Gegenwärtigkeit und Präsenz, die darüber hinaus in Kapitel 2.7 ausführlicher betrachtet werden sollen. Merleau-Ponty schreibt hierzu:

Es ist notwendig und hinreichend, dass der Leib des Anderen, den ich sehe, und sein Sprechen, das ich höre, das also, was mir in meinem Gesichtsfeld als unmittelbar gegenwärtig entgegentritt, mir auf seine Weise all das gegenwärtigt, was ich mir niemals gegenwärtigen werde, was mir immer unsichtbar bleiben wird, dessen direkter Zeuge ich niemals sein kann – eine Abwesenheit also, jedoch nicht irgendeine, sondern eine gewisse Abwesenheit, eine gewisse Differenz im Verhältnis zu den Dimensionen, die uns allen von vornherein gemeinsam sind [...].[107]

Voraussetzung für den Akt der Wahrnehmung sind folglich das eigene Sehen[108], die Gegenwärtigkeit eines Anderen, die ich sehe sowie das Sehen dieses Anderen, das mich sieht, und das notwendig unsichtbar Bleibende, das sich mir im Akt des Sehens von etwas Sichtbarem zumindest insoweit vergegenwärtigt, als es in seiner Unsichtbarkeit anwesend wird: „Die Welt ist nach Merleau-Ponty der Raum, an dem das

106 Tackels 1994, 137.

107 Merleau-Ponty 1986, 114f. Hervorhebungen des Autors.

108 Das von Merleau-Ponty genannte Sprechen bzw. die Akustik sei in diesem Kapitel ausgeklammert, da sich Kap 2.5 intensiv damit auseinandersetzen wird.

eigene Erleben und Sehen und das des Anderen zusammenkommen."[109] Die phänomenologische Verknüpfung von Sehen, Wahrnehmen und Raum wird in Kapitel 3 wieder aufgegriffen.

2.3.3 Der Akt des Sehens: sichtbar ist nicht gleich sehbar

Eva Schürmann denkt das Sehen zusätzlich als bezogen auf das Kunstwerk, bezeichnet damit aber nicht minder treffend die genannten Konstituenten des Sehens als „Syntax, Semantik und Pragmatik der Arbeit, denn das Kunstwerk findet nicht statt, wenn es nicht in der Rezipientenrelation sehend realisiert wird. Der Akt des Sehens führt das Werk auf, dessen - klassisch gesprochen - Inhalt und Form das Sehen selbst ist."[110] Diesen Gedanken noch weiter führend ergibt sich bereits ein erster Hinweis auf das, was in der vorliegenden Arbeit als produktiv untersucht werden soll: Indem das Sehen - oder ein anderer sinnlicher Prozess in der Rezeption - hier als Inhalt und Form beschrieben wird, konstituiert es maßgeblich das Kunstwerk mit. Es bildet dessen Voraussetzung und verdeutlicht damit die Prägnanz der Wahrnehmung von etwas, die, wie oben mehrfach erwähnt, mit einem gleichzeitigen Nicht-Sehen verbunden ist, dabei jedoch zugleich das Sehen hervorhebt und somit „[i]m Entzug des Sehens und des Objekts, das es zu sehen gibt, [...] das Publikum auf das Sehen als aktiven Vorgang explizit aufmerksam [macht]."[111] An diesem Wahrnehmungsprozess beteiligt ist wiederum nach Schürmann die produktive Einbildungskraft, die hierbei eine mediatisierende Funktion einnimmt:

> *Sowenig der Akt des Sagens im Gesagten, sowenig geht das Dass des Sehens im Gesehenen auf, stets bleiben Überschüsse oder Unterbestimmungen, Unsichtbares und Mögliches ins Sehgeschehen eingeprägt. [...] Wäre das Sichtbare nur eine sinnliche Gegebenheit oder eine objektive Präsenz, die für jedermann anschaulich vorhanden wäre, dann sähen alle stets dasselbe, und jeglicher Dissens über Gesehenes wäre schwer zu erklären.*[112]

Schürmanns Ausführungen können demnach erneut als Verweis auf die Wichtigkeit und Notwendigkeit des Sehenden beziehungsweise deutlicher: dessen Einbildungskraft, die wiederum auf den oben genannten Wissens- und Kulturhorizonten beruht, gelesen werden. In

109 Meyer 2009, 116. Siehe außerdem Merleau-Ponty 1986, 26f.
110 Schürmann 2004, 80.
111 Siegmund 2006, 308.
112 Schürmann 2004, 87.

Anlehnung an das Beispiel von Merleau-Ponty und Siegmund kann das Sehen also schon allein deshalb nicht objektiv sein, da unterschiedliche Perspektiven unterschiedliche Plätze erfordern, von denen aus gesehen wird. Diese Perspektiven können nicht identisch sein. Das Charakteristikum der Sichtbarkeit schließt nicht zugleich eine Sehbarkeit mit ein, da diese von der Perspektive, dem Wissen und der Sehkompetenz des Sehenden abhängig ist.

> *Ebenso wenig kann das Unsichtbare bloß das zufällig Ungesehene sein, kein Gegenstand, der nur vorübergehender- oder kontingenterweise nicht sichtbar wäre, denn dann wäre es keine der Sichtbarkeit selbst innewohnende Größe. Was materialiter sicht-bar ist, ist nicht zwangsläufig für jedermann seh-bar. Nur ein geringer Teil des prinzipiell Sichtbaren wird auch aktualisiert. So übersteigt ein Horizont möglicher Sichtbarkeit das je aktuell Gesehene. Das Sehen bezieht sich demnach nicht auf etwas eindeutig dinglich Vorhandenes. Eine Möglichkeitsdimension strukturiert das Feld des Sichtbaren ähnlich wie Raum und Zeit.*[113]

Diese von Schürmann beschriebene Dimension der Möglichkeit ist es, die eine Verknüpfung zulässt zum Aspekt des Raumes und der Räumlichkeit, der hier nur angedeutet sei[114]: Die Möglichkeit des Sehens ist also abhängig nicht nur vom notwendigen Rezipienten und dessen Wahrnehmung, sondern ebenso von der okkasionelle Abwesenheiten bedingenden Position dessen, der sieht und der Anordnung der Elemente der Wahrnehmung im Raum. Die Notwendigkeit seiner Berücksichtigung und die Abhängigkeit der Wahrnehmung vom Raum seien vorgreifend in diesem Abschnitt in aller Deutlichkeit bereits erwähnt, da der Raum als wesentlicher Bestandteil der vorliegenden Arbeit und somit der Abwesenheitsanalyse fungiert. In diesem Zusammenhang disponiert der Raum den Wahrnehmenden und das Sichtbare und gewährleistet auf diese Weise dessen Sehbarkeit oder Uneinsehbarkeit.

Bis hierher wurden das eigene Sehen, die Gegenwärtigkeit eines Anderen, das Sehen dieses Anderen sowie das notwendig unsichtbar Bleibende als Konstituenten des Wahrnehmungsaktes herausgestellt – diese können nun in Bezug auf den Aspekt des Raumes einerseits ebenfalls als von ihm abhängig, wie auch andererseits als ihn konstituierend beschrieben werden, wenn man den Raum als Ordnungssystem der Wahrnehmungsprozesse denkt. Somit sind bereits unter-

---

113 Schürmann 2004, 87.

114 Näheres zur Verknüpfung von Sichtbarkeit und Räumlichkeit in Kapitel 3.3.4.

schiedliche Möglichkeiten der Raumbeschreibung angeführt: die eines Containers[115], der seine Inhalte aufgrund seiner Beschaffenheit anordnet und so auch Sehen oder Nicht-Sehen ermöglicht, und der Raum, der durch Blickwechsel und Seh-Wechsel entsteht, die ihn durchkreuzen und dabei Verbindungen herstellen. Demzufolge lassen sich zwei unterschiedliche Herangehensweisen ausmachen: Raum als Rahmung, vorgegebenes Behältnis, als Hülle, in der etwas passiert oder passieren kann; sowie Raum als Ergebnis von Prozessen, die ihn zuallererst hervorbringen (müssen) und so imaginäre Linien, beispielsweise zwischen Subjekt und Objekt, ziehen, die einen Raum daraufhin in ihrer Prozessualität konstituieren und verändern.

Schürmann beschreibt den Unterschied zwischen *Sichtbar*keit und *Sehbar*keit in der Möglichkeit, überhaupt etwas Sichtbares sehen zu können und es damit einer subjektiven Sehbarkeit zu unterziehen. Indem also die *prinzipiell* mögliche Sichtbarkeit über das momentan und gegenwärtig Gesehene hinausgeht, bezieht sich das Sehen Schürmann zufolge „demnach nicht auf etwas eindeutig dinglich Vorhandenes."[116] Vor diesem Hintergrund wird plausibel, wie das Abwesende, expliziter das Unsichtbare ‚funktioniert': wenn analog die Unsichtbarkeit als allumfassender Begriff über dem gegenwärtig Ungesehenen steht, erscheint es verständlich, dass der Akteur, der sich nicht auf der Bühne befindet, als unsichtbar bezeichnet wird. Wenn er sich jedoch zur Zeit der Aufführung beim Essen in der Kantine oder lediglich für eine Szene hinter der Bühne befindet, wird er dort vom Personal, anderen Gästen oder von Bühnentechnikern gesehen und demnach gleichzeitig in seiner vermeintlichen Unsichtbarkeit, die also eine Un-Sehbarkeit ist, für andere Perspektiven sichtbar.[117] Im Hinblick auf die Unsichtbarkeit muss also immer berücksichtigt werden, von wessen Warte aus das Gesehene oder Ungesehene beschrieben wird und inwiefern es sich dann noch um ‚reine' Unsichtbarkeit handelt. Wenn Merleau-Pontys Würfel zwei Augen zeigt, sind die auf der gegenüberliegenden Seite angeordneten fünf Augen nicht sehbar für den, der von oben auf den Würfel sieht. Handelte es sich aber nun beispielsweise um einen Glas-

115 Siehe beispielsweise Günzel 2007.

116 Schürmann 2004, 87.

117 An dieser Stelle ein kurzer, wiederholender Hinweis auf die Unterscheidung zwischen inszenierter und okkasioneller Abwesenheit: es handelt sich beim hier genannten abwesenden Akteur um einen okkasionell Abwesenden, da seine Abwesenheit nicht als solche Teil der Inszenierung ist, sondern notwendiges Resultat der Anwesenheit der anderen Akteure für die jeweilige Szene, in der er ‚nicht gebraucht' wird.

tisch, könnte ein sich unter dem Tisch Befindender fünf Augen sehen und damit die Annahme von Unsichtbarkeit relativieren. Entgegen Schürmanns Ansatz einer klaren Trennung beider Begriffe soll dies allerdings nicht bedeuten, dass generell nicht mehr von Unsichtbarkeit gesprochen werden darf – im Gegenteil unterstreicht dieser Aspekt nur umso mehr, dass sich Sichtbares und Unsichtbares bedingen und untrennbar verknüpft sind, besonders wenn es zusätzlich um die Aspekte der Wahrnehmung und Perspektive geht, da sie hier nicht nur ineinander übergehen, sondern ihre Grenzen auch fließend sind. Insofern ist dem Abwesenden in Form von Unsichtbarkeit eine Produktivität zuzuschreiben, als es zugleich von anderer Perspektive aus Anwesenheit und Sichtbarkeit produziert – und umgekehrt. Außerdem wird durch die vermeintliche Trennung die inhärente Verbindung von An- und Abwesenheit umso deutlicher und umso produktiver hervorgebracht: etwas ist für mich sehbar, daher gehe ich davon aus, dass es sichtbar ist. Zugleich sieht ein anderer nicht genau das, was ich sehe und geht für sich jedoch seinerseits davon aus, dass für ihn Sehbares sichtbar ist. Die Begriffe *sichtbar/unsichtbar* sind folglich einerseits abstrakt und undifferenziert und müssen je nach Situation und Perspektive berücksichtigt werden, sollen aber im Verlauf der Arbeit zumindest im Allgemeinen weiterhin Verwendung finden, um andererseits die Verknüpfung mit dem ebenfalls undifferenzierten Begriff der Abwesenheit herzustellen, sofern dieser nicht spezifiziert wird. Wenn es um bestimmte Abwesenheitskonstruktionen auch bezüglich der Sichtbarkeit geht, werden diese auch *(un)sehbar* genannt.

Im Prozess des Sehens – insbesondere Sehen des Kunstwerks – wird erfahrbar, was Schürmann hier zur Diskussion stellt:

> *Was ist es, das der Blick ergreift? Trifft das Sehen nur eine Außenseite, und bedeutet es daher Verlieren einer Innenseite? Was zeigt das Sichtbare und wie verstellt es das Unsichtbare? Die begrifflichen Problembezüge des Sehens erscheinen im Kunstwerk als anschauliche Realerfahrung und gewinnen von daher buchstäblich an sinn-fälliger Intelligibilität. Das Kunstwerk hat die Möglichkeit, Dinge als Rätsel, d.h. in der Offenheit und Unbestimmbarkeit ihrer Erscheinung erfahrbar werden zu lassen.*[118]

Es bedarf demnach einer Erweiterung des Sehbegriffs, die in Kapitel 3.3 hinsichtlich der Unterscheidung zwischen Zeichen- und atmosphärischer Wahrnehmung getroffen werden soll. Das Sichtbare wäre Schürmann zufolge als Außenseite zu verstehen, die sich mit ihrer un-

118 Schürmann 2004, 80.

sichtbaren Innenseite zum Kunstwerk vereint. Schürmann bezieht sich also insofern auf das Kunstwerk, da es Unsichtbarkeit hervorzubringen und zu thematisieren in der Lage ist.

2.3.4 Relationalität des Sehens und Notwendigkeit des Zuschauers: *Sehen* im Theater

> *Visualität findet statt. Visualität ist keine gegebene Eigenschaft von Dingen, Situationen oder Objekten. Visualität ist nicht einmal ein Gegenstand wie es der Film für die Filmwissenschaft oder Kunstwerke für die Kunstgeschichte sind.*[119]

In dieser Beschreibung der Visualität formuliert Maaike Bleeker trotz des fehlenden gegenständlichen Charakters der Visualität deren gleichzeitige Existenz – und damit auch deren Analysefähigkeit im Besonderen in Bezug auf die Analyse dessen, was eben *nicht da* ist. Sie beschreibt Visualität als abhängig von der Modalität der Sehpraxis, die sich auf eine Beziehung zwischen dem Sehenden und dem Gesehenen gründet. Bleeker stellt insofern eine Verknüpfung zum Theater her, als sie eben diese Beziehung „[...] als zentral für die intensiven Erfahrungen, die das Theater hervorrufen kann"[120] ansieht:

> *Es organisiert die Beziehung zwischen den Zuschauern und dem, was sie sehen; es vermittelt folglich in einer ganz spezifischen Weise zwischen diesen beiden Komponenten. Das Theater ist somit (so scheint es zumindest) der Gegenstand par excellence für eine Analyse von Visualität als einem Phänomen, das innerhalb der Beziehung zwischen einem Sehenden und etwas Gesehenem auftritt, und zwar vor dem Hintergrund kulturell spezifischer Wahrnehmungsgewohnheiten.*[121]

In Analogie zu Kati Röttger, die die fehlende Auseinandersetzung der Theaterwissenschaft mit dem Begriff des Bildes bemängelt, geht Bleeker in erster Linie von der Visualität aus und betont, dass sich in diesbezüglichen Studien kaum Hinweise auf das Theater finden, obwohl sie wie Röttger die Notwendigkeit dieser Verknüpfung sieht: „Der Theater-Apparat als ‚Maschine des Sehens' inszeniert Sichtweisen, die mit einem spezifischen kulturellen und historischen Zuschauer-Bewusstsein korrelieren."[122] Indem sich Bleekers Ausgangspunkt gerade nicht von der Gegenständlichkeit des Sehens her manifestiert, nimmt er die

119 Bleeker 2009, 77.
120 Bleeker 2009, 77.
121 Bleeker 2009, 77.
122 Bleeker 2009, 85.

Perspektive des Sehenden und damit die eigene Beteiligung am Sehen, der Art und Weise des Sehens, und dem Gegenstand des Sehens in den Blick. Diese bleibt verborgen, wenn Visualität eher objektimmanent verstanden wird und das Sichtbare als *Ergebnis* des Gezeigten verstanden wird. Augenscheinlich wird etwas dargeboten, dabei aber objektimmanent als Inszenierung verstanden, deren Teilnehmer der Sehende nicht ist. Das Gesehen-Werden muss Bleeker zufolge ebenfalls Teil der Inszenierung sein: Das von ihr formulierte relationale Verständnis fußt nicht auf einem „Verständnis von Visualität als Eigenschaft oder Qualität der Welt, der wir begegnen, [sondern] als Ergebnis unserer Interaktion mit ihr"[123] und betont daher die Wichtigkeit des Sehenden, die aufgrund der vermeintlichen Trennung von Wort und Bild verdeckt bleibt.

An dieser Stelle sei also Bleekers Ansatz einerseits erweitert um die Rolle des Zuschauers nicht nur hinsichtlich seiner Notwendigkeit im Seh-Prozess, sondern auch in Bezug auf die Entstehung von Bildern und damit der Manifestierung des Visuellen in seiner Existenz. Dies trägt hinsichtlich der vorliegenden Arbeit zur Produktivität des Abwesenden insofern bei, als der gegenständliche Charakter des Visuellen fehlt und nicht greifbar ist, allerdings eben in seiner Rezeption sowie Aktion durch den Sehenden[124] greifbar wird und somit im Akt des Angesehen-Werdens sowohl das Gesehene als auch die Visualität in ihrer Präsenz umso deutlicher wird. Andererseits deutet die Relationalität des Sehens auf die Wichtigkeit der Wahrnehmung hin – das heißt, Wahrnehmung dessen, was gesehen wird und Wahrnehmung dessen, was nicht gesehen wird. Folglich sind Bleekers Ausführungen auch diesbezüglich erweiterbar: zugleich muss auch die Beziehung beachtet werden zwischen Sehendem und *nicht* Gesehenem.[125] Bleekers Denkrichtung funktioniert jedoch auch diesbezüglich gleichermaßen: es wird nicht von etwas Gegenständlichem ausgegangen, das nicht sichtbar ist, das heißt, es handelt sich nicht um eine unbedingt gewollte und angestrengte Suche nach etwas, sondern der Prozess des Sehens manifestiert ein unsichtbares Etwas auch in dessen Abwesenheit, indem die Visualität in Abhängigkeit der Modalität der Seh-Praxis erfolgt und dabei hinsichtlich des ‚Gesuchten' produktiv wird. Es geht also nicht darum, dass Dinge da sind und gesehen werden können, sondern indem wir sehen, entstehen Bilder und Dinge. Ausgehend davon, dass Theater als Medium des Sehens fungiert, sei hier verwiesen auf Bert O. States, der Wahrnehmung im

123 Bleeker 2009, 79.

124 Zur Performativität und Praxischarakter des Sehens siehe Kapitel 2.3.5.

125 Siehe hierzu die untrennbare Verknüpfung von z. B. Präsenz und Absenz in Kapitel 2.7 bzw. 2.8.

Theater als „binokularen Vorgang"[126] bezeichnet und damit die Wiederentdeckung der Phänomenologie thematisiert. Demnach sieht der Zuschauer im Theater zweierlei: „Das semiotische Auge betrachtet die Vorgänge auf der Bühne hinsichtlich deren semantischer und referenzieller Funktionen, das phänomenologische Auge dagegen die vielfältigen Erlebnisdimensionen des Bühnengeschehens, die keine klare Referentialität aufweisen."[127] Der Semiotik liegt ein analytischer Vorgang zugrunde, innerhalb dessen ein Vorgang oder Objekt in einzelne Bestandteile oder Zeichen zerlegt wird, für die eine Zuordnung zu identifizierbaren Referenten möglich ist. Die Wahrnehmung im Theater ordnet States jedoch „im diametralen Gegensatz"[128] an, da sie sich nicht in Zergliederung äußert, sondern eher einem Prozess der Integration gleicht.[129]

Anhand des Bildes, das in Kapitel 2.3.1 thematisiert wurde, kann nun eine Annäherung an die Wahrnehmung im Theater entworfen werden, die sich demnach durch das Gesehene, aber auch durch den Sehenden und den Akt des Sehens selbst manifestiert. Der Ansatz der Phänomenologie und die damit verbundene Annahme, dass die Gegenstände – und damit auch die Bilder – zurückblicken, wird im folgenden Abschnitt weitergeführt hinsichtlich einer Performativität des Blickens.

2.3.5 Theater und Bild: Die Performativität des Blicks und des Blickens

Jetzt nehmen mich die Gegenstände wahr.
(Paul Klee)[130]

Eva Schürmann zufolge wird die Modalität des Sehens signifikant, da die Prozesshaftigkeit weniger vom sicht- bzw. sehbaren Objekt als vom subjektiven Seh-Vorgang ausgeht und damit eben dessen Beschaffenheit in den Blick nimmt:

> *Mit dem bisherigen Resultat, dass das Sehen weniger von seinem gegenständlichen Was als vielmehr von seiner modalen Verfassung her zu begreifen ist, ist eine Inversion des Blicks auf das Wie des Sehens vollzogen. […] Seltener wurde dagegen des Anästhetischen gedacht, des Unsichtbaren oder nur möglicherweise Sichtbaren, das die Feldformation des Sehens doch entscheidend mitträgt.*[131]

126 Balme 2003, 209. Siehe außerdem States 1987.
127 Balme 2003, 209.
128 Balme 2003, 209.
129 Siehe Balme 2003, 209.
130 Zitiert nach Virilio 1989, 135.
131 Schürmann 2004, 87.

Indem Schürmann das Sehen als bildenden Vorgang beschreibt, der sich einerseits von einer Gegenständlichkeit hinsichtlich eines betrachteten Etwas löst, andererseits aber genau aus diesem Grund ikonisch wird, ermöglicht sie eine einerseits spezifisch bildtheoretische als auch andererseits performative Herangehensweise an das Sehen:

> *Sehen heißt von daher stets auf eine gewisse Weise Sehen. Was sich wie zeigt und was wie gesehen wird, formiert ein Feld, d.h, ein situativ zusammenhängendes Ganzes, in dem Sehen und Sichtbares einander koproduzieren. [...] Mit dem bisherigen Resultat, dass das Sehen weniger von seinem gegenständlichen Was als vielmehr von seiner modalen Verfassung her zu begreifen ist, ist eine Inversion des Blicks auf das Wie des Sehens vollzogen. Wenn man dieses Wie genauer in den Blick nimmt, stößt man auf eine bildende, konfigurierende Kraft des Sehens, die ich deshalb ikonisch nennen möchte, weil sie mit der Zeigekraft eines Bildes korrespondiert. Sehen erweist sich in diesem Sinne als Tätigkeit, sich ein Bild zu machen.*[132]

Röttger beschreibt in der Einleitung zu *Theater und Bild* die Disziplin der Visual Culture Studies bzw. Bildwissenschaften als sich über die Kunstgeschichte hinaus mit der „Vielfalt der Bildphänomene"[133] befassend, lässt jedoch nicht unerwähnt, dass das Feld des Theaters hier weitgehend unberücksichtigt ist. In ihrem Vortrag im Rahmen des Symposiums *Blick-Wechsel:Bild-Wechsel* im Jahre 2009[134] spricht Röttger von einer

> *klassischen Trennung zwischen Geist und Körper, zwischen Idee und Bild, zwischen Sprechen und Sehen [...], welche die Geschichte des europäischen Denkens bis in das 20. Jahrhundert bestimmt hat. Was Sie gehört haben, war schließlich Sprache, und was Sie gesehen haben, waren Handlungen, die von Körpern ausgeführt wurden, Schauspielerköpern [sic], keine Bilder also – oder doch? [...] Theater und Bilder stehen in gewisser Weise auf einem Kriegsfuß miteinander.*[135]

Röttger sieht hingegen Begriff und Bild als Voraussetzung für das Denken an, indem sie die *Idee* an den Begriff des Bildlichen gebunden

---

132 Schürmann 2004, 86f.

133 Jackob/Röttger 2009, 8.

134 Das Symposium *Blick-Wechsel: Bild-Wechsel* fand im Rahmen der 34. Mülheimer Theatertage NRW „Stücke '09" vom 29.–31. Mai 2009 statt. Hier zitierter Vortrag vom 30.05.2009: Röttger 2009b.

135 Röttger 2009b.

sieht.[136] In Anlehnung an Mitchell lenkt sie dabei das Augenmerk auf die Art und Weise, wie Ideen zu Bildern werden und schreibt der Analyse von Bildlichkeit demzufolge eine Prozesshaftigkeit zu, die Mitchell sogar mit dem Bild des Theaters zu veranschaulichen sucht als „eine Bühne [...], die diese Modelle für unser Denken über alle Arten von Bildern - seien es mentale, verbale, pikturale oder [virtuelle] [...] zur Verfügung stellen [sic]."[137] Röttger geht davon aus, dass „Bildphänomene auch in Theateraufführungen oder in theatralen Inszenierungen des Sehens in besonderer Weise wirksam sind [...]"[138] und bezeichnet „Theater als Seh-Einrichtung"[139]. Das *Wie* des Sehens und somit dessen konfigurierende Kraft des Sich-ein-Bild-Machens kann also diesbezüglich konkret auf das Medium des Theaters bezogen werden und stellt dabei „Theater sui generis als ein visuelles Medium, oder, konkreter, als eine Bilder produzierende und reproduzierende Institution"[140] heraus. Für Röttger erklärt sich die Tatsache, dass die Bildwissenschaft Theater dennoch nicht einbezogen hat, mitunter dadurch, dass das Bild hinsichtlich der Anfänge der Theaterwissenschaftsforschung deshalb ausgeschlossen war, weil es dort als transitorisch und nicht greifbar galt und damit der klassischen Bildvorstellung nicht entsprach.[141]

> *Denn obgleich das Theater sich selbst als ein Medium zu erkennen gibt, das explizit durch das Sehen von etwas Dargestelltem bestimmt ist, hat die Theaterwissenschaft bis vor Kurzem die Frage nach dem Bild im Theater [...] ignoriert [...]. Der Berücksichtigung der Bildlichkeit im Theater steht häufig die Auffas-*

136 Röttger leitet die Trennung von Idee und Bild folgendermaßen her: „Während die Idee, eidos (nach Platon) den höchsten Rang des Denkens bekleidet, weil sie die unveränderliche Wesenheit der Dinge, bezeichnet, die nur der GEISTIGEN Schau zugänglich ist und damit in einen transzendentalen Bereich der Gedanken gehört, erhält das Bild, eidolon, demgegenüber die zweitrangige Funktion des sinnlichen Eindrucks vom eidos, als Abbild (eikon) oder Anschein (phantasma). [...] Das Wort Idee kommt vom griechischen Verb ‚idein', das gleichbedeutend ist mit ‚sehen' und ‚erkennen' ist [sic]. ‚Idein' steht in direkter Analogie zu ‚eidolon', dem ‚sichtbaren Bild'. Platons weitreichende Strategie bestand nun eben darin, unter dem Wort Idee etwas ganz anderes als Bild zu verstehen, nämlich Gedanke, der als ‚eidos' nur in Formen, Typen oder eben Sprache auszudrücken ist. Er hat also eine hierarchische Trennung vollzogen, die die westliche Vorstellung vom Bild bis heute prägt." (Röttger 2009b.)

137 Mitchell zitiert nach Röttger 2009b.

138 Jackob/Röttger 2009, 8.

139 Jackob/Röttger 2009, 10.

140 Leonhardt 2009, 235.

141 Siehe Jackob/Röttger 2009, 17ff.

sung vom Bild als technisch reproduzierbarem Phänomen und damit als Konkurrent zum ‚lebendigen Körper' entgegen. Denn keine Kunstform hat bisher die Rede von Unmittelbarkeit, Lebendigkeit und Präsenz des Körpers so hartnäckig hervorgebracht wie das Theater, sitzen doch während des Vollzugs des theatralen Ereignisses im Allgemeinen lebendige Zuschauer lebendigen Schauspielern innerhalb einer begrenzten Zeit an ein und demselben Ort gegenüber.[142]

Der in dieser Auffassung impliziten Gegenüberstellung von Realem (Körper) und Imaginärem (Bild) liegt ein eng gefasster Bildbegriff zugrunde, der Medien und Bilder verwechselt und Medium und Bild in Eins setzt. Die Dimension des Körpers „als mögliches Medium und als möglicher Träger von Bildern"[143] wird dabei ausgeschlossen, denn diese würde in der Tat Sichtbarkeit auf dem Theater mit der Realität des Bildes in Beziehung setzen.

Die zuvor von Röttger angesprochene Unmittelbarkeit, Lebendigkeit und Präsenz des Körpers sowie die lebendige und leibliche Ko-Präsenz von Zuschauer und Akteur[144] sind jedoch, wie gezeigt wurde, Mitvoraussetzungen für den Seh-Akt und den Akt der Wahrnehmung und können der Bildproduktion und Bildlichkeit demnach nicht als gegenteilig oder verhindernd entgegenstehen. Die Qualität des Theaters als intermediales Seh-Ereignis, die mit besonderer Bildlichkeit verbunden wird, entsteht erst *mit* den Sehenden, da sich diese Bildlichkeit wiederum ableiten lässt aus dem Prozess der Bildherstellung und Bildwahrnehmung „und sich konstitutiv im Raum des Theaters vor den Zuschauern und mit den Zuschauern vollzieht."[145]

Über die oben genannte, zu einseitig geprägte Auffassung vom Bild als technisch reproduzierbarem Phänomen und damit als Konkurrent zum ‚lebendigen Körper' hinaus versteht Röttger Bilder als gerade abhängig vom Körper: Der Körper als Medium und Träger der Bilder gewährleistet überhaupt erst die Bildlichkeit in Kombination mit der Sichtbarkeit. Dabei beschreibt sie Bilder nicht nur als Mitspieler am Rande, sondern sieht in einer allgemeinen Öffnung und Neubefragung des Bildbegriffes die Möglichkeit, neue Zugänge zu den unterschiedlichen Bereichen des Theaters zu erhalten und so die aktive Rolle der Bilder hinsichtlich des theatralen Geschehens zwischen Zuschauern und Akteuren herauszustellen.[146] Röttger verweist hier auf Merleau-Pontys

142 Jackob/Röttger 2009, 37.

143 Jackob/Röttger 2009, 38. Vgl. Belting, Hans (2001): *Bild-Anthropologie: Entwürfe für eine Bildwissenschaft*. München.

144 Siehe Kapitel 2.7.

145 Jackob/Röttger 2009, 38.

146 Siehe Jackob/Röttger 2009, 8f.

Ansatz, dass Sehen keine Einbahnstraße darstellt, sondern das Angesehene zurückblickt[147] und dieser Blicktausch vornehmlich im Raum des Theaters einen Bildtausch bewirken kann.[148]

> *Mehr als nur „die beunruhigende wechselseitige Implikation von Akteuren und Zuschauern in der theatralen Bilderzeugung in den Mittelpunkt [zu] rücken und so den zerrissenen Faden zwischen Wahrnehmung und eigener Erfahrung sichtbar werden zu lassen", erhalten Bilder meines Erachtens auf den Bühnen zunehmend den Status von Agenten oder Antagonisten, die in den öffentlichen Bilddiskurs eingreifen und den Zuschauer wiederum zum eingreifenden Schauen auffordern. Das heißt: Ich gehe davon aus, dass Bilder im Theater eine produktive Leistung erbringen können, welche wiederum dem Betrachter eine produktive Leistung abverlangt.*[149]

Analog kann dieser Aktivität der Bilder und ihrer Aufforderung zum „eingreifenden Schauen" das Charakteristikum einer performativen Praxis zugesprochen werden. Krämer führt diesbezüglich den Begriff des „Bildaktes" bzw. „Blickaktes" ein:

> *Wenn wir die Sprechakttheorie zum Ausgangspunkt nehmen, so liegt kaum etwas näher als - bezogen nun auf Bilder - in Analogie zum ‚Sprechakt' von ‚Bildakten' zu reden. Allerdings können Bildakte sich kaum begnügen mit der Perspektive der künstlerischen, technischen, wissenschaftlichen etc. Generierung von Bildern – so essentiell diese auch sei; vielmehr muss unausweichlich das Wahrgenommenwerden des Bildes im Blick des Betrachters miteinbezogen werden – so wie übrigens der Sprechakt immer ein Hörakt ist, der nicht zufällig in der Sprechakttheorie dann ein Schattendasein führt(e). Können wir daraus folgern, dass die Analogie zum ‚Sprechakt' gar nicht der ‚Bildakt', vielmehr der ‚Blickakt' ist?*[150]

Sybille Krämer geht also davon aus, dass Bilder nicht nur gemacht, hergestellt, kreiert werden und aus diesen Prozessen hervorgehen, sondern dass sie „im Auge des Betrachters immer wieder entstehen (müssen) […]"[151] und verweist an dieser Stelle auf Schürmann, die dieses Sich-ein-Bild-Machen durch den Blick als performativen Akt erklärt. Die Differenz von Blick und Sehen, auf die Schürmann hinsichtlich der Unterscheidung zwischen Auge als Organ körperlicher Tätigkeit und

147 Siehe Kapitel 2.3.2.
148 Siehe Jackob/Röttger 2009, 8f.
149 Röttger 2009b, 64f.
150 Krämer 2009, 4.
151 Krämer 2009, 4f.

Blick als sozialem und kulturellem Vorgang lediglich hinweist[152], sei an dieser Stelle in ihrem Sinne vernachlässigt, da der Aspekt des Sehens und Gesehen-Werdens, der hier von Bedeutung ist, sich sowohl bezüglich des Blicks als auch des Sehens vollzieht:

> *[...] denn wir sehen ein Bild nicht nur, sondern wir blicken es an. Und könnte nicht eine Besonderheit des Blickbezugs auf Bilder darin liegen, dass diese uns nun ihrerseits anblicken? Unsere Vermutung ist also, dass just in dem Spalt, der sich zwischen dem ‚Sehen' und dem ‚Blicken' auftut, sich abzeichnet, was für die Performanz von Bildern dann entscheidend ist.*[153]

Krämer zufolge entsteht die performative Betrachtung von Bildern eben dann, „wenn nicht das ‚Sehen', vielmehr das ‚Blicken' und zwar verstanden als – auch ‚passive' – Primärerfahrung des ‚Angeblicktwerdens' zum Ausgangspunkt unserer Bildbeziehung wird."[154] Sie unterscheidet demnach Sehen und Blicken nicht aufgrund physiologischer und kulturell-sozialer Komponente, sondern aus der wechselseitigen Austauschsituation von Blicken, die über ein bloßes Ansehen hinausgeht. Mit Verweis auf Georges Didi-Huberman[155] beschreibt Krämer die Spaltung im Sehen, die einerseits dem Angesehenen erst Bedeutung zuschreibt und eine „Animierung der Bilder durch die Betrachter"[156] vornimmt, andererseits aber von einem Zurückblicken der Bilder her rührt, das maßgeblich zum Entwurf des Bildes beiträgt, da sich dieses durch eben jene Spaltung nochmals verändert.[157] Der performative Charakter des Blickens wird in Kapitel 3.2 hinsichtlich des Raumes auf dem Theater bzw. der notwendigen Bewegungen im Raum von Bedeutung sein.

Schürmann betrachtet das Blicken ebenfalls als performativen Akt:

> *Seiner Bedeutung in der Sprachphilosophie Austins nach besagt der Begriff Performativität vor allem, dass Sprechen zugleich Handeln ist. [...] Leitend ist stets der Gedanke, dass der Vollzugscharakter von Handlungen besonderes Augenmerk erfordert. Performativ ist ein Vollzug gewissermaßen dann, wenn es in dem Vollzug um diesen Vollzug selbst geht.*[158]

---

152 Siehe Schürmann 2008, 190.
153 Krämer 2009, 5.
154 Krämer 2009, 16.
155 Hier sei lediglich erwähnt: Didi-Huberman, Georges (1999): *Was wir sehen, blickt uns an. Zur Metapsychologie des Bildes.* Übers. von Markus Sedlaczek. München.
156 Krämer 2009, 12.
157 Siehe Krämer 2009, 12.
158 Schürmann 2004, 77.

Indem dieser Vollzug des Sich-ein-Bild-Machens zum Bild führt und es maßgeblich mitkonstituiert, erfolgt erneut eine notwendige Verknüpfung vom Sehvorgang und der Theatersituation. Der Blick als Ausgangspunkt, das eigene Sehen, das Sehen des Anderen, Wahrnehmung und Erzeugung eines Bildes aus der eigenen Perspektive erfolgen als eine Performativität des Blickes und des Blickens. Dieser Blick erscheint in dem Moment insofern wirklichkeitskonstituierend und selbstreferentiell, als durch ihn eben genau das *Bild* in Abhängigkeit vom jeweiligen Horizont und der jeweiligen Perspektive entsteht. Das Bild wird hervorgebracht durch die, um mit Austin zu sprechen, performative Äußerung des Sehens, die in dem Moment genau das bedeutet, was sie ‚sagt': der Zuschauer sieht etwas mit einer bestimmten, ihm eigenen Art des Sehens, da seine Wahrnehmung niemals identisch sein kann mit der eines anderen. Demnach entsteht auch das Bild gemäß *seines* Sehens. Das durch die Äußerung des Sehens und damit den Vollzug hervorgebrachte Bild bedeutet, dass die Wirklichkeit dann auch *so ist*, wie sie eben gesehen wird, gerade weil der Blick die jeweilige eigene Perspektive und Wahrnehmung innehat. Indem das „[...] sehen, das der Künstler praktiziert und das er in das Zeigegeschehen des Werkes transponiert, sowie das Sehen, das der Werkbetrachter praktiziert, wenn er sich auf das Geschehen der ästhetischen Erfahrung einlässt, kategorisch verschieden ist von dem Sehen, mit dessen Hilfe man sich alltäglicherweise zum Zwecke der Orientierung in der Welt bewegt [...]"[159], bezeichnet Schürmann das Sehen von Künstler und Rezipient als praktiziertes Sehen, bezüglich dessen der Praxischarakter ihres Tuns bedeutet, dass sie eine Tätigkeit ausüben, „[...] die Aristoteles im Unterschied zur instrumentalistischen Tätigkeit der hervorbringenden Poiesis als selbstzweckhaft qualifiziert hat. Der selbstzweckhafte Handlungscharakter eines Sehens, das eben nicht sogleich Erkenntnisinstrument ist, gelangt in der bildenden Kunst gleichsam zur Aufführung."[160] Schürmann beschreibt demnach das Sehen, „das in und durch Kunst thematisch wird"[161], als eine Tätigkeit, deren Bedeutsamkeit sich aus der Qualität ihres Vollzugs und aus ihrem Resultat ergibt. Sehen ist also performative Praxis, die sich vom Sehen als Kenntnisnahme insofern unterscheidet, als der Blick, „wie das Sprechen fragend, feststellend, befehlend oder andeutend sein kann, [seinerseits] prüfend, vernichtend, ermutigend usw. [...]."[162]

159 Schürmann 2004, 76.
160 Schürmann 2004, 76.
161 Schürmann 2004, 76.
162 Schürmann 2004, 76.

Schürmann geht davon aus, dass das Kunstwerk als Form verstanden werden kann, in der sich das Sehen zeigt, thematisiert und zur Aufführung gebracht wird. Indem sie also hinterfragt, wie das Sehen als Vorgang, nicht als gesehener Gegenstand, sichtbar gemacht wird, entsteht die Annahme, dass die Ebene des Gezeigten und die Ebene des Zeigens in dieser Unterscheidung innerhalb des Kunstwerks selbstreflexiv thematisiert werden können:

> *[Das Kunstwerk] zeigt etwas auf eine bestimmte Weise. [...] Sehen bleibt unterbestimmt, wenn man es auf sein dingliches Resultat, das Gesehene reduziert. Das Wie des Sehvollzuges ist mindestens so bedeutsam wie sein Was. Denn zumeist sieht man etwas ‚als etwas', d.h. auf eine bestimmte Weise, im Lichte einer bestimmten Hinsicht und vor dem Horizont eines bestimmten Hintergrundes. Insofern ist die Bewegung des Sehens gleichzeitig durch ein gegenständliches Was als auch durch ein modales Wie charakterisiert.*[163]

Dieses oben angesprochene modale *Wie* führt analog zur gegenseitigen Bedingtheit von An- und Abwesendem auch gleichermaßen zum *Wie* des Nicht-Sehens. Spezifische Formen von dessen Modalität vor dem Hintergrund sowohl okkasioneller als auch inszenierter Abwesenheiten bzw. Unsichtbarkeiten werden in den Analysen von *Fräulein Julie* und *Das letzte Feuer* vorgestellt. Darüber hinaus erfolgt eine Beschreibung der Visualität im Raum und der nachfolgend von Sybille Krämer genannten, im Raum zugleich ins ‚Auge gefassten Abwesenheit' in Kapitel 3.

2.4 What you see is what you get? Die akustische Dimension des Visuellen in Katie Mitchells *Fräulein Julie*

> *Wer erfahren möchte, dass den Bildern niemals zu trauen ist, dass man dabei sein muss, wenn etwas geschieht, und dass man selbst dann nicht sicher sein kann, was man gesehen hat, der muss mal wieder ins Theater, ins echte. Er sollte sich eine Inszenierung der Engländerin Katie Mitchell ansehen.*[164]

Katie Mitchells Inszenierung von *Fräulein Julie*[165] soll hier vorgestellt werden, da sie die gegenseitige Thematisierung von Visualität und

---

163 Schürmann 2004, 77.

164 Kümmel 2010.

165 *Fräulein Julie*, frei nach August Strindberg. Regie: Katie Mitchell bzw. Video: Leo Warner. Bühne: Alex Eales. Schaubühne Berlin, Premiere am 25.09.2010.

Akustik anspricht[166], indem sie getrennt voneinander hergestellt und dennoch in ihrer Präsentation als zusammengehörig gezeigt werden. Diese Trennung äußert sich in der Darstellung von Szenen der Figuren, gleichzeitigen Detailaufnahmen eines Doubles der Akteure, analoger Geräuschproduktion und der jeweiligen simultanen Filmprojektion dieser Bestandteile.

> *Der Abend sollte besser den Titel ‚Fräulein Kristin' tragen. Denn Katie Mitchell interessiert sich hier nicht für den Sozial- und Geschlechtskampf, in dem die Grafentochter Julie zunächst sich den Domestiken Jean vom Arbeitgeber-Sockel herab gefügig macht und dieser dann, nach gehabtem Beischlaf, seinerseits den Herrn herauskehrt. [...] Der Film, den sie so aufwendig inszeniert, hat eine andere Hauptperson, nämlich die Verlobte des Dieners. Es ist die gräfliche Köchin Kristin. Auf sie konzentriert sich das Interesse Mitchells und sämtlicher Kameraleute. Nicht nur ein Double wird für diese Person benötigt, zusätzlich sind allein zwei Spielerinnen im Einsatz, nur um die Hände Kristins bei ihren tausend Verrichtungen dem voyeurhaften Kamera-Zoom hinzuhalten.*[167]

Es geht in dieser Inszenierung demnach wenig um das Drama August Strindbergs von 1888, sondern vielmehr um ein Wissen, das mitunter aus eigenem Sehen und Hören sowohl von Kristin als auch der Zuschauer hervorgeht. In Bezug auf diese Inszenierung stellt sich für Jeans Verlobte Kristin die Frage nach dessen Verhältnis zur Gutsbesitzertocher Julie und wird damit auf die Ebene der Wahrnehmung Kristins verlagert: „Diese war bei Strindberg nur als Nebenfigur und quasi als leidende Beobachterin der Affäre zwischen ihrem Verlobten Jean und der jungen Fräulein Julie auf der Bühne, hier aber nimmt man ihre Perspektive ein, das Lauschen, das Nachspionieren, die stille Qual."[168] Diese Wahrnehmung Kristins wird den Zuschauern als Momentaufnahme in Form von Live-Filmaufnahmen von sichtbaren wie uneinsehbaren Momenten sowie deren Projektion gezeigt, wobei die Geräusche dazu vor den Augen der Zuschauer produziert werden.

> *Kamera- und Lampenstative werden auf- und abgebaut, eine Kulissenwand wird verschoben, an einem Tisch wird mit diversen Objekten nahe von einiger [sic] Mikrofonen hantiert, in kleine Kabinen treten zwei Sprecher, ein Cellist spielt in einer Nische des naturalistischen Dekors. Ein unentwegtes, minutiös einstudiertes und choreografiertes Arbeiten an Geräten, die Bilder, Geräusche, Klänge*

166 Siehe bzgl. der Notwendigkeit des Einen fürs Andere Kapitel 2.5.
167 Göpfert 2010.
168 Spreng 2010.

und auch ein paar Worte hervorbringen, stellt das eigentliche Theatergeschehen dar. Nur so wie am Rande sind daran auch Schauspieler beteiligt, nur sporadisch sind Dialoge zu erleben, fast nichts ist von Strindbergs Drama über Verführung und Macht zu erfahren. Aber über der Bühne hängt eine Leinwand und die Lautsprecher, die das Ergebnis der fleißigen Basteleien vorführen: ein Film mit deutlich melancholischem Grundton, mit zahllosen Großaufnahmen der kleinen Dinge aus dem kleinen Leben der Kristin.[169]

Innerhalb des Bühnenbilds erhält der Zuschauer eine Draufsicht auf das Wohnhaus von Jean und Kristin, wobei dies gebildet wird durch eine Hauswand linkerhand, hinter der sich - wie im Verlauf der Inszenierung ‚zu sehen' ist - theoretisch das Schlafzimmer befindet, den Ausschnitt eines Flures mit Treppenstufen in der Mitte der Bühne sowie auf der rechten Seite davon, den größten Teil einnehmend, die Küche, die mittels großer Fenster einsehbar ist. Vor dem Flur und der Küche ist jedoch eine verschiebbare Wand angebracht, die wiederum diese Einsicht in den Küchenraum mehrmals während einer Aufführung verdeckt: „Einzelne Szenen kann man direkt beobachten, andere werden aus geschlossenen Räumen übertragen. Und über der Bühne, das ist das entscheidende, sieht man auf einer großen Projektionswand das fertige Resultat dieses Making-of: den Live-Film."[170]

Nicht nur auf der Fiktionsebene, innerhalb derer Kristin ihren Mann und Julie beobachtet, belauscht, Dinge sehen und hören möchte, aber nicht alles sehen und hören kann, sondern auch für den Zuschauer stellen sich Fragen nach der Wahrnehmung: Was kann ich hören, was nicht, was kann ich sichtbar hören, weil sich ein sichtbares Gemacht-Sein des zu Hörenden präsentiert?

Ein Hörspiel, das zu einem Film wird, der auf einer Theaterbühne spielt, vollkommen transparent. Schauspieler, Techniker, Kameraleute, Geräuschmacher arbeiten auf zauberische Weise Hand in Hand, und man sieht ihnen dabei zu. Wie sie Regen machen, von der Totale in die Großaufnahme wechseln, den Innenraum eines Landhauses nach außen kehren. Frei nach August Strindberg – und doch sehr nah an seiner Vision eines intimen Theaters – skizzieren Katie Mitchell und Leo Warner an der Schaubühne das tödliche Drama einer Mesalliance.[171]

169 Spreng 2010.
170 Göpfert 2010.
171 Schaper 2010.

Was kann ich sehen, was kann ich nicht sehen, was kann ich doppelt sehen, weil es durch Spiegel oder ein Jule Böwe-Double gezeigt wird? Wo schaue ich hin, wo höre ich hin?

> *Der Zuschauerblick schweift also zwischen dem Spiel und seinem Making Of. Doch die Perfektion von Licht, Kameraführung und Live-Schnitt ist derart total, dass der Illusionscharakter des Films nicht grundsätzlich angegriffen wird. Mehr noch als die Bilder sind es aber die verstärkten Geräusche und die wenigen übrig gebliebenen, dafür mikrofonierten Texte, die eine extreme Innerlichkeit herstellen. Vom sozialen Drama bleibt hier nichts übrig, außer dass die historisch mit dem Bürgertum verbundene Empfindsamkeit nun der Magd zugestanden wird, aus deren Sicht wir den Abend verfolgen.*[172]

Die Betonung der akustischen bzw. visuellen Ebene wird auch innerhalb des Bühnenbildes angesprochen, indem zum Einen an den Außenseiten zwei kleine Sprecherkabinen aufgestellt wurden, die man wie in einem Tonstudio durch eine Scheibe einsehen kann. Außerdem befindet sich am Bühnenrand für die Zuschauer gut sichtbar ein großer Tisch mit Monitoren, Mikrofonen und Gegenständen, mit denen zwei Akteurinnen die Geräusche zum Geschehen produzieren. Zum Anderen wird schnell deutlich, dass mit den linkerhand vor der Wohnhaus-Kulisse befindlichen Gegenständen bzw. Möbeln gedoubelte Situationen nachgestellt werden, die dann in der Projektion – auf eine Leinwand oberhalb der Kulisse, auf der „[…] historisch eingekleidetes Seelenleiden in Ingmar-Bergman-Tempo (praktisch zeitlupig) zu bestaunen"[173] ist – als Detailansichten dienen:

> *Mitchells Inszenierungen sind mühsame, feierliche Handlungen, die keinen anderen Zweck haben als den der Herstellung von Filmbildern. Wir sehen kein Stück, sondern die Dreharbeiten zur Verfilmung eines Stücks. Film bedeutet ja eigentlich die Montage von vielen Einzelmomenten und Tätigkeiten zu einer großen fließenden Bewegung. Mitchell nun zerlegt die große Bewegung wieder in ihre Einzelschritte.*[174]

Wenn beispielsweise Jule Böwe in der Rolle der Kristin in der Kulisse des Küchenraums ihre Hände wäscht und der Zuschauer dabei durch das Fenster ihren Rücken sieht, sieht er gleichzeitig am Bühnenrand eine weitere Akteurin, die ihre Hände in einer Schale reibt, während

---

172 Müller 2010.
173 Rakow 2010.
174 Kümmel 2010.

ein Bühnenarbeiter Wasser darüber gießt und ein weiterer dieses Detail filmt, welches dann im Wechsel mit den Aufnahmen der Akteurin Böwe live projiziert wird. Darüber hinaus werden nicht nur Ansichten der Akteurin oder der Hände des eigens für die Projektion agierenden Doubles gefilmt, sondern auch beispielsweise der Spiegel, der in der Küchenkulisse hängt und über den aus dem optimalen Winkel ebenfalls Jule Böwe zu sehen ist. Die offensichtliche Double-Situation verdeutlicht die Ebene eines doppelten Sehens: eigentlich soll der Filmzuschauer nicht sehen, dass der Filmschauspieler in der jeweiligen Szene gedoubelt wird - in Mitchells Inszenierung ist dieses Sehen und Wissen Teil der Inszenierung.

Demnach erfolgt eine Thematisierung des Sehens auf mehreren möglichen technischen Ebenen: das direkte Sehen einer Person z. B. in Gestalt der Akteurin Böwe, das Sehen von Personen/Figuren durch ein Fenster, welches per se die Funktion hat, in einen Raum hinein oder hinaus sehen zu können. Das Sehen einer Projektion dessen, was zugleich an anderer ebenfalls sichtbarer Stelle aufgezeichnet wird. Das Sehen einer Projektion eines Spiegels, der sichtbar gefilmt wird und das spiegelt, was an anderer ebenfalls sichtbarer Stelle geschieht. Das Sehen eines ‚Nebenschauplatzes', auf dem eine detaillierte Nachstellung dessen, was an anderer Stelle bereits zu sehen ist, erfolgt; sowie das Sehen der Techniker, die filmen und damit dieses mehrdimensionale Sehen einerseits ermöglichen und andererseits genau diesen Akt der Sichtbarmachung sichtbar machen.

> *„In meinen Inszenierungen soll der Zuschauer das Gefühl haben, alles, was auf der Bühne geschieht, geschehe live", sagt Regisseurin Mitchell. Und wie in den meisten ihrer Aufführungen setzt sie dazu auch in ihrem Berlin-Debüt „Fräulein Julie" [...] einen Haufen Kameras ein. Mitchells Theater ist Filmarbeit und superexakte Schauspielerei auf offener Bühne, es verzichtet auf jeden traditionellen Guckkasten-Realismus und versteht sich als hochartifizielles Teamwork: Die filmenden Mitstreiter, die fast immer von Mitchells Co-Regisseur Leo Warner dirigiert werden, fangen die Aktionen der Darsteller ein, auf Bildschirmen sieht man Gesichter und filigrane Verrichtungen in Großaufnahme. So sieht man einem Film bei seiner Entstehung zu - und achtet plötzlich auf alle Details.*[175]

Erweitert wird diese Thematisierung des Visuellen durch die Sichtbarkeit der akustischen Geräuschproduktion, welche aus dem Zuschauerraum beobachtet werden kann und dadurch nicht mehr rein akustisch bleibt. Die beiden Akteurinnen, welche Mitglieder des Schauspielensembles

175 Höbel 2010.

sind, aber als Bühnentechnikerinnen bzw. „Geräuschemacherinnen"[176] auftreten, verfolgen das Geschehen über Monitore und erzeugen mit zum Teil entsprechenden Gegenständen - Glasklirren wird beispielsweise auch mit Gläsern produziert - sowie zum Teil dem Sehen widersprüchlichen Gegenständen die Geräusche zu den Vorgängen: so werden Schritte nicht mit Schritten synchronisiert, sondern mit „einem seidigen Stück Stoff stellt die Geräuschemacherin die Laute einer Schreitenden her, deren Gewand sich im Schrittrhythmus malmend bauscht und rafft, und man glaubt, jeden Faltenwurf zu hören."[177]

Der Zuschauer kann demnach dem Geräuschemachen zusehen und erfährt eine sichtbare Hörbarkeit, denn die Akteurinnen verwenden „[...] allerlei Utensilien, um den Film mit vielfältigen Geräuschen zu synchronisieren. Jedem Flaschenstöpsel, rinnendem, tropfendem Wasser und Klappern geben sie den entsprechenden Sound, sogar dem Schlag des Messers, mit welchem dem geliebten Zeisig Julies der Kopf abgehackt wird."[178]

Des Weiteren wird das Akustische sichtbar thematisiert, wenn Akteure eine der Sprecherkabinen betreten, Monologtexte verlesen, die dann nur sehr leise als Hintergrund zu hören sind, oder Geräusche und Stimmen ‚veranschaulichen', die von der Figur Kristin nur über Lauschen am Fußboden des Zimmers mittels eines Glases zu hören sind. In dieser Szene wird über Geräusche von Schritten auf Treppenstufen suggeriert, dass Kristin ins Obergeschoss gegangen ist, in dem sich dann das Schlafzimmer befinden muss, denn über die Projektion sieht man sie beim Umkleiden bzw. Zubettgehen. Zugleich sieht der Zuschauer jedoch einen Lichtschein hinter dem mit Gardinen versehenen, oben erwähnten Fenster im linken Teil der Kulisse, durch das schließlich auch gefilmt wird und das Jule Böwe hinter dieser Wand zeigt. Der Projektion zufolge befindet sich Kristin aber über der Küche, denn indem sie ein Glas auf den Fußboden ihres Zimmers stellt und daran horcht, werden die Stimmen, die zuvor sehr leise als undeutliches und schlecht einzuordnendes Gemurmel vernehmbar waren, erkennbar als die Stimmen Jeans und Julies, die sich in der Küche unterhalten und in der dortigen Kulisse auch für den Zuschauer in Gestalt der Akteure Laura Tratnik und Tilman Strauß sichtbar sind. Gleichzeitig sprechen zwei weitere Akteure in den Sprecherkabinen dieses Stimmengewirr und sind dabei ebenfalls für den Zuschauer - wieder durch ein ‚Fenster', diesmal nicht in bühnenbildnerischer Form eines solchen, sondern als schalldichte Scheibe der Kabine - sichtbar.

176 Spreng 2010.
177 Kümmel 2010.
178 Göpfert 2010.

Hinsichtlich der vielfältigen Sichtbarkeit folgt nun allerdings gemäß Kapitel 2.3 deren untrennbare Verknüpfung mit Unsichtbarem, das dadurch - im Gegensatz zur Abwesenheitsanalyse in *Die Schmutzigen, die Hässlichen und die Gemeinen* oder *Stifters Dinge*, in denen die Abwesenheit mit inszeniert wird - unweigerlich ‚auftritt': allein durch die Entscheidung, die der Zuschauer hinsichtlich seiner Aufmerksamkeit treffen muss, werden ebenso andere Sehebenen kurzzeitig ausgeblendet. Indem ich als Zuschauer versuche, nachzuvollziehen, woher genau das Bild der Projektion gerade stammt und was zugleich von der gefilmten Figur in der Küche tatsächlich sichtbar ist, verfolge ich nicht die andere Seite der Bühne, wo sich das Double auf seine kommende Filmsequenz vorbereitet, oder den Bühnentechniker, der vor dem Fenster, das im Hintergrund der Projektion zu sehen ist, Regen erzeugt. Wenn ich daraufhin bemerke, dass ich den Geräuschen soeben keine Beachtung geschenkt habe[179], schaue ich den Akteurinnen und ihren synchronisierenden Gegenständen zu, wobei ich zugleich aber die Szene in der Küche buchstäblich aus den Augen lasse. Vor dem Hintergrund einer vermeintlich totalen Sichtbarkeit, die nicht zuletzt durch die Bühnenraumsituation bzw. deren mögliche Aufteilung bedingt ist, entstehen demnach umso mehr Lücken.

Darüber hinaus korrespondiert die Detailgenauigkeit der Szeneneinstellungen, Projektion sowie Geräuschsynchronisation mit Strindbergs Postulierung einer Detailfreude innerhalb der Ausstattung:

> *Wer heute mit Video auf der Bühne arbeitet, und wer das so virtuos tut wie Katie Mitchell, darf sich ohne Weiteres auf Strindberg berufen. Ein „modernes psychologisches Drama" schwebte ihm vor [...], jedes Ausstattungsdetail war ihm wichtig. Licht, Mimik, Perspektive – über all das hat er bis ins Kleinste nachgedacht.*[180]

Diese Detailgenauigkeit und Zerlegung eines Films in das Zeigen kleiner Einzelschritte[181] erschließt wiederum dem Zuschauer die Ebene der vermeintlichen Sichtbarkeit jeder Kleinigkeit, bedingt aber zugleich unter Einbeziehung des Aufmerksamkeitsaspekts eine Verdeutlichung der Verschränkung mit Unsichtbarkeit. Desweiteren wird durch inszenierte Abwesenheiten beispielsweise des Geschehens hinter der Schiebewand oder in der uneinsehbaren Kulisse des vermeintlichen Schlafzimmers produktiv die Wahrnehmung der Details verstärkt, indem

179 Zur Aufmerksamkeit siehe Kapitel 3.3.3.
180 Schaper 2010.
181 Siehe Kümmel 2010.

diese ermöglicht, dass der Zuschauer einerseits detailgenau die technische oder organisatorische Entstehung des Films für die Projektion durch „[…] wuselige Techniker: Kameraleute, Synchrongeräuschemacher und die Schauspieler, die ihre Körper für das nächste Close-Up präparieren […]“[182] verfolgt. Andererseits kann er jedoch zugleich die sichtbaren Ergebnisse jener Filmarbeit mit Kristins Wahrnehmung der Situation überein bringen und nachvollziehen.

In Mitchells Fräulein Julie erfolgt also eine Ebenenverschiebung von visuellem Theaterspiel, Filmaufnahmen, Filmprojektion, Arrangement von Schauspielern oder Double sowie Verdecken des Sichtbaren hin zu akustischen Aspekten wie Hör-/Sprechkabinen und Geräuschaktionen zur ‚Illustration' der Projektion - welche gewissermaßen ohne Ton stattfindet, denn die Stimmen der Schauspieler sind hörbar - und vice versa. Vor Augen geführt wird die Entstehung von Bildern bei gleichzeitiger Präsentation der Ergebnisse des Film-Vorgangs, wobei diese offengelegten Vorgänge des Filmens das erschaffene potentielle Bild eines Films zugleich wieder dekonstruieren. Indem jeder Schritt der Herstellung einer Filmszene offen gezeigt wird, verliert diese an ‚Bildgehalt' und Fiktionalität und erscheint lediglich als Offenlegung technischer Prozesse von Sichtbarmachung. Was also im Film gezeigt wird, stellt sich als Ergebnis dar, dem eine großangelegte Sezierungsarbeit zugrunde liegt. Mitchell zeigt demnach wenige bis keine Bilder, sondern vielmehr deren Entstehung und thematisiert damit das Sehen an sich, das darüber hinaus die Wahrnehmung und Bildentstehung beim Zuschauer anspricht: das Gesehene allein genügt für sich nicht, sondern benötigt hintergründige Arbeit, die beim Sehen selbst unbewusst vorgenommen wird. Der Zuschauer nimmt also durch sein Sehen - hier auf doppelter Ebene durch das Sehen der ‚Dreharbeiten' - an der Konstruktion des Gesehenen teil. Ihm wird vor Augen geführt, was im Seh-Medium Theater beim Film-Sehen ausgeblendet bleibt:

> *[D]en drei Schauspielern stehen eine Vielzahl an dunkel gekleideten dienstbaren Geistern gegenüber, die hart arbeiten für die Gewinnung, Verdichtung und Aufbewahrung eines einzigen reinen Filmaugenblicks. Wir lernen, welch große unbewusste Ergänzungsarbeit wir leisten, wenn wir Filme sehen. Und wir sehen, wie viel Geheimes geschieht im Schatten eines einzigen ‚öffentlichen' Bildes. Kurz gesagt: Den Bildern ist nicht zu trauen. Man muss dabei sein, wenn sie entstehen!*[183]

182 Rakow 2010.
183 Kümmel 2010.

2.5 Akustik und Visualität als spezifische Merkmale der Präsenz: Sprache und Schweigen als spezifische Form(en) des Abwesenden

Wo ist die Stimme? Bei dem, der spricht, bei dem, der hört? Dazwischen?
(Christian Hart Nibbrig)[184]

Der folgende Abschnitt thematisiert nun im Anschluss an das Sehen und dessen Performativität und Produktivität die auditive Dimension und soll hierbei insbesondere den Versuch einer Annäherung daran unternehmen, ob und inwiefern das Auditive in ein Verhältnis zum Visuellen gesetzt werden kann und welche Aspekte des Auditiven relevant werden. Damit sind nicht nur Aspekte des Hörens, sondern auch des Hörbaren, der Stimme und diesbezüglich wiederum des Schweigens angesprochen, welche dann zu einer Analyse von Produktivität hinsichtlich der Wahrnehmung des Auditiven und dessen Abwesenheit führen können.

Nicht zuletzt sei diesbezüglich in Anknüpfung an das vorige Kapitel angemerkt, dass die Stimme oder der Klang selbst unsichtbar und von dieser Position aus abwesend sind. Die Anwesenheit kommt ihnen jedoch insofern zu, als genau aus dem Grund die akustische und visuelle Dimension getrennt behandelt werden sollen und sich dann als logische Folge das Verstummen oder Schweigen bzw. eine inszenierte Abwesenheit in Form von Unhörbarkeit der Stimme ergeben.

Folgende treffende Beschreibung Regine Elzenheimers sei aufgrund ihrer veranschaulichenden Darstellung an dieser Stelle in voller Länge zitiert:

> *Die allgegenwärtigen, vor allem technisch-medialen Zugriffe auf das Gehör, die das Bewusstsein vernebeln und das Konsumverhalten positiv manipulieren sollen, greifen als ‚akustische Umweltverschmutzung' tatsächlich gewaltsam in die körperliche Integrität des Menschen ein. Während das Auge durch seine segmentierte und vergleichsweise träge Wahrnehmung sowie durch das Augenlid einen gewissen Schutz genießt, ist das Ohr durch eine 360°-Perzeption und eine im Vergleich mit dem Auge wesentlich höhere Sensibilität dem Eindringen ungewollter Eindrücke ungleich stärker ausgeliefert. Während die Welt immer lauter wird und das Vermögen auditiver Differenzierung zusehends schwindet, lassen sich zwei völlig widerstrebende gesellschaftliche Tendenzen beobachten, die sich vor allem im Umgang mit Musik und Sprache spiegeln. Zum einen hält der bereits durch ständige akustische Berieselung konditionierte Teil der Menschen*

184 Christian Hart Nibbrig zitiert nach Risi 2006, 99.

> *Stille nicht mehr aus. Wo der Lärm nicht ist, stellt er ihn her, mittels TV, Audio, Video, MP3-Player, Handy etc. Selbst kultivierte Konzert- und Theaterbesucher fangen an nervös zu husten, zu tuscheln, auf den Plätzen hin und her zu rutschen oder mit Bonbonpapieren zu rascheln, sobald in der kulturell verordneten Konzentration auf ein akustisches Kunstprodukt eine Lücke entsteht. Zum anderen steigt bei vielen ein zunehmend esoterisches Bedürfnis nach Stille [...].*[185]

Elzenheimer stellt eine Abgrenzung vom Wahrnehmen über Auge und Ohr her, die dem Hörsinn ein wesentlich größeres Ausgeliefertsein zuschreibt und damit eine Passivität hinsichtlich des Hör-Aktes postuliert – die für die Autorin in einem Bedürfnis nach Stille und damit Abwesenheit des Geräuschpegels resultiert und so der Untersuchung von Abwesendem an dieser Stelle durchaus zuträglich ist.

> *Im Gegensatz zur akustischen Reizüberflutung, die im Sinne des Selbstschutzes eher das Weghören provoziert [...], stimulieren die verschiedenen Formen der Abwesenheit dieser Signale potentiell einen Zustand, der [...] ein ‚Prozess des Horchens' genannt werden kann, „der vom bloßen Hören, der rein auditiven Sinneswahrnehmung, grundverschieden ist."*[186]

Diese Annahme soll im Folgenden daraufhin überprüft werden, ob vornehmlich hinsichtlich der Theatersituation und der Situation der Wahrnehmung im Theater dem Auditiven eine visuelle Dimension innewohnt bzw. zuzuschreiben ist und zugleich demnach das Visuelle eine Verschränkung mit dem Auditiven aufweist. Hierbei wird vor allem für den Aspekt des Hörens und des Hörbaren das Phänomen der Kommunikation und der Stimme und damit im Hinblick auf die bzw. deren Abwesenheit das Phänomen des Schweigens von Bedeutung sein.

Ausgehend davon, dass der „Begriff Theater vom griechischen *theatron* ab[stammt] und ursprünglich den Ort [bezeichnete], auf dem und von dem aus geschaut wird"[187], beschreibt Doris Kolesch eine „Dominanz des Visuellen"[188]: diese sei sowohl durch die Etymologie bedingt, als auch daraus resultierend durch die seit der Griechischen Antike vorherrschende Annahme, dass die Augen gegenüber den Ohren die besseren Zeugen seien[189], was zu der Schlussfolgerung führt, dass „[...] wir [seitdem] in einer dem Vorrang des Visuellen verpflichteten Kultur

185 Elzenheimer 2008, 15f.
186 Elzenheimer 2008, 16.
187 Kolesch 2006, 46.
188 Kolesch 2001, 260.
189 Siehe Kolesch/Krämer 2006, 7f.

[leben].“[190] Auch die sprachkritische Wende in Form des kulturwissenschaftlichen *linguistic turn* habe diesbezüglich keine Veränderung hervorgerufen.[191] Kolesch ordnet demnach den anschließenden *iconic turn* als eine eher wenig gewichtige Neuerrungenschaft ein: „Die ‚Wende zum Bild‘ beerbt eine auf den Sehsinn zentrierte Tradition, welche im impliziten Skriptizismus der sprachkritischen Wende nicht etwa abbricht, vielmehr in veränderter Form gestärkt und fortgesetzt wird.“[192] Die Kolesch zufolge durch die abendländische Anthropologie und Philosophie geprägte Dominanz von „[...] binär organisierten Beschreibungen und Funktionszuweisungen, die Oralität und Literalität, Auge und Ohr, Stimme und Schrift trennscharf und eindeutig voneinander zu differenzieren suchten und zumeist eine Hierarchisierung des Auges gegenüber dem Ohr, der Schrift gegenüber der Stimme vornahmen [...]“[193], spiegelt sich also wider in dem Vorurteil, wie Kolesch es nennt, dass Theater und Videokunst sich über das Sehen definieren. Diesbezüglich erfolgt eine Veränderung bzw. Bedeutungsverschiebung vom „Ort des Sehens, also dem Zuschauerraum, hin zur Bühne als dem Ort, an dem sich etwas zeigt und wo es etwas zu sehen gibt.“[194] Kolesch zufolge scheinen sich Theater- und Videokunst dieser „Privilegierung des Auges und des Blickes zu fügen“[195] und bedingen auf diese Weise theater- und kunstwissenschaftliche Diskussionen über Aspekte wie Erscheinen, Illusion, Perspektive, was wiederum ein Zuarbeiten der Kunstwissenschaften zum *iconic turn* bedeutet. An dieser Stelle sei infrage gestellt, inwiefern die Beschreibung oder Ausrufung einer solchen kulturwissenschaftlichen Wende von gegebenen Tendenzen oder Phänomenen ausgeht – oder ob sich die einzelnen Disziplinen wiederum mehr oder minder unbewusst diesem Phänomen des ‚neuen Turns‘ anpassen, ein- oder gar unterordnen und so die angesprochene Fügung der Kunst- und Kulturwissenschaften nicht nur gewährleisten oder hervorbringen, sondern gar einfordern und benötigen.

2.5.1 Die performative Dimension der Stimme

Im Hinblick auf die nicht nur in Bezug auf Theater- oder Videokunst, sondern auch in der Alltagswelt zu beobachtende „Tendenz zur umfassenden Visualisierung [durch beispielsweise die] Omnipräsenz

190 Kolesch/Krämer 2006, 7f.
191 Siehe Kolesch/Krämer 2006, 7f.
192 Kolesch/Krämer 2006, 8.
193 Kolesch 2006, 44.
194 Kolesch 2006, 46.
195 Kolesch 2006, 46.

audiovisueller Medien"[196] erfolgt nun für Kolesch eine ebensolche „augenfällige Renaissance"[197] der Stimme, indem eben diese Alltagswelt zunehmend von einer „Allgegenwart fernmündlicher Kommunikation via Telefon und Handy"[198] charakterisiert ist. Kolesch nennt dies das „Zeitalter einer ‚sekundären Oralität'"[199] und schafft so eine - wie sie selbst schreibt: augenfällige - Hinwendung zum Phänomen der Sprache, des Sprechens, der Stimme.

Noch einmal ausgehend von Theater als „Szene der Sichtbarkeit, [als] Ort des Sehens und des An-Gesehen-Werdens"[200] ergibt sich für Kolesch die notwendige Berücksichtigung der auditiven Dimension: „Diese [visuelle] Perspektive jedoch übersieht die akustische Verfasstheit von Theater. Der theatrale Raum ist kein von Stimmen, Geräuschen und Musik bloß durchzogener Raum, er ist ein von Stimmen, Geräuschen und Musik überhaupt erst mitkonstituierter Raum."[201]

Indem Kolesch die „zur Selbstverständlichkeit gewordene Betonung des Visuellen, die derzeit virulente Rede von der westlichen Zivilisation als einer ‚Kultur des Auges' für eine unzulässige Vereinseitigung"[202] hält, deutet sie in dem Aufsatz *Wer sehen will, muss hören. Stimmlichkeit und Visualität in der Gegenwartskunst* bereits im Titel die Verknüpfung und gegenseitige Abhängigkeit von Sehen und Hören an. Diese basiert mitunter darauf, dass die Autorin das Sehen „[...] sowohl als konkrete Tätigkeit der Augen und des Blickes, als visuelle[n] Wahrnehmungsvollzug, als auch, in der metaphorischen Dimension des Wortes, als eine Bewusstseinsleistung, als Erkennen von Objekten oder Eigenschaften und als Verstehen von Zusammenhängen."[203] auffasst. Die Sinnestätigkeiten vollziehen sich demnach jeweils nicht als von den anderen Sinnen getrennter Prozess, sondern bringen gerade in einem Zusammenspiel komplexer Interaktionen Wahrnehmungsvollzüge hervor.[204]

> *Sehen, Hören, Fühlen, Schmecken und Riechen laufen nicht strikt getrennt voneinander ab, vielmehr vollzieht sich Wahrnehmung als ein intermodales Geschehen, bei dem synästhetische Prozesse die Regel, keineswegs die Ausnahme bilden. Wie unser Wahrnehmungsleib keine Summe nebeneinander existierender*

196 Kolesch 2006, 46.
197 Kolesch/Krämer 2006, 8.
198 Kolesch/Krämer 2006, 9.
199 Kolesch/Krämer 2006, 9.
200 Kolesch 2001, 260.
201 Kolesch 2001, 260.
202 Kolesch 2006, 46.
203 Kolesch 2006, 45.
204 Siehe Kolesch 2006, 42.

Organe ist, sondern ein synergisches System, so können wir Töne sehen und Farben hören.[205]

Demnach würde - hinsichtlich der hier diskutierten Thematik - dem Stimmlich-Akustischen eine visuelle Dimension, und dem Visuellen eine auditive Dimension zuzuschreiben sein[206], da bei der jeweiligen Sinneswahrnehmung die übrigen anderen nicht auszublenden bzw. zu ignorieren sind, was in Bezug auf Visualität und Akustik von Kolesch folgendermaßen beschrieben wird:

Kaum ein Hören kommt ohne Visualität aus; dabei kann es sich um das konkrete, das Hören begleitende Sehen handeln oder auch um ein Imaginieren - beispielsweise wenn wir uns zu einer unbekannten Stimme am Telefon einen Körper vorstellen. Das Gleiche gilt - und dies vergessen, übersehen wir häufig - auch umgekehrt, insofern es eine auditive Dimension des Visuellen gibt. Wir sehen die Größe eines Raumes und unsere Position in ihm nicht nur, wir hören sie auch.[207]

Ferner beschreibt Kolesch Bilder als solche nicht für sich allein stehend, indem sie davon ausgeht, dass diese über eine Konstitution der Wahrnehmung als Resultat von Interaktionen aller Sinne entstehen. Dies erfordert eine Verknüpfung mit weiteren Faktoren: Sie nennt an dieser Stelle Erziehung und Sozialisation als Voraussetzung oder Lenkung dafür, wie Bilder wahrgenommen, gesehen, verortet und verstanden werden und außerdem die Wichtigkeit des jeweiligen Kontextes als determinierend hinsichtlich der Rezeption und Interpretation des Gesehenen. Als dritten Faktor führt Kolesch Kommentare oder Hinweise an, die auf ein Bild aufmerksam machen oder lenken, wie und insbesondere überhaupt was daran gesehen werden soll.[208] Der letzte Punkt sei allerdings nicht nur im Hinblick auf Kapitel 2.3 abgeschwächt, in dem das eigene Sehen, die eigene Wahrnehmung und Perspektive sich hinsichtlich des Sehens als Praxis und des Sehvorganges als solchem als konstituierend wie konstruktiv erwiesen. Zwar können Hinweise darauf, welches Detail am vorliegenden Bild unbedingt noch beachtet werden sollte, um die Wirkung des Gesehenen - offenbar nach Ansicht des Hinweisgebenden - auch voll erfassen zu können, die Wahrnehmung auf bislang unbemerkte Aspekte lenken. Jedoch erweist sich das,

205 Kolesch 2006, 42.
206 Siehe Kolesch 2006, 45.
207 Kolesch 2006, 42.
208 Siehe Kolesch 2006, 42f.

was theoretisch sichtbar ist, als nicht für *jeden* Betrachter sehbar und kann daher gerade *nicht* als die Wahrnehmung lenkend durch ‚Anleitungen des Sehens' erschlossen werden. Außerdem sind es eben diese bislang unbemerkten Aspekte, die in ihrer, möglicherweise temporären, orts- oder situationsbedingten Unsichtbarkeit das ‚restliche' Bild als Objekt produktiv hervorbringen.

Indem Kolesch also beispielsweise darauf verweist, dass im Zuhören immer auch die Dimension des ‚Anderen' sowohl gegeben als auch von entscheidender Bedeutung ist, eröffnet sie eine direkte Verknüpfung von Akustik und Visualität:

> *Im Zuhören höre ich die Stimme und den Körper des anderen [...]. Und indem ich dem oder der anderen zuhöre, höre ich auch mir selbst zu. Es stellen sich Bilder und Assoziationen ein, ich werde auf meinen eigenen Körper und mein eigenes Imaginäres verwiesen. Kein Hören also ohne Visualität: als konkretes, das Hören begleitendes Sehen oder als Imaginieren. Ein gutes Beispiel dafür sind Telefonstimmen, zu denen wir die Vorstellung eines Körpers ergänzen, auch wenn wir die Person am anderen Ende der Leitung gar nicht kennen.*[209]

Insofern das Hören nicht oder nur bedingt ohne Visualität funktioniert und das Hören per se als Abwesenheit des Sehens aufgefasst werden kann, wird eine notwendige Verknüpfung hergestellt zwischen dem Zusammenspiel der Sinne und einer gleichzeitigen Produktivkraft, die mit dem vermeintlichen Fehlen eines Sinns einhergeht – und sei es lediglich begründet durch das konkrete Fehlen eines Bildes im Sinne von gegenständlich Gesehenem und der gleichzeitigen produktiven Hervorbringung eben dieses ‚fehlenden' Sinns durch seine ‚Abwesenheit'. Wenn folglich das Hören und Zuhören Abwesenheiten wie Anwesenheiten hervorbringt, streift es wahrnehmungsspezifisch unter Bezugnahme auf ein anwesend Hörbares ebenfalls den Begriff der Präsenz und unterstreicht auf diese Weise, dass es nicht darum gehen darf und soll, die anfänglich angesprochene Privilegierung der einen Sinneswahrnehmung von einer anderen ablösen zu lassen:

> *Die Verbindung von Stimmlichkeit und Visualität unterstreicht, dass es nicht darum gehen kann, die eingangs erwähnte Dominanz des Visuellen einfach durch eine Dominanz des Akustischen zu ersetzen. Vor diesem Hintergrund darf die Ästhetik der Präsenz auch nicht als starrer Gegenpart einer Ästhetik der Repräsentation verstanden werden. Gerade das Theater zeigt, dass in der Repräsentation – beispielsweise der Darstellung einer Figur durch eine Schau-*

209 Kolesch 2001, 265.

spielerin – immer auch Momente der Präsenz der Akteurin selbst, ihres Körpers, ihrer Stimme mitschwingen, ebenso wie die Präsentation eines Performers nie ganz von repräsentierenden Aspekten frei ist.[210]

Die hier angesprochene Doppelebene von Präsenz und Repräsentation ermöglicht nun eine Abhängigkeit der Wahrnehmung von der eigenen Perspektive, vom Rezipienten, von persönlichem Seh-, Sicht- und an dieser Stelle auch Hör-baren, und in Erweiterung somit eine Abhängigkeit von Präsenz und Repräsentation: das Dargestellte wird in Ko-Präsenz zum Präsentierenden und damit vor allem eigener Anwesenheit gesehen, gehört und in der eigenen Wahrnehmung und Vorstellung repräsentiert. Kolesch umreißt den Zusammenhang von Präsenz und Repräsentation folgendermaßen:

Im Deutschen umfasst Repräsentation zumindest vier Dimensionen: Vorstellung, Vergegenwärtigung, Darstellung und Stellvertretung. Allen Begriffsabschattungen ist jedoch gemeinsam, dass es um ein Verhältnis von Anwesenheit und Abwesenheit geht, in dem das in der Repräsentation Repräsentierte, also das Abwesende den Fokus bildet. Die Ästhetik der Präsenz verschiebt nun nicht einfach das Verhältnis hin zur Anwesenheit, die ja, wie eingangs erwähnt, nie einfach gegeben ist. Einer Ästhetik der Präsenz geht es vielmehr um Kräfte- und Wechselverhältnisse aller beteiligten Personen und Elemente, um die Zirkulation sozialer Energie und um Relationen der Faszination, der Interaktion, aber auch der Abstoßung. Präsenz in diesem Sinne verweist auf eine Intensität des Erlebens, die kognitive und emotionale Potentiale gleichermaßen aktiviert.[211]

An dieser Stelle sei genau dieses Wechselspiel als entscheidender Faktor hinsichtlich der An- und Abwesenheitsanalyse festgehalten, der in Kapitel 2.7 unter anderem im Hinblick auf Gegenwärtigkeit und Ko-Präsenz weiter ausgeführt wird. Hinsichtlich der Hör- und Unhörbarkeit erweist sich der Aspekt der Präsenz sowie dessen an- und abwesenheitskonstituierendes Moment insofern als produktiv, als Kolesch die Stimme als „Index lebendiger Präsenz“[212] auszeichnet: „Gibt es ein Phänomen, das so untrüglich Zeugnis ablegt von menschlicher Anwesenheit und kreatürlichem Leben wie das Erklingen einer Stimme?“[213] Demnach kann also die Stimme sowohl als Zeuge als auch als Urheber der Präsenz aufgefasst werden, da diesbezüglich nicht nur der Aspekt

210 Kolesch 2001, 265.
211 Kolesch 2001, 265f.
212 Kolesch/Krämer 2006, 7.
213 Kolesch/Krämer 2006, 7.

des Sprechens und der damit verbundenen Stimmlichkeit von Bedeutung ist, sondern auch die Präsenz des Hörenden. Hier gilt Ähnliches wie in Bezug auf die Seh- und Sichtbarkeit: die Stimme wird als solche hörbar und beschreibbar, *wenn* sie gehört wird, es „[...] spielt sich etwas zwischen Menschen, zwischen Menschen und Räumen, zwischen Menschen und Objekten ab."[214] Kolesch führt in diesem Zusammenhang eine Verknüpfung durch zwischen Stimme, Präsenz und gleichzeitiger Raumkonstruktion, indem ihrer Ansicht nach „[...] die Stimme Räume [generiert], sie bringt Räume der Wahrnehmung und des Erlebens ebenso wie Räume der Ko-Präsenz von Sprechendem und Hörendem überhaupt erst hervor, gibt ihnen Ausdehnung und Kontur."[215] Diesbezüglich erweist sich die Stimme als einerseits determinierender Faktor der Konstitution und Konstruktion von Präsenz sowie darüber hinaus einem Verhältnis von Abwesenheit und Anwesenheit; andererseits ist diese Funktionalität der Stimme noch weiter zu führen hinsichtlich ihres performativen Charakters:

> *Die Stimme eröffnet den Moment des Sagens. Eröffnung, Setzung bezeichnen performative Akte. Ihre Zeitlichkeit beruht im Augenblick. Das Performative existiert nur als dieser Augenblick und als Körperlichkeit. Es weist die beiden Aspekte des Ereignens und der Materialität auf. Im Moment des Einsatzes der Stimme sind beide gleichzeitig gegeben. [...] Dem korrespondiert das Verhältnis zwischen Stimme und Klang. Die Stimme zeigt sich im Laut. [...] Der Hörer hört nicht nur die Stimme, vernimmt nicht nur ihr Gesagtes und dessen Bedeutungen; er spürt sie. [...] Der Stimme haftet etwas Taktiles an: Sie stiftet dadurch einen direkten Kontakt mit dem Sprechenden.*[216]

Indem die Stimme also als das den Sprechakt - und dessen Performativität - einleitende Phänomen beschrieben wird, eröffnet sich für Kolesch die Möglichkeit, die Stimme mit den Kriterien einer Theateraufführung im Rahmen der Performativität mit dem Theater als solchem zu vergleichen, woraufhin sie diese als „[...] exemplarisch performatives Phänomen [und] ein Double der performativen Kunstform Theater"[217] beschreibt. Sie setzt die Transitorik der Theateraufführung in Beziehung bzw. Analogie zur lautlichen Äußerung in ihrer Flüchtigkeit: der Laut verschwindet sofort, nachdem er ausgesprochen worden ist. Die daraufhin fortdauernde Wirkung und Wirksamkeit der

214 Kolesch 2001, 264.
215 Kolesch 2001, 264.
216 Waldenfels 2006, 211f.
217 Kolesch 2001, 260.

Stimme über diesen transitorischen Augenblick hinaus wird allein dadurch ermöglicht, dass diese Äußerung und damit die sie äußernde Stimme gehört und rezipiert werden[218], was wiederum der Theatersituation gleichkommt: „Die Stimme will gehört und beantwortet werden, die Theateraufführung wird zu einer solchen erst in der Rezeption durch ein Publikum."[219]

Kolesch attribuiert der Stimme demnach die eine Theateraufführung determinierenden Termini[220] der Ereignishaftigkeit, des Aufführungscharakters, indem die Stimme „[i]m *Hic et nunc* ihrer Präsenz [...] den Status einer ‚Aufführung' von etwas für andere und vor anderen [hat]"[221], sowie einen Verkörperungscharakter, dem zufolge die Stimme Zeuge des anwesenden Sprecher- als auch Hörerkörpers ist.[222] Insofern jedoch der direkte Vergleich mit der Theateraufführung der Stimme eine performative Dimension zuschreibt und selbige gar als „[...] performatives Phänomen *par excellence*"[223] bezeichnet, darf zugleich allerdings das Verständnis des wirklichkeitskonstituierenden und selbstreferentiellen Charakters, welcher der sprachlichen Äußerung ihre Performativität zuschreibt, nicht darauf angewendet, ausgehebelt bzw. verändert werden: Wenn das Sprechen nach Austin[224] als performativer Akt betrachtet werden soll, der das bedeutet, was er aus-sagt, kann selbiges nicht für die Stimme gelten, die einerseits von Kolesch als performativ bzw. als der performative Akt der Redeeröffnung verstanden wird, andererseits jedoch den performativen Akt als solchen erst einleitet.[225] Die genannte performative Dimension der Stimme ist, ebenso wie der Vergleich mit dem Theater, nachvollziehbar, jedoch dürfen dann auch das Theater oder die Aufführung nicht als per se performativ gelten, sondern müssen ebenfalls als einleitende Phänomene der dann folgenden performativen Elemente betrachtet werden, zu denen auch Sprechen und Sehen gehören. Die Stimme erscheint demnach als konstituierend

218 Siehe Kolesch/Krämer 2006, 11.

219 Kolesch 2001, 260f.

220 Siehe Kolesch/Krämer 2006, 11.

221 Kolesch/Krämer 2006, 11.

222 Siehe Kolesch/Krämer 2006, 11. Kolesch nennt als weiteren Punkt die „[...] Intersubjektivität: Als eindringlicher oder aufdringlicher Anspruch und Appell an den Anderen kann die Stimme vergemeinschaften oder entzweien." Dieser soll jedoch an dieser Stelle unbeachtet bleiben, da er im Hinblick auf die vorausgegangenen und auch folgenden Äußerungen zu Präsenz, Performativität etc. zu vernachlässigen ist.

223 Kolesch/Krämer 2006, 11.

224 Siehe Kapitel 2.8.

225 Siehe Kolesch 2001, 264.

hinsichtlich der Performativität der Rede, jedoch nicht als selbst performativ.

Indem jedoch die Stimme nicht in erster Linie als semantisches Element aufgefasst wird, das den Text überliefert, sondern in ihrer Konstitution als lautliche Einheit ihre Materialität in den Blickpunkt rückt, kann sie denn auch als performative Äußerung verstanden werden, da nicht in erster Linie das Inhaltliche, sondern das Modale ihrer Aussage an Bedeutung gewinnt:

> *Im Zuge einer Enthierarchisierung der künstlerischen Mittel im 20. und frühen 21. Jahrhundert werden Klanglichkeit und Lautlichkeit als gleichwertige Gestaltungselemente neben und mit Textualität, Visualität, Körperlichkeit oder auch Räumlichkeit ins Spiel gebracht, ohne dass eine dieser Dimensionen privilegiert würde. [So wird die] Stimme nun, in der Gegenwartskunst, zum Medium und Material eines situativen, ereignishaften und atmosphärischen Geschehens. […] Sprache wird nicht mehr als vermeintlich transparentes Medium von Bedeutungsstiftung aufgefasst, sondern als Klang- und Lautmaterial entfaltet.*[226]

Die Vermittlung von Bedeutung wird dabei gegenüber einer Produktion von akustischen Phänomenen in den Hintergrund gerückt und in eine „exponierte[n] Präsentation von Hörbarkeiten"[227] transformiert. Indem diese lautlichen Äußerungen für sich selbst stehen und damit performativen Charakter erhalten, verliert der Dialog als Kommunikationsform an Signifikanz: an seine Stelle tritt ein „[…] Polylog aus dem Körper herausgeschleuderter, subjektloser Sprech- und Schreitiraden, die […] nichts mehr mit Formen zwischenmenschlicher Kommunikation wie Gespräch oder Diskussion zu tun haben."[228]

Die Abwesenheit der semantischen Dimension lenkt wiederum die Aufmerksamkeit umso deutlicher auf das, *was* gesagt wird und birgt daher in der performativen Dimension der Stimme als lautlichem Material, die zunächst das bedeutet, was sie äußert, eine umso produktivere Funktion der Bedeutungsebene: „Während im Alltag häufig das, *was* gesagt und gehört wird, privilegiert ist, exponiert und entfaltet die Gegenwartskunst gerade das *Wie* des Sprechens und Hörens."[229] Somit treten

> *Charakteristika des Stimmlich-Auditiven in den Vordergrund, die sowohl von einer auf Sinn und Bedeutung zentrierten Analyse als auch von einer das*

226 Kolesch 2006, 48.
227 Kolesch 2006, 49.
228 Kolesch 2006, 49.
229 Kolesch 2006, 50.

Visuelle privilegierenden Darstellung und Wahrnehmung häufig übergangen bzw. negiert werden: die responsive Struktur von Wahrnehmung und ihre – im Falle des Hörens besonders ausgeprägte – soziale Verfasstheit, die vorsymbolische Ereignishaftigkeit, Intensität und Affektivität des stimmlichen Geschehens ebenso wie schließlich die Körperlichkeit und Räumlichkeit von Sprechen und Hören. Die Stimme hat selbst Aufführungscharakter, sie existiert nur, insofern sie handelnd erprobt und aus-agiert, insofern sie Hörern vorgeführt wird. Wenn Stimmen erklingen und gehört werden, spielt sich etwas zwischen Menschen sowie Menschen und ihrer Umwelt ab.[230]

2.5.2 Schweigen als Figur der Stille

Dieser Weg über das Phänomen der Stimme erweist sich nun hinsichtlich der beabsichtigten Analyse insofern als interessant, als zwar die Stimme den Moment des Sagens eröffnet, dabei unmittelbar nach Äußerung des Lautes wieder verschwindet und bereits dabei An- und Abwesenheit in den Blick nimmt, jedoch vor dem Hintergrund von Präsenz des Rezipienten sowie Interaktion der Sinne ebenso das Hören vorwegnimmt: die Stimme muss und will gehört werden, wie Alice Lagaay ausführt: „Sich mit dem Thema Stimme zu beschäftigen, heißt also sich nicht nur für die Seite der aktiven Äußerung, d. h. nicht nur für die stimmliche *Produktion* zu interessieren, sondern auch für die Aktivität des Hörens, d. h. die *Rezeption*."[231] Auf diese Weise wird im Hinblick auf die Thematik des Abwesenden eine Notwendigkeit des Verstummens und der Abwesenheit der Stimme verdeutlicht, die wiederum den Aspekt des Unhörbaren bzw. die Unmöglichkeit zu hören anspricht.

Das Unhörbare, das hier anklingt, ist dem Schweigen verwandt, das den Hintergrund und Untergrund der Sprache bildet und nicht mit bloßer Sprachlosigkeit zu verwechseln ist. Letzteres gilt selbst für die pathologische Form der Aphonie, wörtlich: der Stimmlosigkeit, die als Verstummen der Sprachwelt verhaftet bleibt. Gestalttheoretisch betrachtet verhalten Klang und Stille sich zueinander wie Figur und Grund. Die Stille tritt hervor, wenn erwartete Klänge aussetzen und gleichsam ein Loch im Hörfeld aufklafft. Die Stille der Stimme verweist auf eine Abwesenheit in der Anwesenheit.[232]

230 Kolesch 2006, 50f.
231 Lagaay 2004, 303.
232 Waldenfels 2006, 209.

Eine unmittelbare Verknüpfung von Klang/Stimme und Stille/Schweigen wurde bereits 1948 von Max Picard beschrieben, der das Schweigen dem Wort insofern voranstellt, als das Wort aus ihm hervorgeht: „Das Schweigen kann sein ohne das Wort, jedoch nicht das Wort ohne das Schweigen. Das Wort wäre ohne Tiefe, wenn ihm der Hintergrund des Schweigens fehlte."[233] Kolesch nimmt Unterscheidungen bzw. Einteilungen von spezifischen Formen des Schweigens vor und ermöglicht auf diese Weise eine Verknüpfung von Abwesenheit von Sprache und Sprechen - im Sinne von stimmlicher Äußerung - mit einer gleichzeitigen Anwesenheit dessen, was fehlt oder dem dieses Schweigen gelten soll:

> *Kollektives Schweigen erzeugt eine Atmosphäre, für die das Zugleich einer Absenz von Stimmen und der Präsenz von ‚Etwas' konstitutiv ist. Für dieses Etwas, das im Schweigen in einem intersubjektiven Raum leiblich erfahrbar wird, hat die deutsche Sprache eine Vielzahl von Umschreibungen bewahrt, denkt man an das ‚tiefe', ‚andächtige' oder ‚ehrfürchtige' Schweigen [...].*[234]

Schweigen wird diesbezüglich aufgefasst als positiv erfahrene atmosphärische[235] Präsenz, der in ihrer Intensität und Unausweichlichkeit eine herrschende Funktion zugeschrieben wird. Man erfährt diese Atmosphäre „in der Abgehobenheit ihres Charakters von der eigenen Stimmung."[236]

Dem liegt ein verändertes Verhältnis zwischen Künstler, Kunstwerk und Rezipient zugrunde, das sich als performative Wende folgendermaßen zusammenfassen lässt: „Dem ‚Was' (quid) kommt das ‚Dass' (quod) zuvor."[237] Die künstlerische Bedeutungserzeugung tritt somit gegenüber „[der] Qualität des singulären Ereignisses und der Gegenwärtigkeit der Wahrnehmung, des ästhetischen Erlebens [...]"[238] in den Hintergrund. Kolesch führt in Analogie das Schweigen an,

> *das nicht nur Abwesenheit von Bedeutung ist, sondern [...] auch spezifische Atmosphären hervorruft. Sprechen wie auch Schweigen sind nicht allein zeichenhaft und referenziell, sondern eben auch performativ. Das performative Element der Rede besteht nicht zuletzt im spezifischen Einsatz der Stimme, während das performative Element des Schweigens im Entzug derselben besteht.*[239]

---

233 Picard 1948, 23.
234 Benthien 2006, 257.
235 Mehr zu *Atmosphäre* siehe Böhme, G. 1995 sowie Kapitel 3.3.
236 Benthien 2006, 257.
237 Mersch, Dieter zitiert nach Elzenheimer 2008, 21.
238 Elzenheimer 2008, 21.
239 Benthien 2006, 239.

Indem also Schweigen neben seinem Aktionscharakter als Figur der Stille aufgefasst werden kann und durch das Abwesende in Form von Aussetzen der Rede überhaupt erst performativ wird, eignet ihm eine prägnante Produktivität: „Das Schweigen, die Unterbrechung im Strömungsgeräusch der Wörter, ist sprichwörtlich beredt, oft aussagekräftiger als jede Aussage."[240] Das Verneinte, Ausgelassene kann so dennoch zur gegenwärtigen Erfahrung gelangen, indem beispielsweise in der von Kolesch dargestellten Situation einer Schweigeminute die Anwesenheit des Toten trotz seiner offensichtlichen Abwesenheit herausgefordert wird:

> *Kollektives Schweigen wird so zum machtvollen Zeichen für die Abwesenheit einer Person oder auch der frei geäußerten Meinung. In der als leer thematisierten Mitte kann der Tote evokativ erscheinen [...]. Durch die akustische Leere wird dargestellt, dass ‚etwas' in der Gemeinschaft fehlt. Aktiv kreiert wird jene spezifische Form von Abwesenheit, die den Toten eigen ist: Ihnen fehlt die Stimme, sie schweigen. So wird es möglich, das Fehlen zugleich sinnlich zu erleben und affektiv zu beklagen. Eine Form des Gedenkens wird praktiziert, der es gelingt, ‚die Abwesenheit der Toten präsent [zu] halten'.*[241]

In Anlehnung an Helmar Schramms Ansatz des Schweigens als zu lernenden Wahrnehmungsmoment, um besser sehen, hören und erfahren zu können, ergibt sich ein Aspekt von Redeentzug, der nicht mit dem Fehlen der lautlichen Äußerung einhergeht, sondern dessen Unhörbarkeit insbesondere in der Raumsituation erfahrbar wird.[242] Demnach bedeutet der Entzug von Rede keine grundsätzliche Abwesenheit von Sprache, sondern bemüht Abhängigkeiten vom Rezipienten und dessen Erwartung, Räumlichkeit, Situierung des Hörenden.

Im Hinblick auf die vorangegangenen Ausführungen über Stimme, Schweigen und Hören lässt sich dies anwenden auf den Aspekt der Abwesenheit und deren produktive Dimension, die sich nicht nur auf Produktivität des Schweigens, sondern auch der Auslassung von Klängen und Geräuschen oder Geräuschentzug bezieht.

> *Auch das Unhörbare scheint eine Privation ‚jenseits des auditiven Fensters' zu sein, bloße Abwesenheit von Klang, Geräusch, Musik. Doch stimmt das? Der Gegenpol des Klangs ist die Stille. Sie stellt sich ein für den ins Geräuschlose*

240 Adamowsky/Matussek 2004, 21.
241 Benthien 2006, 260ff.
242 Siehe Kapitel 2.4, 2.6 und 4.

Hinaushorchenden. Sie ist die Positivität eines privativen Zustands, einer Abwesenheit. Im Hören gewahren wir gewöhnlich den akustischen Andrang der Dinge, die ihre Existenz durch Geräusch oder Klang kundtun. Stille ist das Ausbleiben dieses Andrangs bei gleichzeitigem gesteigerten Gewahrwerden unserer selbst in der Welt.[243]

Abwesenheit von Sprache und Klang als zentralem, vertrauten Element wird hier zu einem provokanten Moment, der Hören und Sehen als signifikante Wahrnehmungsebenen manifestiert und damit den Entzug derselben als besonders bedeutsam hinsichtlich des Theaters ausweist, welches über den Aspekt der Präsenz eine spezifische Intensität erfährt. Im Moment des Entzugs, des Minimums an Klangmaterie, wird sie daher umso intensiver[244]:

In jenem Entzug der Stimme nun, der in ihrem Ausbleiben, im Schweigen zur Erscheinung kommt, tritt jedoch etwas zutage, das quer steht zur Aisthesis der Lautlichkeit: Was sich im Schweigen ereignet, ist als eine materialiter markierte Oberfläche, als ein den Sinnen sich darbietendes Geschehen gerade nicht rekonstruierbar. Damit deutet sich eine quasi paradoxale Situation an: Die Herauslösung der Stimme aus dem Register der Oralität verdankt sich gerade der Betonung der Performanz der Stimme. Doch in der Auslotung dieser Performanz bis hin zu jener Stelle, an der das Schweigen als Kehrseite stimmlicher Aktivität zutage tritt, zeigen sich die methodischen Grenzen eines vollzugsorientierten performativen Ansatzes, denn das Schweigen ist ein Nichtvollzug, der signifikant wird.[245]

Es geht also nicht darum, dass Schweigen einfach eine Leerstelle hinterlässt[246] und sich schon allein deshalb als produktiv erweist, sondern dass es ebenso Teil eines Gesprächs in Form einer face-to-face-Situation ist und sich seine Performanz genau dann äußert: „Zu schweigen heißt also nicht: *nichts* zu sagen."[247] Das Auslassen von Rede erscheint demnach dennoch als Ausdruck der Kommunikation:

Das Schweigen bezeichnet gemeinhin – ähnlich wie die Stille ein ‚Fehlen' oder ein ‚Minimum an Klangmaterie' – das Aussetzen oder Minimieren der Rede. Zugespitzter kann es die Verweigerung oder das Unvermögen bedeuten, sich sprach-

243 Böhme, H. 2007, 68.
244 Siehe Elzenheimer 2008, 23 sowie Lehmann 1995, 434.
245 Krämer 2006, 289.
246 Siehe Krämer 2006, 289.
247 Krämer 2006, 289.

lich mitzuteilen, d.h. die willkürliche oder unwillkürliche Unterbrechung der verbalen Kommunikation als Ausdruck der Beziehung zwischen Menschen.[248]

Aus dieser Unmöglichkeit heraus, *keine* Information zu geben, erwächst wiederum eine Produktivität, da die Differenz innerhalb der Kommunikation das Verstehen umso mehr herausfordert:

Dass keine Information über etwas gegeben werden kann, ist […] genau eine Information, die sich prägnant unterscheidet von einem enthusiasmierten Mitteilungsverhalten. Diese Differenz provoziert Verstehensversuche. Man erhält eine Information, die besagt, dass sie an der Stelle einer eigentlichen (aber unmöglichen) Information steht: sie informiert darüber, dass nicht informiert werden kann. Zugleich wird die Nichtmarginalität dieser Information via Mitteilung demonstriert. Man kann sich das leicht anhand des Falles vorstellen, dass jemand sagt: ich kann nicht sagen, was ich sagen möchte, aber lass uns um Gottes willen darüber reden.[249]

In *Die Schmutzigen, die Hässlichen und die Gemeinen* wird nun die Auslassung der Rede in Form einer inszenierten Abwesenheit bewusst eingesetzt, um die Kommunikation bzw. die Wahrnehmung derselben auf eine andere Ebene zu verlagern. Der bewusste Entzug der Information, welche über sprachliche Äußerung gegeben wäre, multipliziert die Wahrnehmung des Gesehenen und fördert zudem ein der Abwesenheit trotzendes Verstehen dessen, was auf der Bühne vor sich geht. Die oben angesprochene Kommunikation findet dann folgendermaßen ihre Entsprechung: ihr könnt nicht hören, was wir sagen möchten, aber wir wollen trotzdem darüber reden und es euch ins ‚Gesicht zeigen'.

2.6 Die visuelle Dimension des Akustischen in Karin Beiers *Die Schmutzigen, die Hässlichen und die Gemeinen*

Zu sehen gibt es eine Menge in der langen Containerbaracke, die sich über die ganze Breite der Halle Kalk erstreckt: Sich schlagende, begrapschende, schminkende, Geld zählende, Gameboy spielende, Chips in sich hineinstopfende Mitglieder einer Großfamilie. Nur zu hören ist nichts. Die großen Fenster lassen Blicke zu, aber keinen Ton heraus. […] Solange sich die Schauspieler im Inneren des Containers aufhalten – und das tun sie meistens – sind sie akustisch nicht

248 Elzenheimer 2008, 22f.
249 Luhmann/Fuchs 1989, 87.

wahrzunehmen, bleiben ihre Worte bloße Mundbewegungen. Karin Beier inszeniert Ettore Scolas ‚Die Schmutzigen, die Hässlichen und die Gemeinen' – betitelt als Uraufführung – als nahezu lautloses Seh-Stück.[250]

Karin Beiers Inszenierung von *Die Schmutzigen, die Hässlichen und die Gemeinen*[251] nach dem Drehbuch von Ettore Scola und Ruggero Maccari zu dem Film *Brutti, sporchi e cattivi* aus dem Jahr 1976 sei hier als Beispiel der inszenierten Abwesenheit angeführt, da sie die Abwesenheit von Sprache bzw. die fehlende Möglichkeit des Hörens derselben thematisiert. Der Schauplatz ist eine Wohnung, deren Zimmer nebeneinander angeordnet sind und die mittels großer Frontscheiben einsehbar sind: dies wird gleich zu Beginn der Aufführung nach einigen Minuten verdeutlicht, indem eine Akteurin die Scheiben mit einem Putzlappen von innen abwischt. Der Zuschauer erhält eine Sicht auf die Kulisse wie auf eine gegenüberliegende Fensterfront in der Großstadt: der Betrachter sieht eine gesamte Etage in ihrem Längsschnitt mit Unterbrechungen durch die die Zimmer trennenden Wände, sieht die Bewegungen darin, die Gesten der Bewohner, ihre Gänge von einem Zimmer ins andere. Schaufensterartig zieht die Szenerie die Blicke auf sich, denn es gibt innen beleuchtete Scheiben, hinter denen sich etwas abspielt, und es gibt eine Bühnensituation: das Ganze steht auf der Bühne des Seh-Mediums Theater.

Ähnlich der Inszenierung von *Das letzte Feuer* ist die Innen- bzw. Wohnungseinrichtung der Kulisse sehr detailfreudig und reicht von einer Duschecke über einen Aufenthaltsraum, Waschküche, Küche und Wohnzimmer bis zu einer außerhalb liegenden Hofansicht, wobei die Anordnung der einzelnen Zimmer eher einer Gangsituation als einer verschachtelten Wohnung ähnelt, da auf der Bühne ein erhöht gesetzter Container steht, in den diese Zimmer nebeneinander gesetzt worden sind. Eine Durchgangssituation ist in *Das letzte Feuer* ebenfalls gegeben, indem die Zimmer jeweils hintereinander, von einem ins nächste betreten werden können, allerdings fehlt in Beiers Inszenierung die Kreisbewegung: dies unterstreicht vielmehr die starre Lebenssituation, in der sich die Figuren des „Unterschichten-Menschenzoo" befinden:

Bei [Beier] gibt es Unterschichtporträt und Unterschichtenfernsehen live […]. Dahinter bewegt sich was, aber man kann nichts hören. Was man sieht, ist der ebenso triste wie bunte und zum teil hochdramatische Alltag einer unbekannten

250 Heppekausen 2010.

251 *Die Schmutzigen, die Hässlichen und die Gemeinen.* Regie: Karin Beier, Bühne: Thomas Dreißigacker, Schauspiel Köln, Premiere am 08.01.2010.

Spezies, im Volksmund ‚Hartz Vierler' genannt, oder ‚Asis', oder – im Feuilleton – ‚bildungsferne Schicht'. Kostümbildnerin Maria Roers hat erfolgreich aus einem Schauspielensemble einen Haufen schmieriger Sozialhilfeempfänger gemacht. Die 13-köpfige Familie haust mit Stehlampen aus dem Baumarkt, Möbeln von der Caritas, Spielkonsole, Ghettoblaster, Mikrowelle und natürlich fetten Flachbildschirmen, was man halt so hat als deutscher Hartz-IV-Empfänger.[252]

Dem Zuschauer wird folglich eine potentielle Sichtbarkeit allen Geschehens suggeriert, indem er gleichzeitig alle Zimmer einsehen kann und was ihn zu einem voyeuristischen Blick verleitet. Das Hörbare wird dabei derart durch die Wand und die Scheiben verschluckt, wie es auch beim realen Betrachten einer Wohnung von außen wäre – daher wird der Eindruck des ‚unerlaubten' Einblicks noch verstärkt. Fischer beschreibt die Inszenierung als

Big Brother gucken ohne Ton. Wenn es dann laut wird, was es natürlich wird, hört man Geschrei, Gezänk und Gezeter wie beim Streit ungeliebter Nachbarn. Trotzdem kriegt man das ganze Programm, und man kriegt es mit: Die Optik reicht von Leggings und schlecht gefärbten Dauerwellen bis zu Ballonseide-Anzügen, der Straftatbestand von der Bedrohung mit einer Schusswaffe bis zur Vergewaltigung in der Familie.[253]

Die Inszenierung spielt mit dem Draufschauen auf den „White Trash [, den] Haufen aus Jogginghosen und Strickjacken"[254], einem schaulustigen Betrachten ihres Schicksals, ihres Gebarens, ihrer Lebensweise. Das vorschnelle Urteil, das auch eine adäquate Beschreibung des dargestellten Milieus in dieser Analyse erschwert, wird anhand des äußeren Erscheinungsbildes gefällt: die Figuren und die Wohnung sind verwahrlost, sind zum Teil schmutzig oder nicht vollständig bekleidet. Das Erscheinungsbild wird in seiner Äußerlichkeit unterstrichen, indem die Zuschauer gerade nicht nach innen, ins Innere der Wohnung und auch nicht vollständig ins Leben der Figuren eindringen können, denn es ist nicht bzw. nur selten bruchstückhaft zu hören, was innerhalb der Wohnungskulisse vor sich geht. Auf diese Weise wird mithilfe der Sichtbarkeit eine ins Private eindringende Nähe sowie mithilfe der schützenden und schalldichten vierten Wand zugleich Distanz geschaffen:

252 Fischer, K. 2010.
253 Fischer 2010.
254 Müller 2010.

With a hyper-awareness of such representational problems, Beier aestheticizes the neo-realist source material, making it, in a way, a museum piece. Using a soundproof glass wall stage design (Thomas Dreissigacker) that suggests a shadow box or a vitrine in a museum, Beier separates us from the horrors of being portrayed on stage by another soundproof fourth wall. As a consequence, the viewer watches this mediated violence but hears next to nothing (except in the moments when the actors leave the container); something which, clearly, creates another level of distance.[255]

Wenn ein Akteur die Wohnungsszenerie – den Setzkasten oder die Vitrine – mittels der Wohnungstür verlässt, dringen Geräusche und Gesprächsfetzen nach außen, die vermuten lassen, dass hinter der Scheibenfront die ganze Zeit über dialogisiert wird oder der sichtbare Flachbildschirm über dem Küchentisch den Home-Shopping-Kanal auch mit Ton zeigt. Es geht also nicht darum, dass nicht gesprochen wird, denn das geschieht die ganze Zeit: es ist nur für die Zuschauer unhörbar. Das Geschehen innerhalb des Containers wird hinsichtlich der akustischen Ebene verschluckt, ist aber dennoch zugleich sichtbar und ermöglicht dem Zuschauer nicht oder nur geringfügig minder deutlich, was ‚drinnen' vor sich geht. Die Figuren bleiben einerseits unter sich, indem sie nicht vollständig, nämlich in ihrer Sprache und ihrem Sprechen, dem Zuschauer ausgestellt werden, andererseits wird dieser durch eine „[e]rzwungene Stille, die Hören macht"[256], besonders aufmerksam auf das, was ihm gezeigt wird[257]. Die Zuschauer können ihre Wahrnehmung nicht oder nur selten auf das lenken, was akustisch geschieht und benötigen so eine Konzentration auf das Visuelle: was bedeuten die Gestik und Mimik? Wie sind die Beziehungen der Figuren untereinander angelegt? Wer sind überhaupt all die Figuren, die sich dort in der Wohnung befinden? Wie sieht die Wohnung, wie die Wohnungseinrichtung aus?

Die von Kolesch genannte Dominanz des Visuellen wird einerseits forciert, indem sonst für die Wahrnehmung auf offensichtlicher Ebene quasi nichts ‚übrig bleibt', andererseits unterstreicht sie ex negativo die Abwesenheit des Akustischen sowie dessen Wichtigkeit. An dieser Stelle sei bereits auf die Wahrnehmung dessen verwiesen, was bleibt: Unbehagen angesichts der stillen Situation, Enttäuschung der Erwartungen, Ungeduld und Neugier, ob sich die Akteure vielleicht doch noch vermehrt aus dem Container heraus begeben und hörbar werden.

---

255 Anderson 2010.

256 Heppekausen 2010.

257 Siehe Kapitel 2.1.1.

Diese atmosphärische Wahrnehmung wird in Kapitel 3.3.3 weiter ausgeführt.

Das Unhörbare wird sogar gewissermaßen visuell sichtbar gemacht, indem zu Beginn der Inszenierung eine Figur Musik hört und dazu tanzt, wovon für den Zuschauer nur der Anblick der Bewegungen übrig bleibt. An dieser Stelle ergibt sich sogar eine doppelte Ebene der Unhörbarkeit, da die Musik über Kopfhörer gehört wird und so auch für die anderen Figuren innerhalb der Wohnung unhörbar sein dürfte. Die Thematik des Nicht-Hörens wird jedoch dadurch umso mehr unterstrichen, da der Zuschauer einerseits darauf aufmerksam gemacht wird, dass etwas nicht hörbar ist und sich dies andererseits auch für ihn selbst und sein Theatererlebnis hinsichtlich aller Figuren und deren Dialoge und Handlungen fortsetzen wird. Die Perspektive der Zuschauer ist hierbei von zentraler Bedeutung, denn wie bereits erwähnt finden Dialoge statt - und Schreie oder besonders laute und aggressive Äußerungen dringen dumpf bis in den Zuschauerraum -, die aber unhörbar für diejenigen sind, die sich nicht in der Wohnungskulisse befinden. Dies unterstreicht einerseits einen okkasionellen Charakter der Abwesenheit der Sprache, da sie in erster Linie deshalb nicht hörbar ist, weil es ein Hindernis gibt. Jedoch ist diese Abwesenheit im Hinblick auf den Zuschauer und damit die gesamte Aufführungssituation definitiv inszeniert, da auch die Unterbrechungen der Abwesenheit bewusst eingesetzt sind. So sind, wenn die Tür kurz aufgeht, kurze Gesprächsfetzen zu hören, die den Handlungsfortgang verständlicher machen: Die Nachricht über den „Rentenbescheid von Omma", der im vor dem Container befindlichen Müllsack gefunden wird, verdeutlicht den weiteren Verlauf dessen, dass die Figuren daraufhin johlend zum Amt gehen, um die Rente der Großmutter abzuholen - zurück in der Wohnung wird schnell deutlich, dass sie selbst von dem Geld nichts bekommen hat.

Die gleichzeitige Sichtbarkeit der Figuren und ihrer Handlungen im ‚Schaufenster' der Wohnung suggeriert folglich eine allumfassende Wahrnehmung, da den Zuschauern bequem auf relativ kleiner Fläche alles präsentiert wird, was innerhalb der Wohnungskulisse vor sich geht. Es gibt in „Karin Beiers tonlose[m] Armutstableau nach Scola"[258] keine Schauplatzwechsel, keine experimentellen Verlagerungen der Handlung in den Zuschauerraum oder gar außerhalb der Halle Kalk in Köln.

Dennoch wird diese Sichtbarkeit und gewissermaßen visuelle Machtposition der Zuschauer, die ins Leben der Figuren und damit in ihren

258 Heppekausen 2010.

mitunter sehr privaten Lebenswandel hineinblicken können, einerseits konterkariert durch das Fehlen der Sprache: ein wesentlicher Bestandteil der Wahrnehmung ist demnach abwesend. Andererseits unterstützt dieses Fehlen die voyeuristische Position der Zuschauer, denn das Sehen ist das, was ihm bleibt und ermöglicht ihm den Nach-Vollzug der Handlung und der Umgangsweise der Figuren untereinander: der Zuschauer sieht in ihren Gesichtern, dass die Figuren sich anschreien, schlagen oder grob miteinander umgehen, sieht an ihren Haltungen oder Positionen, wie wer zu wem steht, wer gerade wütend oder enttäuscht ist.

> *Es lässt sich erstaunlich viel an diesem Abend verstehen, ohne dass man einen vollständigen Dialog zu Ohren bekommen hätte. […] Die erzwungene Stille schafft auch noch etwas anderes. Sie hebt die ungehörten und die wenigen hörbaren Laute hervor. Das fließende Wasser beim Putzen der Wanne, die auf der Veranda steht. Das animalische Lachen der Ehefrau (Julia Wieninger), die vor dem Fenster beobachtet wie ihr Mann, dem sie Rattengift unters Essen gemischt hat, fast krepiert. Und Markus John als Patriarch Norbert leidet und krampft hinter der Glasscheibe in einer gefühlten Lautstärke von 100 Dezibel.*[259]

Ohne Worte erhält der Zuschauer einen „[s]chamlose[n] Blick in die schmutzige Welt der Unterschicht“[260], welcher darin gipfelt, dass sich die Akteure am Ende der Inszenierung zum Teil oder vollständig entkleiden und den voyeuristischen Blick der Zuschauer umso mehr herausfordern. Andererseits wird jedoch der Zuschauer ebenfalls in seiner Zuschauersituation angeblickt[261]: Wenn der „Rollende Schnäppchenmarkt“ vorfährt und der mobile Verkäufer wie ein Marktschreier seine Billigwaren in Richtung des Containers anpreist, ‚kleben‘ die Akteure förmlich von innen an der Scheibe, und kehren das Schaufenster um, indem sie die Zuschauer betrachten und damit auch eine Ebene eröffnen, die Reflexionen über das eigene Verhalten dieses Milieus gegenüber zulässt. Hierbei nimmt Karin Beier auch sich selbst nicht aus:

> *Es ist als hätte man den Ton abgedreht beim Fernsehen. Wie bei dem TV im Container, auf dem die ganze Zeit über die Verkaufssendung von QVC läuft. Mit dramaturgisch komponierten Parallelen: Trinkt die verwirrte Großmutter*

259 Heppekausen 2010.
260 Heppekausen 2010.
261 Zum Zurückblicken der Dinge siehe Kapitel 2.3.4 und 2.3.5.

[...] Spülmittel, wird Spülmittel angepriesen; schäumt Norbert das Rattengift aus dem Mund, schäumt im TV das Klo über usw. Den Alltag der Armen mit dem Inhalt von QVC gleichzusetzen, ist tatsächlich eine Gemeinheit.[262]

Sie inszeniert das Milieu schließlich auch ‚gemein', indem sie es nicht nur plakativ ausstellt, sondern Klischees und Schubladendenken benutzt, die dieser ‚Unterschicht' entgegengebracht werden und den Zuschauer damit in mehrfacher Hinsicht auf seine eigene Haltung demgegenüber zurückwirft.

So wird in einer Szene von einem Akteur außerhalb des Containers, also hörbar, eine Szene aus Tschechows *Onkel Wanja* gelesen, auf diese Weise Langeweile und Überdruss thematisiert und direkt an die Zuschauer gerichtet: „[...] so vertun wir alle unser Leben in der Konsumgesellschaft auf der Jagd nach dem Geld, wir alle machen uns schmutzig, hässlich und gemein."[263] Innerhalb der Zuschauerposition und des gleichzeitigen Entzugs der Zu*hörer*-Position sieht sich der Zuschauer demnach zurückgeworfen auf seine eigene Präsenz sowohl während der Aufführung - möglicherweise stellt er sich die Frage, ob es gerade allen Zuschauern so geht oder ob nur er gerade Schwierigkeiten hat, etwas zu hören - als auch in seiner betrachtenden und damit seiner gesellschaftlichen oder sozialen Position.

2.7 Abwesenheit und Theater: Entstehung der Aufführung durch gleichzeitige ko-präsente Anwesenheit

Hinsichtlich des Theaters ist es nun vorstellbar, dass einem Publikum tatsächlich nichts gezeigt wird: möglicherweise ein leerer Raum, eine leere Bühne, kein Licht, keine Akteure, keine Aktion, keine Geräusche und somit auch keine Unterbrechungen im Fluss der Bilder, der Stimmen, der Handlung.

Selbst dann entsteht eine Präsenz, die der Zuschauer in seiner eigenen Anwesenheit erfährt: er sieht sich zurückgeworfen auf sein Dasein, seine Präsenz, seine Anwesenheit im Raum, im Theatersessel neben weiteren Zuschauern, sein Warten auf den Beginn der Vorstellung, den Beginn von irgendetwas, seine Geduld, seine mögliche Empörung.

262 Heppekausen 2010.
263 Fischer, U. 2010.

In der Wahrnehmung der unfasslichen Besonderheit eines sinnlich Gegebenen gewinnen wir eine Anschauung der unverfügbaren Gegenwart unseres Lebens. Die Aufmerksamkeit für das Erscheinende ist so zugleich eine Aufmerksamkeit für uns selbst. Das ist auch – und oft erst recht – dann der Fall, wenn Werke der Kunst vergangene oder künftige, wahrscheinliche oder unwahrscheinliche Gegenwarten imaginieren. [...] Sie stellen eine besondere Gegenwart her, in der es zu einer Darbietung naher oder ferner Gegenwarten kommt.[264]

Martin Seel beschreibt hiermit treffend und vorwegnehmend die Verknüpfung von Aufmerksamkeit, Wahrnehmung und eigener Anwesenheit, die im Folgenden eingehend erläutert wird und grundsätzlich in der vorliegenden Arbeit einen entscheidenden Beitrag leistet zur Entwicklung eines Verständnisses für das Abwesende sowie seine Funktion und Funktionalität.

Was ästhetisch an der Leere reizt, ist vor allem der Sog des Aufmerkens, den sie ausübt, sobald sie als solche ausgestellt und dargeboten wird. Gewiss kann Leere pure Aggression erzeugen, so dass die Wahrnehmung im Extremfall abgebrochen, verweigert wird. Doch diesseits einer solchen Grenze macht sie auf eigentümliche Weise den wahrnehmenden Körper spürbar, durch Anspannung und Intensität des Sehenwollens, wie sie, weniger schön, dem Autofahrer im Nebel geläufig sind. Es scheint, als ob der Wahrnehmungsapparat sich mit seiner ‚Unterforderung' nicht abfinden könnte. Er kompensiert, was man ihm an Stoff schuldig bleibt, durch Erhöhung der Intensität.[265]

Hans-Thies Lehmann geht davon aus, dass eine gewisse Erwartungshaltung vorherrscht, der zufolge sich die Wahrnehmung des Zuschauers verlagert vom Abwesenden über die enttäuschte bzw. entzogene Möglichkeit des Sehens auf das, was bleibt oder was überhaupt da ist und daher umso intensiver wird. Dieser Sachverhalt wird in der vorliegenden Arbeit anhand ausgewählter Inszenierungsbeispiele untersucht.

Schouten schreibt hinsichtlich der Inszenierung von *Der Idiot*[266]:

264 Seel 2000, 9.

265 Lehmann 1995, 434.

266 Schouten beschreibt die „theatrale Kanalisierung von Aufmerksamkeit als fremdbestimmten Vorgang" bzgl. der Unsichtbarkeit der Akteure, die sich hinter geschlossenen Jalousien befinden, mit Bezugnahme auf die Inszenierung von *Der Idiot* (Regie: Frank Castorf, Bühne: Bert Neumann. Volksbühne am Rosa-Luxemburg-Platz Berlin 2002), die hier lediglich erwähnt sei. Siehe Schouten 2004, 108ff. Weitere Ausführungen zu dieser Inszenierung siehe auch Roselt 2008, 99ff.

Denn auf der Suche nach Ersatzbefriedigungen wird die Aufmerksamkeit der Zuschauer auf sich selbst zurückgeworfen. Es ist die Wahrnehmung der eigenen Wahrnehmung, die im Laufe der Aufführung immer stärker ins Bewusstsein rückt, es ist das eigene Gefühl von Leere, Mangel, Anstrengung, durchbrochen von hellwacher Faszination für die immer spärlicheren Momente körperlicher Anwesenheit der Schauspielerinnen und Schauspieler auf der Bühne. Und zugleich drängen auch immer wieder – aus Mangel eines Gegenübers – die anderen Zuschauer ins Zentrum des eigenen Interesses.[267]

Stets scheint es in Bezug auf Abwesendes um die und besonders dessen Wahrnehmung zu gehen – um etwas, das der Mensch und hinsichtlich des Theaters insbesondere der Zuschauer oder auch der Akteur sieht, hört, miterlebt, versäumt, übersieht oder überhört, überhaupt nicht sieht oder hört, sich vorstellt. Dies ist als wichtiger Aspekt hinsichtlich der Analyse von Abwesenheit festzuhalten: das Abwesende kann nur bestimmt und auch buchstäblich betrachtet werden, wenn es von jemandem wahrgenommen wird.

Schouten verweist hinsichtlich ihrer Entzugserfahrung[268] auf den Neurowissenschaftler Wolf Singer: „[A]ufgrund der begrenzten Kapazitäten des Bewusstseins [haben] ‚alle höher entwickelten Gehirne Mechanismen zur Steuerung der so genannten selektiven Aufmerksamkeit entwickelt, mit denen sie aus der Fülle der ständig verfügbaren Signale jene auswählen können, die zu bewusster Verarbeitung gelangen sollen.'"[269] Insofern scheint es unumgänglich, dass die Wahrnehmung von etwas bereits mit einschließt, dass gleichzeitig vielfache andere Objekte *nicht* wahrgenommen werden.

Die Wahrnehmung ist demnach selektiv und bedingt folglich stets die Abwesenheit von etwas, weil nicht *alles* gesehen, gehört, wahrgenommen werden *kann*, und das Abwesende, Verschwundene, Fehlende benötigt jemandes Aufmerksamkeit, um als solches ‚gesehen' zu werden.

Diese Notwendigkeit der Wahrnehmung und demzufolge der Anwesenheit einer Wahrnehmungsinstanz führt zu einer Notwendigkeit des Zuschauers: „Immer aber ist Inszenierung eine Präsentation für ein Publikum, mag dieses im Raum der Inszenierung anwesend sein oder nicht. Man kann sich selbst nicht für sich selbst inszenieren."[270]

Ebenso erfordert diese wiederum eine gleichzeitige Anwesenheit eines Rezipienten, was sich auf Erika Fischer-Lichtes Begriff der Auf-

267 Schouten 2004, 109f.
268 Siehe Kapitel 2.2.
269 Schouten 2004, 108.
270 Seel 2001, 51.

führung beziehen lässt: Hinsichtlich (s)einer Produktivität ist dem Abwesenden in seiner eigentlichen tatsächlichen Anwesenheit - wie in Kapitel 2.2 gezeigt wurde, soll *Abwesenheit* nicht einen Begriff der totalen Absenz oder eines Nichts beschreiben - die Rolle eines Akteurs zuzuschreiben, der das Bühnengeschehen bzw. dessen Rezeption maßgeblich mitbestimmt. Demnach ergibt sich die genannte und geforderte Ko-Präsenz nicht nur aus Akteur und Zuschauer, sondern auch aus folgender Konstellation: Das Abwesende, zunächst demnach nicht als präsent und ko-präsent erfassbar, erfordert einen Zuschauer, Zuhörer, der es als solches wahrnimmt, verortet und ihm dadurch unvermittelt, durch reine Beachtung, eine Anwesenheit verleiht. Zugleich erfährt das Abwesende in seiner produktiven Betonung dessen, was da ist - Akteure, Stimme, Klänge, Texte, die da und erfahrbar sind - einen eigenen Akteur-Charakter, der sich wiederum in die Beziehung von kopräsenten Akteuren und Zuschauern einfügen lässt. Dem Abwesenden wird Bedeutung zuteil und zugleich wird es zum aktiven Teilnehmer. Fischer-Lichte stellt folgende These auf:

> *Eine Aufführung entsteht aus der Interaktion aller Teilnehmer, d. h. aus der Begegnung von Akteuren und Zuschauern. Eine Aufführung ereignet sich in der und durch die leibliche Ko-Präsenz von Akteuren und Zuschauern. Damit sie zustande kommen kann, müssen zwei Gruppen von Personen, die als ‚Handelnde' und ‚Zuschauende' agieren – wobei die Zugehörigkeit zu den Gruppen im Laufe der Aufführung wechseln kann –, sich zu einer bestimmten Zeit an einem bestimmten Ort versammeln und dort eine Situation, eine Spanne Lebenszeit miteinander teilen.*[271]

Zur weiteren Differenzierung von Ko-Präsenz sei an dieser Stelle der Inszenierungsbegriff als solcher näher erläutert, der sich nach Fischer-Lichte maßgeblich aus der Körperlichkeit der Teilnehmer sowie ihrer Räumlichkeit und Lautlichkeit konstituiert.[272]

> *Während ‚Inszenierung' die intendierte und geplante performative Hervorbringung von Materialität meint, schließt ‚Aufführung' jegliche in ihrem Verlauf performativ hervorgebrachte Materialität ein. […] Der phänomenale Leib von Akteur und Zuschauer ist der existenzielle Grund für jede Art von Aufführung […]. Das heißt, der Aufführungscharakter von Kultur lässt sich ohne Rekurs auf die Leiblichkeit/Körperlichkeit der an den Aufführungen Beteiligten nicht erforschen.*[273]

---

271 Fischer-Lichte 2004b, 11.
272 Siehe Fischer-Lichte 2004b, 15f.
273 Fischer-Lichte 2004b, 15f.

Diese Leiblichkeit bezieht sich einerseits auf den Leib des Akteurs, der Fischer-Lichte zufolge den Raum schafft und besetzt, indem er durch diese seine körperliche Präsenz die Aufmerksamkeit der Zuschauer auf sich zieht.[274] Auf der anderen Seite steht der Leib des Zuschauers mit seinen Reaktionen auf die Präsenz des Akteurs. Die notwendige Verknüpfung von phänomenalem Leib und semiotischem Körper ist hierbei unabdingbar, „[…] wobei freilich der phänomenale Leib durchaus ohne den semiotischen Körper gedacht werden kann, das Umgekehrte dagegen nicht möglich ist."[275]

In Bezug auf den Begriff der Inszenierung schreibt Seel: „Inszenierungen, so möchte ich vorläufig sagen, sind 1. absichtsvoll eingeleitete oder ausgeführte sinnliche Prozesse, die 2. vor einem Publikum dargeboten werden und zwar 3. so, dass sich eine auffällige spatiale und temporale Anordnung von Elementen ergibt, die auch ganz anders hätte ausfallen können."[276] Seel geht der Frage nach, warum der Begriff der Inszenierung in aktiver wie passiver Haltung in so vielen Bereichen des menschlichen Lebens existiert und erklärt dieses Phänomen mit dem Bedürfnis nach „[…] einem Sinn für die *Gegenwart* unseres Lebens […]; weil wir die Gegenwarten, in denen wir sind, auch als spürbare Gegenwarten erleben wollen."[277] Der Begriff der Gegenwart scheint also den Ausgangspunkt zu bilden für ein „In-Szene-Setzen, […] Zur-Erscheinung-Bringen"[278] und so zunächst als deutlicher Anwesenheitsbegriff zu fungieren: etwas ist gegenwärtig, also hier bzw. da, kann wahrgenommen, reflektiert, rekapituliert werden. Inszenierung bedeutet nach Seel allerdings auch, dass eben aus diesem Grund eine vollständige Erfassung nicht möglich ist: „Jede Inszenierung […] ist eine Inszenierung von Gegenwart. Sie ist ein auffälliges Herstellen und Herausstellen einer Gegenwart von etwas, das hier und jetzt geschieht, und das sich darum, weil es Gegenwart ist, jeder auch nur annähernd vollständigen Erfassung entzieht."[279]

Gerade deshalb, weil Gegenwärtiges nur jetzt und hier stattfindet, erklärt sich diese intrikate gleichzeitige Verbindung mit dem Fehlen von etwas durch die Annahme, dass es beispielsweise bei künstleri-

274 Zur Aufmerksamkeit siehe Kapitel 3.3.3.

275 Fischer-Lichte 2004b, 15f. – der Begriff der Verkörperung und Korporalität soll hinsichtlich der Thematik der vorliegenden Arbeit nicht bzw. nur unter dem Aspekt der Bewegung im Raum betrachtet werden.

276 Seel 2001, 49.

277 Seel 2001, 53.

278 Früchtl 2001, 165.

279 Seel 2001, 53.

schen Inszenierungen nicht nur um die Intensivierung und Dramatisierung geht, sondern eine Gegenwart dargeboten wird[280], deren Erfassung nicht technisch rekonstruierbar ist, sondern sich wesentlich durch die eigene Anwesenheit zu genau dem Zeitpunkt an genau dem Ort vollzieht. Die DVD-Aufzeichnung des Thalia Theaters von *Das letzte Feuer* mag vielleicht einen frontalen Blick auf die komplette Bühne ermöglichen, lässt aber die Gegenwärtigkeit der eigenen Anwesenheit beim Gastspiel bei der Theaterbiennale *Neue Stücke aus Europa* in Wiesbaden am 16. Juni 2008 oder beim Probenbesuch zur Wiederaufnahme am Deutschen Theater Berlin im April 2010 vermissen. Festgehalten sei an dieser Stelle jedoch, dass Seels Inszenierungsbegriff sich eher auf den Akt der Inszenierung - auch möglicherweise in Form von Selbstinszenierung, Inszenierung im Alltag - bezieht, als auf den künstlerischen und handwerklichen Prozess, mit dem natürlich eine Umsetzung eines Stoffes auf der/die Bühne beabsichtigt ist. Dieser Prozess bezieht die Gegenwart, von der Seel spricht, in seinen Verlauf mit ein, allerdings trifft dieses Inszenieren von Gegenwart so nur in konkreten Aufführungssituationen zu - und erlaubt dennoch die gleichzeitige Bezeichnung ‚Inszenierung' für eine bestimmte Form der konzeptionellen Umsetzung eines Textes. Mit der Inszenierung von *Fräulein Julie* durch Katie Mitchell ist zunächst kein direktes Herausstellen einer Gegenwart gemeint, sondern diese eine Version des Textes von Strindberg in dieser spezifischen Lesart und szenischen Umsetzung. Seels Ansatz müsste folglich als Inszenierung in dem jeweiligen Moment der Aufführung verstanden werden, in dem sich Dinge gegenwärtig vollziehen. Wenn also im Folgenden bei Seel von Inszenierung die Rede ist, sei die Verknüpfung mit der Situation der *Aufführung* vorgeschlagen, von der ausgehend dann auch eine Hinführung zum Begriff der Wahrnehmung und Sinnlichkeit erfolgen kann.

> *Inszenierung oder Inszenieren […] ist ein öffentliches Erscheinenlassen von Gegenwart. Unter Erscheinen verstehe ich ein Spiel von Erscheinungen, das sich einer eindeutigen begrifflichen oder funktionalen Auffassung und Zuordnung entzieht. Alles und jedes, das überhaupt wahrnehmbar ist, kann in seinem Erscheinen wahrgenommen werden.*[281]

Seel verweist diesbezüglich ebenfalls auf die Zuschauer, ohne die ein Verständnis der Sinnlichkeit von Inszenierungen nicht möglich ist, da es um die Präsentation visueller und akustischer Vorgänge für ein sol-

---

280 Seel 2001, 59.
281 Seel 2001, 56.

ches Publikum geht - und in der spezifischen Art und Weise ihrer Präsentation nicht mit anderen Ereignissen vergleichbar sind.[282]

Dieses Publikum, für das etwas in Szene gesetzt wird, kann aus einem oder aus unbestimmt vielen Betrachtern oder Zuhörern bestehen, die räumlich anwesend oder auch abwesend sein können. Auch wer – vor dem Spiegel oder einem anderen leeren Raum – eine Inszenierung probt, tut dies für ein Publikum, allerdings für ein vorerst potentielles.[283]

Indem also die eigene Anwesenheit an einem bestimmten Ort gegeben ist, ist die Wahrnehmung des dortigen Geschehenen gewährleistet, zugleich jedoch ebenfalls die des nicht Geschehenen. Ähnlich wie die Ko-Präsenz von Zuschauer und Akteur konstituieren sich die Bühnenpräsenz und das Bühnengeschehen aus Anwesendem und Abwesendem, Sichtbarem und Nicht-Sichtbarem, Stille und Geräusch:

Und es scheint unverzichtbar, den Mangel in der Fülle des Präsens genauer zu fassen, den Entzug als Triebkraft der Imagination, Sukzession und Vergehen im Anwesen, den Schrecken, wo Vollkommenheit und mangellose Fülle zu sein scheinen. Keine Erfahrung einer Anwesenheit ohne Lücke: jeder Akt des Bewusstseins und der Aufmerksamkeit blendet aus, vergisst, ‚absentiert' gleichsam auch Teile des Anwesenden. Gegenwart als ästhetische Erfahrung ist schon deshalb keineswegs die schlichte Alternative zu Abwesenheit.[284]

Selbstverständlich sind unzählige Assoziationen, Inszenierungseinfälle, Zeichenverwendungen oder auch Figuren *nicht da*, wenn beispielsweise Kriegenburgs Inszenierung von Dea Lohers *Das letzte Feuer* im Deutschen Theater Berlin aufgeführt wird und konstituieren folglich auch nicht aktiv eine Aufführung von *Das letzte Feuer* mit. Nicht zuletzt ist diese Aufführung jedoch, was sie ist, durch genau die Elemente, die sie beinhaltet und auch jene, die sie nicht beinhaltet. Siegmund schreibt, zwar in Bezug auf den Tanz, aber dennoch maßgeblich auch für die hier angewandte Theorie des dem Anwesenden innewohnenden Abwesenden: „Das unausweichliche Beharren auf der Präsenz führt unweigerlich zu einem Raum der Abwesenheit, der in sie eingeschlossen ist […]".[285] Die Anzahl und Menge des Abwesenden ist um ein Vielfaches größer als die des Anwesenden, stellt aber genau aus diesem Grund das ver-

282 Siehe Seel 2001, 50.
283 Seel 2001, 50.
284 Lehmann 1999, 25.
285 Siegmund 2006, 36.

schwindend kleine Anwesende so besonders heraus. Anwesendes und Abwesendes treffen sich, sind ko-präsent gegenwärtig und gleichzeitig auf einer weiteren Ebene interagierend mit dem ebenfalls gleichzeitig anwesenden Zuschauer, der das Abwesende überhaupt erst für sich wahrnimmt, bestimmt und bewertet und so in seiner Anwesenheit gewissermaßen als Katalysator fungiert, indem er die Interaktion und Bühnenprozesse ermöglicht und beschleunigt – ohne dabei aber selbst zu verschwinden. Der Begriff der Präsenz wird insbesondere hinsichtlich künstlerischer Inszenierungen betont, die Gegenwarten nicht nur her- und herausstellen, sondern auch darbieten: „[Künstlerische Inszenierungen] *produzieren* Präsenz nicht allein, sie *präsentieren* Präsenz."[286] Diese Präsentation von Präsenz[287] erklärt sich über die Performativität, die Seel nicht explizit benennt, aber beschreibt: Diese Performativität künstlerischer Inszenierungen ergibt sich also daraus, dass nicht nur die angesprochenen Gegenwarten präsentiert werden, sondern sich deren Präsenz auch als das präsentiert, was sie ist und damit ein signifikantes Charakteristikum ausmacht:

> *Inszenierungen […] zielen darauf, das Geschehen, das sie ausmacht, in ihren momentanen und simultanen Bezügen zum Vorschein und damit zu einer vorübergehenden auffälligen Gegenwart kommen zu lassen. Künstlerische Inszenierungen […] leisten dies, indem sie eine Präsenz erzeugen, die zugleich als Darbietung von Präsenz verstanden werden kann. Gegenüber anderen Formen der Kunst jedoch, die dies ebenfalls vermögen, gelingt ihnen eine unvergleichliche Dramatisierung des Verhältnisses von erzeugter und präsentierter Präsenz. […] Ihr Verlauf ist das, was sie in und mit ihrem Verlauf zur Darbietung bringen – nämlich vergehende Gegenwart.*[288]

Die Präsenz wiederum ist nicht als „[…] erfüllter Augenblick, als Moment unmittelbarer und ungebrochener Gegebenheit"[289] zu verstehen, sondern ermöglicht eine Verknüpfung von Gegebensein und Fehlen, von Gegenwärtigkeit und Abwesenheit: „Die Erfahrung von Präsenz ist im Gegenteil gebunden an Erfahrungen der Fremdheit, des Entzugs und des Mangels."[290]

Als weiteres vorläufiges Zwischenergebnis sei demnach an dieser Stelle festgehalten, dass Gegenwart Stufen der Abwesenheit hervorbringt

---

286 Seel 2001, 58.
287 Siehe Kapitel 3.2.1: Verweis auf Gumbrecht nach Siegmund 2006, 45.
288 Seel 2001, 60.
289 Kolesch 2001, 262.
290 Kolesch 2001, 262.

und umso intensiver die Präsenz betont: Der entstehende Entzug birgt Präsenz und bringt Präsenz hervor.[291]

So verdeutlicht beispielsweise Heiner Goebbels' performative Installation *Stifters Dinge* im Bockenheimer Depot des schauspielfrankfurt von 2007 sowohl den Wahrnehmungsaspekt als auch die beim fehlenden Auftritt von Schauspielern gleichzeitige Produktivität allein dadurch, dass durch ihr Fehlen vielfältige Fragestellungen aufgeworfen werden[292]. Die Zuschauer erwarten Akteure, sehen, dass diese nicht da sind und weigern sich, einer Maschinerie zu applaudieren:

> *Was bleibt eigentlich vom Theater, wenn man sich den Menschen darin wegdenkt? Wenn die lärmende und schwitzende, immerzu ins Scheinwerferlicht drängende und alle Aufmerksamkeit auf sich ziehende Meute der Darsteller samt den Einfällen ihrer Regisseure in der Garderobe bleibt und das leere Bühnengehäuse im Dämmerlicht vor sich hin schweigt? Dann hat die Theatermaschinerie ihren großen Auftritt, und die Kulisse beginnt, mit sich selbst zu spielen. [...] [Der Theaterabend] zelebriert die Abwesenheit von allem Wichtigen. Er umkreist ein leeres Zentrum und erklärt den Rand zur Mitte.*[293]

Auf diese Weise wird die Voraussetzung für die Analyse einer Produktivität geschaffen, die augenscheinlich nicht da ist, weil sie abwesend ist, sich aber durch diese ihre eigene Abwesenheit erst konstituiert und gar notwendigerweise bei der Betrachtung des Anwesenden berücksichtigt werden muss – und das Anwesende überhaupt erst hervorbringt. Demnach schließt nicht nur das Anwesende immer auch ein Fehlen ein, sondern umgekehrt determiniert das Fehlen das Anwesende und weist ihm erst durch eben jenen ihm eigenen abwesenden Charakter, sozusagen ex negativo, *seinen* präsenten Charakter zu.

> *Dies gilt auch und erst recht, wenn Theater mit Stufen der Abwesenheit spielt: Akteure bleiben in Nebenräumen unsichtbar, treten nur als Stimme, Video oder Filmbild in die Wahrnehmung usw. Wenn dabei dennoch eine spezifisch theatrale Präsenz ins Spiel kommt, so unter anderem aus diesem Grund: Eigentümlich an der ästhetischen Erfahrung ist es, dass darin Gegenwart gerade nicht einfach ,Fülle der Zeit' heißt – wie etwa im nunc stans der mystischen Erfahrung.*

291 Eine genauere Auseinandersetzung mit dem Begriff des Entzugs hinsichtlich der Wahrnehmung erfolgte in Kap 3.1, dieser soll aber ungeachtet der Mehrfachnennung an dieser Stelle insbesondere im Zusammenhang mit Gegenwart und Präsenzentstehung sowie als Erweiterung nochmalig erwähnt sein.

292 Siehe auch Kapitel 2.9.

293 Spahn 2007.

Vielmehr wird präsentische Intensität erfahren als Abwesenheit, Bruch und Entzug, als Verlust, Vergehen, Nichtverstehen, Mangel, Schrecken. Entzug erst mobilisiert die emotionale Intensität von Präsenz.[294]

Es bleibt also zusammenfassend festzuhalten, dass eine Bestimmung oder reine Benennung des Abwesenden jemandes Wahrnehmung erfordert und daraufhin notwendig für den Inszenierungsbegriff eine Ko-Präsenz einerseits von Akteur und Zuschauer, aber auch von eben An- und Abwesendem postuliert, da Anwesendes und Abwesendes sich gegenseitig bedingen und vor dem Hintergrund der Wahrnehmung miteinander verknüpft sind. „Generell gilt, dass jede Aufführung ein Unikat ist, in einer spezifischen Dialektik zwischen Präsenz und Abwesenheit. [...] So ist jede Performance, durch die Einmaligkeit des Zusammentreffens aller Beteiligten, radikale Präsenz und birgt gleichzeitig das Bewusstsein ihrer Abwesenheit."[295]

Für die Gegenwart des Akteurs sowie die Gegenwart des Zuschauers ist erneut der Wahrnehmungsaspekt von großer Wichtigkeit, da Lehmann zufolge die gemeinsame Gegenwart im Theater in Ausführung und Wahrnehmung zusammenfällt - wiederum zur Ko-Präsenz. Gegenwart wiederum erfordert Unterbrechungen, wie auch Sichtbarkeit Unsichtbares einfordert und herausfordert, und schlägt so einen Bogen zum Begriff des Entzugs, der auch hinsichtlich der Zuschauerwahrnehmung bereits gegeben ist. Auf diese Weise entsteht erneut Präsenz, wird Präsenz hervorgebracht: Präsenz durch Abwesenheit.

2.8 Abwesenheit und ihre Produktivität

Vor dem Hintergrund der Ergebnisse der vorangegangenen Kapitel soll nun erläutert werden, inwiefern diese Produktivität erreicht wird und wie ein Modell funktionieren kann, das als Grundlage zur Analyse der produktiven Wirkungsweise von Präsenz und von Präsenz durch Abwesenheit dient.

Diese Systementwicklung zur Wirkungsweise von Präsenz bzw. Präsenz durch Abwesenheit wird im weiteren Verlauf anhand konkreter Inszenierungsanalysen zu überprüfen sein. Das hier veranschlagte Modell vollzieht sich auf drei Stufen und kann ebenfalls als mögliche Vorgehensweise bei den genannten Analysen dienen: Zunächst wird mithilfe des und gewährleistet durch den Raum - und vielmehr durch die eigene Anwesenheit und daran geknüpfte (atmosphärische) Wahr-

294 Lehmann 1999, 13.
295 Deck 2008, 15.

nehmung - sichtbar/hörbar/erfahrbar, dass etwas wie auch immer geartet fehlt.

In einem zweiten Schritt erfolgt dadurch eine - mitunter zunächst indirekte - Thematisierung des Fehlens innerhalb eines größeren Kontextes und auf mehreren Ebenen des Werkes, wie z. B. inhaltlich, optisch, akustisch, linguistisch.

Schließlich verselbständigt sich das Fehlen, erhält eine Funktion und Aktion, auf die sowohl eventuelle Mit-Akteure als auch Zuschauer Rücksicht nehmen und eingehen müssen, und wird anhand dessen produktiv - indem es nicht zuletzt den Raum mitkonstituiert.

Aus dem Verlauf der einzelnen Schritte wird ersichtlich, dass ‚das Abwesende', an deren Ausgangspunkt bezeichnenderweise eine Anwesenheit steht, nicht als eigenständiges Phänomen existiert, sondern einer Abhängigkeit unterliegt, die mit der des Anwesenden vergleichbar ist: in Kapitel 2.3.2 wurde gezeigt, dass beispielsweise nicht alles Sichtbare auch sehbar ist, d.h. nicht alles - theoretisch - Anwesende ist im Sinne der Zeichen-Wahrnehmung auch anwesend, weil es temporär verdeckt werden kann oder aus einer anderen Perspektive nicht mehr oder aber deutlicher sichtbar ist.

Gezeigt werden sollte also zunächst, inwieweit Aspekte der Wahrnehmung als Ausformungen des Abwesenden auszumachen und zu verorten sind, damit vor diesem Hintergrund An- bzw. Abwesenheit in ihrem Wesen sowie auf dem Theater beschrieben werden konnten. Es geht ferner im Folgenden darum, wie ein möglicher Raum konstituiert ist, der die Gegebenheiten liefert, um überhaupt Dinge nicht oder erst recht wahrzunehmen und welche Aspekte insbesondere den Raum des visuellen Mediums bedingen. Die Abwesenheit in ihrer Produktivität hat dabei entscheidenden Anteil, da entzogene Bewegungen, Laute, Blicke oder Möglichkeiten des Sehens die Wahrnehmungsmodalitäten mitbestimmen oder verhindern - das Verständnis von Wahrnehmung ist hierbei an den Vollziehenden gebunden, der in seiner Anwesenheit die erste Voraussetzung für atmosphärische Wahrnehmung ‚als etwas' bildet.[296]

Das produktive Potenzial des Abwesenden wird hinsichtlich der inszenierten Abwesenheit um die Ebene der Performativität erweitert, indem genau durch das Verneinte etwas hervorgebracht wird und auch genau das bedeutet, was es darstellt: sein Fehlen. Diese Selbstreferentialität spielt hinein in die Wirklichkeitskonstitution dessen, dass die Bewusstwerdung des Fehlens *durch* eben das Abwesende erfolgt. Das Verständnis des Abwesenden als performative Äußerung ist demnach markiert durch die Konstitution der Wirklichkeit des Fehlens *durch*

296 Zur atmosphärischen Wahrnehmung siehe Kapitel 3.3.3.

das Fehlen und rekurriert damit auf John L. Austins Begriff der performativen Äußerungen[297]:

> *Theater [ist] durch eine spezifische Prozesshaftigkeit charakterisiert: [...] Es geht also im Prozess der Aufführung darum, die Beziehungen auszuhandeln, die zwischen den Akteuren und den Zuschauern gelten sollen, und auf diese Weise die Wirklichkeit des Theaters zu konstituieren. Dabei bedeuten die Handlungen sowohl der Schauspieler als auch der Zuschauer zunächst nichts anderes als das, was sie vollziehen. Sie sind in diesem Sinne selbstreferentiell. Als wirklichkeitskonstituierend und selbstreferentiell sind die Handlungen als performativ im Sinne Austins zu begreifen. Theater wird hier demnach vor allem durch seine Performativität konstituiert und definiert.*[298]

Der Begriff der Performativität soll an dieser Stelle nicht in weiterer Deutlichkeit erläutert werden. Hinsichtlich des Sehens als performativer Praxis erfolgte in Kapitel 2.3.5 eine genauere Beschreibung des Terminus und auch im folgenden Abschnitt wird darauf noch eingegangen.

2.8.1 Roland Barthes: *Der Tod des Autors*

In Anlehnung an die zuvor beschriebenen Aspekte der Abwesenheit und vielmehr Aspekte des Handelns beziehungsweise Sprechens der Sprache sei nun Roland Barthes angeführt:

> *Die Erklärung eines Werkes wird stets bei seinem Urheber gesucht – als ob sich hinter der mehr oder weniger durchsichtigen Allegorie der Fiktion letztlich immer die Stimme ein und derselben Person verberge, die des Autors, der Vertraulichkeiten preisgibt. [...] Für Mallarme (und für uns) ist es die Sprache, die spricht, nicht der Autor. Schreiben bedeutet, mit Hilfe einer unverzichtbaren Unpersönlichkeit [...] an den Punkt zu gelangen, an dem nicht ‚ich', sondern nur die Sprache ‚handelt' (‚performe').*[299]

---

297 Siehe auch Fischer-Lichte 2003, 13 (Fußnote): „Die Sprachphilosophie vor Austin ging davon aus, dass Sprache die Welt abbildet und dass sprachliche Äußerungen daher entweder als wahr oder als falsch zu klassifizieren sind. Dagegen machte Austin geltend, dass es eine Reihe von sprachlichen Äußerungen gibt, die weder richtig noch falsch sind, die nicht etwas abbilden, sondern etwas vollziehen und dabei genau das bedeuten, was sie tun. Als Beispiele führt er Versprechen, Eheschließung, Taufe, Fluch u. a. an. Diese Äußerungen, die selbstreferentiell sind und Wirklichkeit konstituieren, nennt Austin performativ."

298 Fischer-Lichte 2003, 12f.

299 Barthes 2002, 105.

Wie im obigen Kapitel beschrieben funktionieren performative Elemente in *Stifters Dinge* auch in Abwesenheit des Akteurs, die hier in Anlehnung an Barthes mit ‚Tod des Akteurs' betitelt sei: die Zeichen und ihre Semiotik, welche wiederum Performativität mit konstituiert, funktionieren auch, wenn der Akteur nicht präsent ist - oder sogar erst dann in besonderer Weise, weil sich der Zuschauer dann konfrontiert sieht mit einem Verfehlen seines Anspruchs der Identifikation:

> *Es entspricht dem Wunsch der Zuschauer, sich in den Protagonisten der Bühne zu spiegeln, sich mit ihnen zu identifizieren. Durch die Abwesenheit von Darstellern wollte ich die Möglichkeit zu diesen Projektionen vermeiden. Also gehen in „Stifters Dinge" keine kleinen Sprudelflaschen über die Bühne, in die sich jeder selbst hineinprojiziert, sondern wir zeigen Bilder, die sich dem Wunsch widersetzen, in jedem Regentropfen Subjekte zu sehen.*[300]

Um der Theorie Barthes' noch näher zu kommen, sei die Abwesenheit des Autors an dieser Stelle insofern auf *Stifters Dinge* bezogen, als der Akteur als Autor oder Urheber des Performativen verstanden werden kann. In Rückbezug auf die Sprachtheorie und Sprachwissenschaft sei folgendes Zitat von Barthes angeführt:

> *Linguistisch gesehen ist der AUTOR immer nur derjenige, der schreibt, genauso wie ich niemand anderes ist, als derjenige, der ich sagt. Die Sprache kennt ein ‚Subjekt', aber keine ‚Person'. Obwohl dieses Subjekt außerhalb der Äußerung, durch die es definiert wird, leer ist, reicht es hin, um die Sprache zu tragen, um sie auszufüllen.*[301]

Nach Barthes erfolgt durch die Abwesenheit des Autors eine Verwandlung des modernen Textes, dessen Rezeption sich daraufhin ebenfalls dahingehend verändert, dass sie in jeder Hinsicht ein Verschwinden des Autors mit sich bringt. Die Zeitlichkeit wird insofern beeinflusst, als der Autor „immer als die Vergangenheit seines eigenen Buches verstanden" wird und sich damit in einer Reihe befindet mit seinem Buch, einzig „unterschieden durch ein *Vorher* und *Nachher*". Barthes spricht vom Autor als Ernährer des Buches, der vorher existiert und für sein Buch „denkt, leidet, lebt" - im Gegensatz zum modernen Schreiber, der „im selben Moment wie sein Text geboren [wird]. Er hat überhaupt keine Existenz, die seinem Schreiben voranginge oder es überstiege, er ist in keiner Hinsicht das Subjekt, dessen Prädikat sein Buch wäre. Es

300 Heiner Goebbels zitiert nach Eilers/Raddatz 2007, 11.
301 Barthes 2002, 106f.

gibt nur die Zeit der Äußerung, und jeder Text ist immer hier und jetzt geschrieben."[302]

Wie dieser ‚moderne Schreiber' hat auch der Akteur und damit Urheber der Performativität keine Existenz und kann nicht verstanden werden als Subjekt mit dem Prädikat ‚performative Installation'. Die ‚Äußerung im Hier und Jetzt' existiert jedoch trotzdem und ist das, was vom Zuschauer gesehen, verstanden und in dessen Handlungsvollzug performativ wird - auch ohne präsenten Urheber. Roland Barthes nennt

> *Schreiben nicht mehr länger eine Tätigkeit des Registrierens, des Konstatierens, des Repräsentierens, des ‚Malens' […], sondern vielmehr das, was die Linguisten […] ein Performativ nennen, eine seltene Verbalform, die auf die erste Person und das Präsens beschränkt ist und in der die Äußerung keinen anderen Inhalt (keinen anderen Äußerungsgehalt) hat als eben den Akt, durch den sie sich hervorbringt.*[303]

Hier kann ein Bogen geschlagen werden zur Selbstreferentialität der performativen Äußerung, die nun von Barthes auf den Schreibakt bezogen wird und die, wie zuvor gesehen, nicht untrennbar verknüpft ist mit dem Autor. Insofern erscheint nachvollziehbar, dass Schreiben als „selbstreflexiver, performativer Akt"[304] verstanden werden kann:

> *Selbstreflexiv deshalb, weil der performative Akt eine sprachliche Form sei, bei der die Äußerung keinen anderen Inhalt hat als eben den Akt, durch den sie sich ausdrückt. Performativ deshalb, weil der ‚moderne Scriptor' nicht mehr, wie der Autor, durch seine Individualität bestimmt wird, sondern eine überpersönliche ‚Instanz des Schreibens' ist. Das Schreiben als performativer Akt ist nicht mehr ein ‚origineller Akt' des Zeugens, sondern ein zitierendes und arrangierendes Zusammenschreiben von Fragmenten.*[305]

Dieses Zitat bzw. Arrangement benötigt demnach nicht mehr den Autor als Ernährer des Werkes, sondern erfordert einen modernen Scriptor, dessen Rolle bei *Stifters Dinge* der Zuschauer übernehmen kann, da er die oben genannten Fragmente zusammensetzt und dabei seinen Teil per Handlung in Form von Bedeutungskonstitution beiträgt. Daher sei im Folgenden in voller Länge zitiert, wie Barthes die Funktion des

302 Barthes 2002, 106f.
303 Barthes 2002, 107.
304 Wirth 2002, 27.
305 Wirth 2002, 27f.

Lesers als Ort und Raum erklärt und ferner die Wichtigkeit des *Zieles*, nicht die des *Urhebers* betont:

> *Der Leser ist der Raum, in dem sich alle Zitate, aus denen sich eine Schrift zusammensetzt, einschreiben, ohne dass ein einziges verloren ginge. Die Einheit des Textes liegt nicht in seinem Ursprung, sondern in seinem Zielpunkt – wobei dieser Zielpunkt nicht mehr länger als eine Person verstanden werden kann. Der Leser ist ein Mensch ohne Geschichte, ohne Biographie, ohne Psychologie. Er ist nur der Jemand, der in einem einzigen Feld alle Spuren vereinigt, aus denen sich das Geschriebene zusammensetzt.*[306]

Diese Bedeutung des Lesers lässt sich übertragen auf den Zuschauer in Stifters Dinge, dem damit erhebliche Wichtigkeit in der Umsetzung von Performativität zukommt. Oder weiter gefasst: der Zuschauer, der die Performativität überhaupt erst ermöglicht, gewährleistet eine Verlagerung des Performativitätsbegriffs von einer Bindung an den Produzenten zu einer Notwendigkeit des Rezipienten.

2.8.2 Peggy Phelan: *Unmarked*

> *Performance's only life is in the present. Performance cannot be saved, recorded, documented, or otherwise participate in the circulation of representations of representations: once it does so, it becomes something other than performance. [...] Performance's being, like the ontology of subjectivity proposed here, becomes itself through disappearance.*[307]

Die Performance als Inbegriff des Verschwindens sei als Aspekt der Abwesenheit genannt und im Folgenden aufgrund ihres performativen und produktiven Potentials näher betrachtet. Mit Bezug auf Josette Féral beschreibt Bleeker die Performance als aufbauend auf dem Fehlen oder der Dekonstruktion einer Perspektive:

> *Da sie nichts erzählt und niemanden darstellt, entgeht die Performance der Illusion sowie der Repräsentation und deckt auf, was sich hinter der symbolischen Vermittlung verbirgt, die im Theater stattfindet. [...] Das Theater stellt eine Beziehung zwischen dem, der zuschaut, und dem, was er sieht, her; es konstruiert bestimmte Sichtweisen auf das Bühnengeschehen. Die Performance, so Féral, tut dies nicht.*[308]

---

306 Barthes 2002, 109f.

307 Phelan zitiert nach Siegmund 2006, 64.

308 Bleeker 2009, 80.

Demnach mag es leichter fallen, Theater in Form der Performance als das Andere zu betrachten, in dessen Kontext das Sehen und das Visuelle nicht als inhärente Offensichtlichkeit und daher dementsprechende Problematik, sondern als ausgestelltes Objekt präsentiert werden. Peggy Phelan thematisiert das Verschwinden und damit die Abwesenheit der Performance:

> *Sowohl Performance als auch Subjektivität werden in Phelans Lesart erst durch ihr vermeintliches Verschwinden zu dem, was sie sind. Erst ihre Flüchtigkeit, ihr Balancieren ‚an der Schwelle der Gegenwart', ihr „one time only' life', mache die Kraft der Performance aus, schreibt Phelan in Unmarked. The Politics of Performance. ‚In einer manisch aufgeladenen Gegenwart stürzt die Live Performance in die Sichtbarkeit und verschwindet ohne Kopie im Gedächtnis, im Reich der Unsichtbarkeit und des Unbewussten, wo sie sich der Regulierung und Kontrolle entzieht.'*[309]

Dieses Verschwinden der Performance lässt sich nun übertragen auf das Verschwinden der körperlich anwesenden Akteure als Urheber der Performativität innerhalb der jeweiligen Aufführung. Das Verschwinden im Gedächtnis ist erneut ein Verweis auf die Wichtigkeit des Zuschauers und dessen Teilnahme. Er wird so zum aktiven Teil der Performance, indem er passiv aufnimmt und nach-vollzieht, was er gesehen hat:

> *In ihrem Beharren auf der Figur des Verschwindens, auf der Flüchtigkeit der Performance führt Phelan auch eine Lesart von Schrift wieder ein, die an die Tradition erinnert, die Derrida wiederholt als Grundlage von Logozentrismus und Metaphysik der Präsenz problematisiert hat. Phelan identifiziert Schrift als Medium des Speicherns, Bewahrens und Erinnerns […].*[310]

Der Begriff der Präsenz darf also nicht eng gefasst als ‚sichtbar', ‚anwesend' oder ‚gegenwärtig, im Präsens' verstanden werden, sondern muss eine Argumentationsfigur zulassen, die sich auf Subjektivität, Einmaligkeit und eine Präsenz durch Abwesenheit beziehen kann. „Wenn Phelan schreibt, Performance ‚lebe allein in der Gegenwart' […]"[311] kann dies gelesen werden als ein Verweis auf die schwierige oder gar fehlende Griffigkeit des Performativen: Die Transitorik, das hic et nunc der Theateraufführung tragen hier maßgeblich dazu bei, dass im Moment der Betrachtung dieser Sachverhalt kaum realisiert

309 Schumacher 2002, 393f.
310 Schumacher 2002, 396.
311 Schumacher 2002, 393.

wird, sondern im Anschluss in der Erinnerung rekapituliert wird und daraufhin in der Abwesenheit des Gesehenen dessen Bedeutung entsteht beziehungsweise neu entstehen kann.

Phelan betont die Grundannahme der Konstruiertheit von Kultur und konstatiert, dass Theater hier nicht zu verstehen sei als wiederholbare Kunst oder als Re-Produktion[312]. Vielmehr bedingt eine Subjektivität der Performativität, ihr als *unmarked* bezeichnetes Prinzip, einen Prozess der Sichtbarmachung, der sich insofern äußert, als etwas nicht als wirklich sichtbar auftritt, sondern erst dadurch Wert erhält, dass es angesehen wird.[313]

Das oder der Nicht-Vorhandene also kann dennoch wichtig und handelnd sein, indem ihm Wert und Wichtigkeit zugeschrieben werden durch eine Subjektivität in der Betrachtung: „To doubt the subject seized by the eye is to doubt the subjectivity of the seeing ‚I'".[314] Wie oben erwähnt entsteht das Kunstwerk der Installation Goebbels' durch den Zuschauer, der die gesehenen und gehörten Eindrücke für sich verarbeitet und zu einem Kunstwerk zusammensetzt - und somit die Performativität innerhalb einer Subjektivität der Erinnerung und des Sehens auch für ihn selbst entstehen lässt. Der unmarkierte Charakter des Performativen, den Phelan hier betont, entsteht durch die Einmaligkeit des jeweiligen performativen Aktes, der im Moment seiner Entstehung auch wieder verschwindet.[315] Das Performative zu ergreifen, zu erschreiben, ginge nur mittels eines konkreten Beispiels, denn im Moment des Greifens ist es schon wieder weg. Diese Formulierung wird besonders anschaulich in *Stifters Dinge*, wenn der Blick des Zuschauers auf das Gemälde *Jagd bei Nacht* von Paolo Uccello gelenkt wird - jedoch nicht in dessen Vollständigkeit, sondern mittels eines Projektors, der immer nur eine kleine Lichtfläche auf das Bild freigibt. Der Zuschauer wird in dieser Situation zum Betrachter, der das ganze Bild für sich selbst zusammensetzt und es dennoch als nicht greifbar erfährt. In dem Moment, in dem er gezwungenermaßen nur einen Ausschnitt betrachtet, verschwindet dieser bereits wieder und dafür wird ein anderer ‚gezeigt'. Der Entstehung des performativen Aktes folgt sogleich auf dessen Verschwinden und konfrontiert den Zuschauer mit der Aushandlung (s)einer Beziehung dazu. Die hieraus resultierende Subjektivität der Performativität nimmt damit ein Spannungsverhältnis vorweg, welches in die Richtung eines Prozesses der Sichtbarmachung

312 Siehe Phelan 1993, 3 und 31.
313 Siehe Phelan 1993, 27.
314 Phelan 1993, 1.
315 Siehe Phelan 1993, 25.

zielt. Die Performativität entsteht insofern erst beim Zuschauer, als er etwas nicht wirklich Sichtbarem dadurch einen Wert zuweist, dass es angesehen wird. Auf diese Weise entsteht auch Uccellos Gemälde, da es nicht vollständig sichtbar im Bockenheimer Depot des Schauspiel Frankfurt ausgestellt ist, aber im Verlauf der Aufführung bruchstückhaft gezeigt wird.

Dieser Wert durch den Betrachter lässt sich ebenfalls an Phelans Ausführungen hinsichtlich des Beispiels der verstorbenen Schwester[316] herausarbeiten und erlaubt darüber hinaus eine Verknüpfung mit Edgars Unfalltod in *Das letzte Feuer* und der daraus hervorgehenden Produktivität des Fehlens: dadurch dass die Schwester oder der verunglückte Edgar – im übertragenen Sinne – angesehen werden, also dadurch dass ihnen beziehungsweise ihrem Tod und ihrem Fehlen Aufmerksamkeit zuteil wird, sind sie umso präsenter. In ihrer Abwesenheit wird die Präsenz der toten Person umso deutlicher und Handlungen mit oder von ihr vollziehen sich beim ‚Betrachter' auch ohne ihre körperliche Anwesenheit.

2.9 Wie Sie sehen, sehen Sie nichts – Präsenz durch Abwesenheit in Heiner Goebbels' *Stifters Dinge*

Der folgende Abschnitt beschäftigt sich mit der Problematik der Abwesenheit, vorrangig hinsichtlich des Schauspielers, in Heiner Goebbels' performativer Installation *Stifters Dinge*[317] – und nicht zuletzt der dennoch gleichzeitigen Wichtigkeit ebendieser Abwesenheit. Die Berliner Zeitung nennt es „Ein Theater der Dinge, das ein gewieftes Spiel mit dem Abwesenden treibt, ohne Schauspieler, aber von enormer suggestiver Kraft."[318]

> *Stifters Dinge ist der Titel seiner neuesten Arbeit. Ein Stück ohne menschliche Akteure, inspiriert von den Naturbeschreibungen Adalbert Stifters. Diesmal hat Heiner Goebbels etwas völlig Neues gewagt - ein Stück, in dem die Requisiten die Hauptrolle spielen: das Licht, die Bilder, Geräusche, Töne, Wind und Nebel, Wasser und Eis. […] „Ich möchte mit dem Stück versuchen, ob die Mittel, die Theater auf der Bühne hat, die aber nur als Dekor oder Illustration vorkommen, nicht auch erzählen können, uns nicht auch berühren können, einen Charme*

316 Siehe Phelan 1993, 12f.

317 Zu Gast am schauspielfrankfurt im Oktober/November 2007. Regie: Heiner Goebbels, Bühne: Klaus Grünberg.

318 Pilz 2007.

haben oder uns anziehen", erklärt Goebbels. [...] Es gibt keine menschliche Aktion, mit der man sich identifizieren könnte.[319]

Wie lassen sich nun die in den vorangegangenen Kapiteln dargelegten Ergebnisse auf eine konkrete Inszenierung anwenden, welche die korporalen Aspekte und somit den Vollzug durch Darsteller zunächst außer Acht zu lassen oder gar zu negieren scheint? Kann von Handlungsvollzug die Rede sein, wenn augenscheinlich ‚keine Handlung' verfolgt wird? Performative Äußerungen im Sinne Austins sind ebenso rar, da sich der gesprochene Text bei Goebbels auf die Lesung eines Textes von Stifter oder ein Interview mit Claude Levi-Strauss beschränkt und sich daher keine zunächst selbstreferentielle und wirklichkeitskonstituierende sprachliche Äußerung erkennbar zeigt. Welche Probleme stellen sich, will man dieses Bild von Performativität auf eine performative *Installation* anwenden, in der es keine Schauspieler[320] gibt, welche den Vollzug der Handlungen betreiben könnten? Hans-Jürgen Linke deutete diese Problematik folgendermaßen an:

> *Heiner Goebbels' neues Stück [...] reflektiert den Verlust von Natur, indem es Artefakte visuell und akustisch zu einer Natur-Maschine arrangiert. Es hat aufgehört, Theater sein zu wollen, kommt ohne Handlung, Interaktionen und dramatischen Text aus. Nur zwei Männer geben anfangs der Maschine ein wenig Input. Stifters Dinge ist eine theatrale Installation, die zu Betrachtungen unter anderem über das Theater einlädt.*[321]

Hierbei fällt der Aspekt der Selbstreferentialität erneut auf[322], mit dem Goebbels in seiner Installation spielt: Die Identifikation des Zuschauers mit Akteuren fällt aus, dramatische Handlung fällt aus - indes thematisiert eben deren Abwesenheit das Wesen des Theaters und eröffnet selbstreflexiv ein Spannungsverhältnis von Zuschauererwartungen und Gesehenem. In ihrer Abwesenheit thematisieren und *performen* sich die genannten Elemente folglich selbst und kehren das gewohnte, ‚klassische' Verhältnis zu Theater oder Bühnengeschehen um, indem Aktionen des Schauspielerkörpers ersetzt werden durch plastische, mechanische, gegenständliche Körper, die den Vollzug von Handlungen betreiben:

---

319 Scheyko 2007.

320 In diesem Abschnitt wird der Terminus *Schauspieler* verwendet, um den Unterschied des Fehlens eines menschlichen Schauspielerkörpers im Gegensatz zum mechanischen Akteur zu verdeutlichen.

321 Linke 2007.

322 Zum Performativitätsbegriff siehe Kapitel 2.8.

Am Ende kommt langsam und hydraulisch geräuschlos die schwere Bühnenmaschine nach vorn gefahren. Nein, sie verbeugt sich nicht, aber sie will Beifall, ganz offensichtlich. Das Publikum muss sich damit abfinden, einer Maschine zu applaudieren. Das Theater fand in den Köpfen statt.[323]

Es gibt Zuschauer, die sich weigern, zu klatschen. Das ist völlig in Ordnung. Sie sagen, sie fanden es wunderbar, aber sie beklatschen keine Maschinen, denn dadurch würden sie sich in einer Weise den Maschinen unterwerfen, die ihrer Würde oder dem Stolz des Subjekts widerspricht. Nur in diesem Augenblick wird plötzlich die Technik thematisiert, die im Laufe des Stückes schon vergessen war.[324]

Umso deutlicher treten die Aspekte der Wirklichkeitskonstitution und Selbstreferentialität hervor, indem die Maschinerie zunächst das bedeutet, was sie vollzieht: So geben die Klaviere bruchstückhaft Töne von sich, was nicht verwunderlich ist, da es sich schließlich um Musikinstrumente - wenn auch verfremdeter beziehungsweise unvollständiger Art - handelt. Es geht um den Ton, vollzogen vom ‚Akteur Klavier', der den Raum füllt und den Zuschauer erfasst, welcher wiederum durch die Gesamtheit der Installation diese Musikeinspielungen in einen Kontext, beispielsweise Goebbels' Methoden oder Versuche der Naturdarstellung Stifters, einbetten kann und demnach eine Konstitution der Wirklichkeit auf der Bühne erfährt.

Einzig zwei Bühnenarbeiter halten das Geschehen im Gange, es gibt keine Akteure oder Musiker. Der Fortgang wird bestimmt vom rhythmischen Fluss der Partitur und gedacht ist diese ‚performative Installation' ganz vom Klang her. [...] Mit Stifters Dinge bewegt sich Goebbels wieder ein Stück weg vom konventionellen Theater und das Frankfurter Publikum reagiert denn auch eher verblüfft.[325]

Interessant hierbei ist die Zuschauerreaktion, die auf ein verändertes Verständnis von Aufführung und deren Konstitution rekurriert: In der Vorstellung des 02. November 2007 äußerten die Zuschauer am Schluss ihr Erstaunen im Hinblick auf die fehlenden Schauspieler mittels „Da ist ja keiner..." oder angesichts des Applauses für die ‚menschen-leere' Bühne: „Dürfen wir jetzt gehen?" Diese Aussagen verdeutlichen sehr gut die hier vorliegende Problematik: Worum handelt es sich bei dem Gesehenen? Verdient es Applaus? Wie reagiere ich, wenn keine sichtba-

---

323 Pressestimmen zu *Stifters Dinge*, URL: www.buehnen-frankfurt.de.
324 Goebbels zitiert nach Eilers/Raddatz 2007, 11.
325 Döring 2007.

ren Akteure vor mir stehen, die das Bühnengeschehen determinieren? Wenn davon auszugehen ist,

> *dass Theater sich durch seine Performativität konstituiert und definiert, [erlaubt dies dann] den Schluss, dass es sich bei der Aufführung nicht um ein Werk handele – das daran zu messen ist, wie es den Text „umsetzt" und die theatralen Mittel verwendet –, sondern um ein Ereignis, das auf eine grundsätzliche Neudefinition des Verhältnisses zwischen Schauspielern und Zuschauern zielt und deswegen auch die Möglichkeit eines Rollenwechsels eröffnet.*[326]

An dieser Stelle lässt sich also festhalten, dass es nicht nur um eine Performativität von Seiten der Akteure gehen darf, sondern diese ebenso von den Zuschauern ausgehen muss und sich auf diese Weise eine Beziehung, eine Kommunikation, eine Interaktion herstellt. Dem Zuschauer kommt in dieser Situation erhebliche Bedeutung zu, da er aktiv teilnimmt an Handlungsvollzug und Konstitution des Kunstwerkes.

Performativität bei Goebbels entsteht erst beim/durch den Zuschauer, der dem Gesehenen Bedeutung zuschreibt, der es *nach*-vollzieht. Die Bildentstehung des Gemäldes beispielsweise erfolgt erst auf Seiten des Zuschauers, der die durch das Auge des Projektors gewährten Ausschnitte für sich zu einem Ganzen zusammensetzt und damit durch seine eigene Imagination dem Vollzug den Weg ebnet. Es handelt sich hier bei Goebbels demnach um eine Performativität des Zeichens, nicht Performativität des Urhebers, da zudem der Künstler des Gemäldes selbst nicht einmal nennenswert thematisiert wird. In dessen Abwesenheit entsteht also sein Kunstwerk – und erlaubt an dieser Stelle eine Verlagerung dieser Begrifflichkeiten und Sachverhalte auf das gesamte Kunstwerk Goebbels': In der Abwesenheit des Urhebers, sei es in Person des Performers, des Initiators, des Autors entsteht dennoch im Zusammenspiel zwischen ‚Akteur' und Zuschauer eine Handlung.

Goebbels äußert sich hinsichtlich des fehlenden Menschen folgendermaßen:

> *Meine Arbeiten brauchen im übrigen den Menschen. Die Menschen. Die, die sie machen, und die, die sie erfahren. Alle meine Stücke funktionieren erst, wenn ein Publikum da ist und sie und ihre Elemente ‚zusammensetzt'. Je individuell und sicherlich einfallsreicher, als wir uns das vorher ausdenken können. Und vor allem Stifters Dinge braucht das Publikum. Erst das Zuschauen macht daraus ein Stück. […] Es ging mir nicht darum, Stifter oder seine Texte zu inszenieren. Und es gibt auch ganz andere Texte und Stimmen in diesem Raum. Theater bietet – in*

326 Fischer-Lichte 2003, 14.

einem konventionellen Verständnis von Intensität und Präsenz – dem Publikum meist an, sich zu identifizieren, sich also selbst zu bespiegeln. Mir geht es eher darum, zu einer Begegnung mit dem Fremden einzuladen, dem, was wir nicht kennen.[327]

Im Hinblick auf die Probleme, die bei der Darstellung und Analyse von Goebbels' Installation entstehen, wurden anhand von Barthes' und Phelans Ausführungen Versuche dargelegt, die eine veränderte Perspektive auf die Begrifflichkeiten und bisherigen Definitionen erlauben. Mit Erklärungsversuchen zu Performativität, Performance, oder (korporaler) Präsenz lässt sich die performative Eigenheit von *Stifters Dinge* greifbarer und über den Weg des Zuschauers und dessen Vollzug des Zuschauens zugänglich machen.

Performative Akte lassen sich aber nicht auf ihre einzelnen verbalen, non- und paraverbalen Elemente reduzieren, da erst das Zusammenspiel all dieser Elemente die emergente und einzigartige Qualität eines konkreten performativen Aktes ausmacht. Diese besondere performative Qualität ist deshalb immer an das ‚Ereignis des Zeigens' geknüpft und für andere nur im ‚Ereignis der Teilnahme' erlebbar.[328]

Wie in Kapitel 2.8 erwähnt lässt der Begriff der Performativität eine Verlagerung der relevanten Elemente zu, so dass auch seine Herkunft aus der Linguistik sich als nicht ausreichend für heutige moderne Theaterproduktionen und -formen erweist. Diese Entwicklung trägt also sehr anschaulich zu einem Nachvollziehen seines Weges in die Kulturwissenschaften bei, indem sich hinsichtlich der Bezeichnung von Goebbels Projekt, Installation, Stück, Theater bereits Unstimmigkeiten ergeben. Daran deutlich wird die Teilnahme und Wichtigkeit des Zuschauers in seiner Gegenwart, seiner körperlichen Präsenz und seinem eigenen Nachvollzug der Handlung. Der Zuschauer als Ziel – wie bei Barthes gefordert – und als derjenige, der alles zusammensetzt, ermöglicht also eine Performativität auch ohne – wie bei Fischer-Lichte gefordert – Schauspieler und Schauspielerkörper.

Hinsichtlich des linguistischen Ursprungs lässt sich festhalten, dass bei der Betrachtung des *Performativen* die Differenzierung von Darstellung und Vollzug entscheidend ist. Wenn im linguistischen Sinne der Sprechakttheorie Austins im Sprechen Handlungen vollzogen werden,

327 Goebbels zitiert nach Laudenbach 2007.
328 Laux/Spielhagen/Renner 2003, 246.

sehen wir uns hier noch nicht zwangsläufig einer Darstellung gegenüber gestellt. Im Kontrast dazu erfüllt Theater

> *immer zugleich eine referentielle und eine performative Funktion. Während die referentielle Funktion auf die Darstellung von Figuren, Handlungen, Beziehungen, Situationen etc. bezogen ist, richtet sich die performative auf den Vollzug von Handlungen – durch die Akteure und zum Teil auch durch die Zuschauer – sowie auf ihre unmittelbare Wirkung.*[329]

Der Aspekt der Wirkung im und am Zuschauer erwies sich in der oben erfolgten Betrachtung von *Stifters Dinge*, Phelans *Unmarked* oder Barthes' *Tod des Autors* als richtungweisend hinsichtlich einer Verschiebung vom Handlungsvollzug durch den Akteur hin zum Vollzug der Handlung durch den Zuschauer – mitunter innerhalb dessen Nach-Vollzugs.

So gilt denn auch Goebbels' Aussage als mitunter etwas knappe, aber treffende Zusammenfassung der Problematik: „Meine Arbeiten brauchen im übrigen den Menschen. *Die* Menschen [Hervorhebung d. Verf.]. Die, die sie machen, und die, die sie erfahren."[330]

Die Notwendigkeit des Zuschauers, die in den vorangegangenen Kapiteln bereits angesprochen worden ist, erweist sich demnach erneut als wichtiger Aspekt hinsichtlich der Abwesenheitskonstruktion:

> *Der Blick auf die Bühne taugt zu mehr als zum bloßen Scannen von Informationen. Die Kreativität dieser Prozesse besteht darin, dass Zuschauer im Theater nicht lediglich tradierte Rezeptionsregister ziehen, sondern lernen, sich auf ungewohnte oder unerwartete Situationen einzustellen und notwendige Verhaltensweisen selbst zu generieren. […] Die Konfrontation und Auseinandersetzung mit dem zeitgenössischen Theater […] versteht sich somit auch als ein Beitrag für eine Kultur des Zuschauens, die in einem zunehmend medialisierten Alltag neben der Quantität von Bildern auch die Qualität des Blickes sucht. Das Ur-Ereignis Theater ist nicht nur eine Bühnenkunst, sondern auch eine Zuschaukunst.*[331]

329 Fischer-Lichte 2002, 279.
330 Goebbels zitiert nach Laudenbach 2007.
331 Roselt 2008, 366f.

3 Raum und Theaterraum

Ausgehend von unterschiedlichen Theorien zum Raumbegriff soll in diesem Kapitel der Versuch unternommen werden, einen Raumbegriff bezüglich des Theaters fassbar zu machen, der, zunächst vor dem Hintergrund der Annahme einer Ordnungsinstanz, einerseits von einer Akteur-Zuschauer-Situation ausgeht und somit auch das Geschehen außerhalb des Bühnenraums einschließt. Andererseits ist dieser anhand von beispielsweise Wahrnehmungsprozessen oder Erwartungshaltungen des Zuschauers zu verorten und demnach ein ‚theatralisches Raumerlebnis' zu reformulieren und redefinieren.

Zunächst werden daher Raumvorstellungen erklärt, welche dann in Bezug auf Räume im Theater erläutert sowie dabei die konstituierenden Aspekte der Abwesenheit und Sichtbarkeit näher betrachtet werden.

3.1 Die räumliche Komponente allen Seins: Da-Sein, Anwesend-Sein und der *Spatial Turn*

Ausgehend von der zuvor erläuterten Notwendigkeit des Zuschauers, die zur Ko-Präsenz von Akteur und Zuschauer führt und wahrnehmungstheoretisch notwendige Auslassungen und Abwesenheiten hervorbringt, ergibt sich daraufhin eine Notwendigkeit des Räumlichen, da dies mit der Existenz an sich verknüpft ist[332] und ferner die Perspektive *zur* und der Wahrnehmung bedingt. Die Annahme ist daher, dass Raum gleichermaßen - und insbesondere hinsichtlich des Theaters - als abwesenheitsfordernd und -fördernd verstanden werden kann.

Als eine vielzitierte Quelle sei auch hier auf Michel Foucaults Annahme hinsichtlich einer Änderung der Auffassung von Geschichte und Historiographie als ideenbeherrschende Instanzen verwiesen, die er in den 1960er Jahren in Abgrenzung zum 19. Jahrhundert formulierte:

> *Die große Besessenheit, die das 19. Jahrhundert verfolgt hat, ist die Geschichte gewesen: Themen der Entwicklung und des Stillstands, Themen der Krise und des Kreislaufs, Themen der Anhäufung des Vergangenen, die große Überlast der Toten, das drohende Erkalten der Welt. [...] Die gegenwärtige Epoche wäre vielleicht eher die Epoche des Raumes. Wir befinden uns in der Epoche des Gleich-*

332 Siehe Merleau-Ponty in Kapitel 2.3.2.

zeitigen, in der Epoche des Nebeneinander, in der Epoche des Nahen und Fernen, des Beieinander, des Zerstreuten.[333]

Foucault gilt seitdem als Vordenker des Kanons der kulturwissenschaftlichen Raumtheorie, indem er entgegen des abendländischen Bildes der Welt im 19. Jahrhundert, welches „primär im Sinne eines zeitlichen Nacheinander organisiert" gewesen sei, vielmehr die Struktur des räumlichen Nebeneinander betont: „[...] unsere Zeit [ließe sich] eher als Zeitalter des Raumes begreifen". Diese neue Privilegierung des Raumes gegenüber der Zeit beschreibt einen Antagonismus zwischen „frommen Abkömmlingen der Zeit und den hartnäckigen Bewohnern des Raumes"[334]. Die Autoren von *Räume – Zeitschrift für Kulturwissenschaften* bezeichnen diese Formulierung ‚unserer Zeit' als unklar gefasst, allerdings liege ein Bezug auf das gesamte 20. Jahrhundert in mitunter sprachlicher Abgrenzung zum von Foucault genannten 19. Jahrhundert nahe.[335]

Bekräftigt wird dies – allerdings Jahre nach Foucault, was wiederum die möglicherweise 1967 getroffene, weit fassende Annahme des ‚20. Jahrhundert als räumliche Epoche' in Zweifel ziehen könnte – durch die Erweiterung der Äußerungen Foucaults durch Edward Soja, der 1989 die „Hegemonie des Historismus"[336] beschreibt: Erst in den 1980er Jahren habe sich „eine zunehmende Verräumlichung des Denkens zu manifestieren begonnen"[337]. Soja stellt nicht die Forderung einer Umkehrung des hierarchischen Verhältnisses zwischen Zeit und Raum, sondern beabsichtigt die Betrachtung beider Faktoren in ihrem Zusammenspiel. Sein Ziel der Überwindung des von Foucault beschriebenen Antagonismus, eine „Einheit von Raum und Zeit" oder „Verschmelzung der raum-zeitlichen Dimension", sei jedoch nicht erreicht worden: „Vielmehr scheint sich der *spatial turn* gegenwärtig insgesamt auf Kosten des Faktors ‚Zeit' durchzusetzen."[338]

Mit dem Begriff des von Soja ausgerufenen *Spatial Turn*[339] entsteht ein weiteres Phänomen, das sich bei genauerem Hinsehen nicht als eine Neuerung innerhalb der kulturwissenschaftlichen Forschung erweist,

---

333 Foucault zitiert in Frank [u. a.] 2008, 14f. (Fußnote).

334 Frank [u. a.] 2008, 9.

335 Siehe Frank [u. a.] 2008, 9f.

336 Frank [u. a.] 2008, 10.

337 Frank [u. a.] 2008, 10.

338 Frank [u. a.] 2008, 10.

339 Auf weitere Differenzierungen zwischen u. a. *Topographical Turn* hinsichtlich der Literatur- und Kulturwissenschaften sowie *Topological Turn* soll hier lediglich verwiesen werden, da es an dieser Stelle nur um eine Überblicksdar-

sondern ähnlich dem *Pictorial Turn* etwas bereits Dagewesenes erneut ins Blickfeld rückt:

> *Erst in den letzten Jahren – man darf sagen: endlich – erstarkt wieder die Beschäftigung mit dem Raum. Und dies hängt sicher auch mit der kulturwissenschaftlichen Wende der Geisteswissenschaften zusammen. Denn die Kulturgeschichte beschäftigte sich immer ebenso mit Zeitregimes wie mit Raumordnungen. Es ist auch hier so wie oft bei den vielen turns, die Geisteswissenschaften abgenötigt wurden: sie stellen weniger eine Wende zu etwas Neuem dar als den Aufruf zur Erinnerung an verdrängtes, vergessenes oder ausgeschlossenes Wissen.*[340]

Allein die Fülle der in der Literatur existierenden *Turns* – oder was als solcher deklariert wird – lässt das Besondere und vermeintlich Neu- und Einzigartige des jeweiligen Begriffs in den Hintergrund rücken.[341]

Dieser *Spatial Turn* lässt sich nun einerseits beschreiben als „gesteigerte Aufmerksamkeit für die räumliche Seite der geschichtlichen Welt"[342] und nimmt die konkrete Verortung historischer Ereignisse sowie die „[…] räumliche Eingebundenheit gesellschaftlicher und kultureller Prozesse" in den Blick. Andererseits prägt er ein „neues Bewusstsein für den gesellschaftlichen und kulturellen Anteil an Raumkonstruktionen […]: die Neudefinition von Raum als soziale/kulturelle Produktion."[343] Es geht nicht mehr darum, die Gemachtheit des Raumes festzustellen, sondern „Raum aus dem Blickwinkel der ihn erlebenden und erleidenden Akteure, als entscheidenden Faktor menschlichen Agierens und mithin des historischen Geschehens"[344] zu thematisieren. Diese Auffassung der kulturellen Produktion und ihrer dynamischen Veränderung wird insbesondere hinsichtlich des Theaters, der Situation und Anordnung von Zuschauern und Akteuren sowie deren Wahrnehmung im Theater und im Theaterraum sowie hinsichtlich einer Differenzierung der diesen Raum konstituierenden Aspekte in den fol-

stellung der Entwicklung der raumtheoretischen Debatte vornehmlich in den Kulturwissenschaften geht.

340 Böhme, H. 2007, 55.

341 Siehe Döring/Thielmann 2008, 451: Cultural, Economic, Iconic, Linguistic, Material, Medial, Mnemonic, Nature, Performative, Pictorial, Rhetoric, Social, Somatic, Topographical, Topological, Translational Turn. Siehe Bachmann-Medick 2006: Interpretive Turn, Reflexive Turn /Literary Turn, Postcolonial Turn, Spatial Turn, Iconic Turn.

342 Schlögel zitiert nach Frank [u. a.] 2008, 11.

343 Frank [u. a.] 2008, 11.

344 Frank [u. a.] 2008, 11f.

genden Kapiteln virulent und einen entscheidenden Beitrag zu dieser Arbeit liefern.

Soja trifft darüber hinaus in *New Twists on the Spatial Turn* eine Einteilung in *Firstspace* als dem „[...] Hauptraum, auf den sich Geographen und andere räumlich orientierte Denker lange Zeit konzentriert haben"[345] und in den *Secondspace*, der als mental-subjektiver Raum sowohl als Gegenteil, als auch Ergänzung zum objektiven *Firstspace* aufgefasst wird. „Gemeint sind Raumbegriffe, Raumdenken [...]. Die meisten dieser Raumauffassungen beziehen sich darauf, wie wir mehr über den physikalischen Raum, kartierbaren Raum, den *Firstspace* erfahren."[346] Soja nennt schließlich die dritte Dimension des gelebten Raums, die Henri Lefebvre zufolge in Analogie der gelebten Zeit verstanden wird: „Wir betrachten Einzelbiographien und können diese *gelebte Zeiten* nennen. Sie sind aber auch *gelebte Räume*. Reale Räume werden als gelebte Räume angesehen."[347] Wichtigster Aspekt dieser Annahme ist, dass es um eine Denkweise geht, die in Abhängigkeit von Sozialem und Historischem erst noch vorgenommen werden muss, und damit auch die Möglichkeit und Notwendigkeit beinhaltet, den Raum verändern zu können. Der Raum ist kein gegebener Zustand oder gegebenes Element, sondern wird produziert.[348] Hierbei löst sich Soja von den dualistischen Raumauffassungen, denen zufolge die Wichtigkeit des Raumes nicht mit der der Zeit gemessen werden kann. „Alles, was existiert, jemals existiert hat, je existieren wird, hat eine wichtige räumliche Dimension, und eine kritische räumliche Perspektive auf alles, was als existent denkbar ist, kann uns eine wesentliche Hilfe sein, die Welt zu verstehen."[349]

Es wird also nicht darum gehen, Raum als abstrakte, vorgegebene und ‚gemachte' Kategorie zu beschreiben, sondern hinsichtlich des Theaters und insbesondere der Inszenierung von *Das letzte Feuer* konkrete Räume, (Raum-)Konstellationen und Raumerfahrungen zu beschreiben und ins Verhältnis zu dem zu setzen, was sich als Abwesendes demnach auch *im Raum* erfassen lässt. Dabei wird der Raum nicht (nur) als Rahmen oder Rahmung für gesellschaftliche und kulturelle Vorgänge, Situationen und Auseinandersetzungen verstanden, sondern wird zu deren (Untersuchungs-) Gegenstand.

345 Soja 2008, 251.
346 Soja 2008, 251.
347 Soja 2008, 255.
348 Siehe Soja 2008, 255.
349 Soja 2008, 252.

Der Raum - in diesem Falle Bühnen- und Szenenraum - in der Inszenierung von Dea Lohers *Das letzte Feuer* steht nicht als Rahmung zur Verfügung, sondern wird gewissermaßen aktiv und aktiv einbezogen, indem sich die Bühne ununterbrochen dreht. Damit liefert er einerseits immer neue Szenenbilder, die aus einzelnen Wohn*räumen* bestehen. Andererseits fordert er von den Akteuren einen bestimmten Umgang mit ihm sowie diesen ferner entstehenden und präsentierten Räumen ein, sofern sie denn ihre Szene oder ihren Dialog vor Augen des Publikums sprechen wollen, d.h. *sichtbar* und *hörbar* sein wollen.[350] Die Akteure müssen die Wohnräume des Bühnenbilds durchlaufen, denn wenn sie stehen bleiben - das Bühnenbild seinerseits bleibt bis auf wenige kurze Szenen nicht stehen -, werden sie schnell nicht mehr für die Wahrnehmung der Zuschauer ‚da sein'.

Dieses Da-Sein impliziert einerseits den Aspekt des Ordnungscharakters des Raumes und die damit einhergehende Unterscheidung von Raum und Ort, andererseits erweist es sich als bereits hinführend zu den Begrifflichkeiten der Anwesenheit und eigenen Anwesenheit: Was kann räumlicher sein, als das, wo ich mich befinde? Welche räumlichere Situation ist denkbar, als wenn etwas im selben Raum passiert, das ich durch meine eigene Anwesenheit sehen und hören kann?

Merleau-Ponty zufolge kommt der Existenz an sich, welche an den Leib geknüpft ist, eine Räumlichkeit zu: „Der Leib ist nicht im Raume, er wohnt ihm ein".[351] Der Raum wird erst durch dieses Ihm-Einwohnen konstituiert, denn „[d]urch sein leibliches Zur-Welt-Sein in Auseinandersetzung des Menschen mit anderen Menschen und seinen Lebensbedingungen, mit der eigenen Existenz, stiftet er eine spezifische Räumlichkeit."[352]

Gernot Böhme trifft hinsichtlich des geometrischen Raums eine Unterscheidung zwischen Raum qua *spatium* und Raum qua *topos:* „Raum qua topos ist der Ortsraum, der Raum der Nachbarschaft und der Umgebungen. Raum qua spatium ist der Raum der Abstände und des Maßes."[353] Dies wird von Christoph Rodatz weiter ausgeführt:

> *Neben dem dreidimensionalen Raumkonzept, auf das sich zentralperspektivische Darstellungen, vor allem aber die Arbeit des Architekten konzentrieren, halten vermehrt in Kultur- und Sozialwissenschaften topologische Raumkonzepte Einzug. Auf der Basis des sogenannten ‚Container Vorwurfs' Albert Einsteins, [sic]*

350 Zu Aspekten der Sichtbarkeit siehe Kapitel 2.3 und bzgl. *Das letzte Feuer* Kapitel 4.3.

351 Merleau-Ponty 1974, 169.

352 Meyer 2009, 115.

353 Böhme, G. zitiert nach Rodatz 2010, 122.

zeichnen sich Tendenzen ab, bei denen Raum nicht mehr ‚als eine dreifach dimensionierte Entität oder formale Einheit gefasst [wird], sondern anhand von Elementen beschrieben, die relational zueinander bestimmt werden. – Mit anderen Worten: An die Stelle des Ausdehnungsaprioris tritt eine Strukturdarstellung von Raum.' Als gängiges Raumkonzept gilt die auch umgangssprachlich präsente Auffassung eines Raums als Zimmer oder eben Container.[354]

Indem hier von einer Trennung von Subjekt und Objekt ausgegangen wird[355], kommt es auch zu einer Trennung von Wahrnehmung und Wahrnehmendem:

Wahrnehmen wird durch diese Raumkonzepte auf Dinge konzentriert und in Bezug auf die sinnliche Wahrnehmung selektiv behandelt. Dabei stehen das Sehen und Hören im Zentrum. Deshalb sind auch Raumkonzepte an mathematisch geometrisch orientierte Methoden der Abbildbarkeit und Anschauung gekoppelt.[356]

Es bedarf demnach einer Erweiterung oder erneuerten Sichtweise insbesondere hinsichtlich des Sehens und Hörens im Raum, die an dieser Stelle bereits anklingt, denn Sehen und Hören erweisen sich als konstitutiv und notwendig für den Raum des Theaters, welcher hier Wahrnehmungsraum genannt sei. Ausgehend vom Aspekt der Anordnung im Raum entsteht nach Ernst Cassirer die Möglichkeit des Beisammen als funktionale Eigenschaft des Raumes: „Das Wesen des Raumes liegt demnach in seiner Funktion, koexistierende Körper und Dinge zu ordnen […]."[357] Doris Bachmann-Medick entkräftet diese Annahme mit Bezugnahme auf und Definition des Spatial Turn: „Für den *spatial turn* wird nicht der territoriale Raum als Container oder Behälter maßgeblich, sondern Raum als gesellschaftlicher Produktionsprozess der Wahrnehmung, Nutzung und Aneignung, eng verknüpft mit der symbolischen Ebene der Raumrepräsentation (etwa durch Codes, Zeichen, Karten)."[358]

An dieser Stelle sei demnach eine räumliche Komponente allen Wahrnehmens festgehalten, die im weiteren Verlauf der Arbeit am Beispiel des Theaterraums exemplifiziert werden soll: Der Raum ermöglicht die Wahrnehmung und die Wahrnehmung bezieht sich auf räumliche Anordnungen. „Wenn Wahrnehmung ein konstruktiver Akt ist, dann kann dieser nicht unabhängig von Lebenslagen und Kontexten vollzo-

354 Rodatz 2010, 122. Siehe auch Günzel 2007, 17.
355 Siehe Rodatz 2010, 123.
356 Rodatz 2010, 124.
357 Wagner, K. 2007, 17.
358 Bachmann-Medick zitiert nach Frank [u. a.] 2008, 13.

gen werden."[359] Diese Kontextabhängigkeit von Wahrnehmung steht in Verbindung mit der Annahme, dass allem Tun und Sein eine räumliche Komponente innewohnt[360] und schafft vorgreifend eine Verknüpfung mit Gernot Böhmes Begriff der *Atmosphäre.* Diese steht als erste Wahrnehmungswirklichkeit demnach auch in Verbindung mit dem Raum, indem sie den Raum der leiblichen Anwesenheit als wesentliche Voraussetzung des atmosphärischen Wahrnehmens deklariert.[361]

Der Aspekt der Anordnung - auf den in Form von *da sein, leiblich anwesend sein* in Kapitel 3.3.2 noch eingegangen wird - kann also nicht ausreichend sein für eine Raumdefinition, die sich entgegen einer als gegeben betrachteten Beschaffenheit des Raums auf die Prozesshaftigkeit bezieht und dabei Vorgänge im Raum miteinbezieht. Derartige Aspekte wie Bewegung, Blicke, Stimmungen und Aufmerksamkeit werden im Folgenden analysiert. Eine Annahme von Raum als Bezugsverhältnis von Dingen und Menschen ist demnach nicht unrichtig, aber unzureichend und muss erweiterbar bleiben. Als hilfreich erweist sich diesbezüglich eine Ausdehnung der Analyse des *Raums* auf eine oder mehrere Analysen von *Räumen,* da die Relationen von Dingen und Menschen in ihrer räumlichen Anordnung und Vielfalt einer Pluralisierung der Räume als Forschungs-‚Gegenstände' bedarf.[362]

Hartmut Böhme wirft ebenfalls die Frage auf, ob es sinnvoll sei, von *einem* Raum zu sprechen, wenn es doch immer viele Räume sind, in denen Leben und Aktion stattfinden. In Abgrenzung zur Physik sollte es in den Kulturwissenschaften nicht um einen homogenen, unbegrenzten, alles um- und einfassenden Raum gehen:

> *Multidimensionalität des Raumes kann in den Kulturwissenschaften nicht dasselbe bedeuten wie die n-Dimensionalität in der Physik. [...] Für die Kulturwissenschaften ist hingegen wichtig: Raum und Räumlichkeit muss, um überhaupt gedacht werden zu können, erfahren werden. Dies bedeutet: Die Bewegungen, die wir mit unserem Körper und als Körper im Raum vollziehen – auch die technisch ermöglichten –, erschließen erst das, was wir historisch, kulturell, individuell als Raum verstehen.*[363]

Die sich daraus ergebende Notwendigkeit des eigenen und fremden Körpers, des menschlichen Leibes, über den Raum erfahren wird, erklärt Böhme zunächst über die Annahme des Raumes als Widerstand:

359 Löw 2007, 95.
360 Siehe Wagner, K. 2007, 18.
361 Siehe Kapitel 3.3.1 und 3.3.2.
362 Siehe Frank [u. a.] 2008, 13.
363 Böhme, H. 2007, 58.

> *Raum ist niemals einfach da, sondern er ist das, was mit Mühe und Arbeit überwunden werden muss. […] Denn Raum ist zuerst ein materieller, d.h. lastender und Anstrengung erfordernder Raum. Ruhe und Schlaf sind Grenzfälle der Raumlosigkeit, auch wenn der ruhende oder schlafende Körper eine Stelle, ein ‚Lager' einnimmt. Wer erwacht, ‚erhebt' sich in den Raum der Widerständigkeit. Diesen nennt man ebenso schlicht wie zutreffend: die Wirklichkeit.*[364]

Indem sich Raum für ihn als Widerstand äußert, welcher mühsam erschlossen werden muss, bestätigt Böhme oben genannten Aspekt der Prozesshaftigkeit im Gegensatz zur Gemacht-Heit des Raumes. Der Raum geht demnach vom Körper aus und markiert nicht vice versa ein Objekt, das Körper beinhaltet und ordnet.

> *Die Dinge lasten. Wir selbst, als homo erectus, erfahren in jedem Augenblick, dass wir unseren Leib ‚aufrecht' halten und uns noch mehr anstrengen müssen, wollen wir den Raum durchqueren. Dies eigentlich ist der ‚Grund' des Raumes. Raum ist dasjenige, das die Kompaktheit und Trägheit, die Widerständigkeit und Schwere der Dinge und unserer selbst erfahren lässt. […] Im Raume leben, heißt: Schwere erfahren.*[365]

Diese Beschreibung ist zu erweitern um den Aspekt des Gemacht-*Werdens*: bevor sich der Raum nach Böhme als widerständig und belastend darstellt, muss er – möglicherweise ebenso mühevoll – erschaffen werden, was durch Bewegung geschieht. Diese wiederum ist nicht zwangsläufig als körperliche Bewegung des Gehens oder Springens zu verstehen, sondern auch Blicke, Blickrichtungen, Blickbewegungen erschaffen Räume, ebenfalls ausgehend von der eigenen Anwesenheit des Seins und der fremden Anwesenheit der wahrgenommenen Dinge.

> *Bewegt sich nichts und bewege ich mich nicht, ist kein Raum. Raum wird also aufgespreitet und ausgerichtet primär durch Bewegung. Dieses Aufspreiten und Ausrichten des Raums geht vom eigenen Leibe aus. Er liefert die erste Raumgliederung – neben dem Kraftaufwand der Selbstbewegung und dem Gewahrwerden der den Raum ungleichmäßig füllenden Widerständigkeit und Schwere der Dinge.*[366]

Die oben genannte Multidimensionalität des Raumes, die nicht verglichen werden kann mit der physikalischen Dimensionalität, erstreckt

---

364 Böhme, H. 2007, 60f.
365 Böhme, H. 2007, 60.
366 Böhme, H. 2007, 60f.

sich also folgendermaßen: Als Kombination aus Ordnungsbehältnis, welches ein Da-Sein beinhaltet und voraussetzt, daraus resultierendem eigenem Anwesend-Sein, aus Wahrnehmung und damit einhergehenden (Blick-)Bewegungen erweist sich die Situation im Theater, in Theaterraum und Theaterräumen, in den Räumlichkeiten des Theaters, als geeignetes Beispiel für diese Multidimensionalität - und vice versa, insofern eine Analyse des Theaterraumes mit dem genannten Ansatz mehr als plausibel erscheint. Die Analyse von und die Beschäftigung mit Theaterräumen ab Kapitel 3.2 benötigt folglich diese Kombination und verändert damit den Ansatz einer geometrischen oder physikalischen Ebene. Der Fokus dieser Arbeit liegt auf Räumen, die durch Abwesendes, Wahrgenommenes sowie wechselseitige Beziehungen zwischen darin angeordneten Elementen erst einmal *entstehen* und erweitert damit derartige Raumuntersuchungen, die stark von lageabhängigen oder geometrischen Aspekten geprägt sind. *Raum* ist damit nicht mathematisch, architektonisch, geographisch, sozial, politisch, medial oder philosophisch aufzufassen, sondern vielmehr als wahrnehmungsabhängig, atmosphärisch, bewegungsorientiert und dynamisch.

3.2 „‚Theater' bedeutet Erscheinen im Raum, dreidimensionales Hervortreten."[367]

Die angesprochene Multi- bzw. Dreidimensionalität des Raumes lässt sich verlagern auf die Dreiteilung des Raumes hinsichtlich der Aufführungsanalyse:

> *Wenn vom Raum im Drama die Rede ist, kann sich dies auf mindestens drei Räume beziehen: auf (1) den dramatischen Raum als fiktiven oder imaginären Schauplatz der Handlung, (2) den im Text entworfenen szenischen Raum (den Bühnenraum bzw. das Bühnenbild) oder (3) den theatralen Raum, d. h. die einem Theatertext implizit eingeschriebene Bühnenform bzw. Architektur des Aufführungsortes.*[368]

Christopher Balme führt als vierte Dimension den „ortsspezifische[n] Raum (oder Aufführungsort)" an und verlagert damit die Betrachtung

367 Stricker 2007, 159.

368 Hauthal 2009, 371. Hauthal führt weiterhin aus: „Die Unterscheidung dreier Raumdimensionen orientiert sich an Mick Wallis und Simon Shepherd, die ‚the fictional space (the place of the action), the theatrical scene (what is put on stage to represent this, the set) and the stage itself' differenzieren." (siehe Hauthal 2009, 371f.)

über den Theaterraum in den „umgebenden kuturellen Lebensraum der Zuschauer“[369]. Diese Notwendigkeit des Zuschauers wurde bereits angesprochen und erweist sich hiernach erneut als wichtige Konstituente hinsichtlich der Raumanalyse.

Fischer-Lichte nennt vier für die theatrale Aufführungssituation maßgebende Aspekte, die im Zusammenspiel die Erscheinungsformen und Funktionen von Theatralität beschreiben, wobei aus Theatralität wiederum spezifische Räumlichkeit des Theaters abzuleiten ist: Mit *Inszenierung* bezeichnet sie die Gestaltung des Bühnenraums und die Organisation der Bühne/n, *Körperlichkeit* meint Körperbewegungen oder die Materialität der Stimme, *Wahrnehmung* bezieht sich auf die Relation von Bühne und Zuschauerraum sowie deren Grenzen, *Performanz* schließlich fasst als Oberbegriff die drei vorigen Phänomene zusammen: in ihrem Zusammenwirken ergibt sich theatrale Performanz.[370]

Diese Zusammenfassung der Aufführung lässt sich nun auch übertragen auf das Raumverständnis, dessen zugrunde liegende Kombination aus Ordnungsinstanz, ko-präsenter Anwesenheit von Zuschauern und Akteuren, Wahrnehmung und Bewegungen bereits angedeutet worden ist. Diese Mehrdimensionalität, welche das dreidimensional-voluminöse Denken noch übersteigt, entspricht Fischer-Lichtes Begriff der *Inszenierung* zufolge dem Ordnungscharakter des Raumes. *Wahrnehmung* vereint die Aspekte der Ko-Präsenz und des Sehens und Hörens, die räumliche Bewegung ist der *Körperlichkeit* zuordenbar und theatrale *Performanz* wäre demnach mit dem Raum als solchem, der Raumkonstruktion und dem Raumerleben vergleichbar. Dies spräche dafür, dass Räume nicht als objektive Zustände oder Bedingungen für Handlungen angesehen werden, sondern aus Konstitutionsprozessen hervorgehen. Diese Ansicht vertritt auch Martina Löw hinsichtlich sozialer Räume[371], worin Roselt einen Vergleich sieht mit einer Konstitutionsleistung der „Ko-Produktion von Zuschauern und Schauspielern im Theater“[372]. Eine absolutistische Raumauffassung wird daher als Norm infrage gestellt: Raum ist nicht als Voraussetzung, sondern als Ergebnis von Handlungen einzuordnen und kann daher in eine Analogie zu Fischer-Lichte gesetzt werden zu – zumal im Folgenden Räume des Theaters beschrieben und untersucht werden sollen, die demnach auch Teil der genannten theatralen Performanz sein müssen.

---

369 Balme zitiert nach Hauthal 2009, 372 (Fußnote).
370 Siehe Kramer/Dünne 2009, 15f.
371 Siehe Roselt 2008, 71.
372 Roselt 2008, 71.

In Bezug auf Theater und die damit einhergehend notwendige Verschränkung mit Wahrnehmung sei nun im Folgenden der Begriff des Raumes ausdifferenziert, indem vom Behälter-Gedanken Abstand genommen und dafür wahrnehmungstheoretisch, zuschauerabhängig und -orientiert argumentiert wird, um das Raumverständnis zu erweitern. Das Theater erscheint hierbei als geeignete Fläche, um Vorgänge des Sehens und Hörens, der Anordnung, Bewegung sowie Präsenz überein zu bringen und zu einem - theaterspezifischen - Raumbegriff zu vereinen, der darüber hinaus vom Abwesenden her gedacht ist. Indem Sehen und Hören als grundlegende Aspekte des Theaters aufgefasst werden, an den Zuschauer und die Ko-Präsenz von Zuschauer und Akteur gebunden sind und darüber hinaus - unter Einbeziehung von Perspektive und Zuschauererwartung - Abwesenheiten immer schon mit einschließen, wird im zusätzlichen Zusammenspiel mit (Blick)Bewegungen der Theaterraum neu benannt.

Wie bereits angedeutet bedarf es neben der ‚gängigen' Definition von Raum Ergänzungen, Erweiterungen oder gar Erneuerungen, um den Raum des Theaters greifbar zu machen und insbesondere im Hinblick auf den Aspekt des Abwesenden in Zusammenhang zu bringen. Zur Einführung sei an dieser Stelle die Unterscheidung innerhalb der Wortbedeutung genannt: Im Deutschen umfasst *Raum* zwei Bedeutungen, die im Englischen ausdifferenzierter sind und als *room* und *space* eindeutigere Benennung der Objekte ermöglichen. Im Deutschen ist die Bezeichnung von Raum damit in erster Linie unklar: „So vermischt sich im Deutschen, scheinbar paradoxerweise, die Idee räumlicher Um- und Eingrenzung mit derjenigen potentiell grenzenloser Ausdehnung."[373] Nahegelegt wird dadurch eine uneindeutige Abstraktion der Kategorie Raum, die allerdings, wie in Kapitel 3.1 genannt, zugunsten der Analyse konkreter Räume und Raumerfahrungen in den Hintergrund treten soll.

3.2.1 Vom Ort zum Raum - Multidimensionalität und raumschaffende Handlungen

Ein Ort ist die Ordnung (egal, welcher Art), nach der Elemente in Koexistenzbeziehungen aufgeteilt werden. [...] Hier gilt das Gesetz des ‚Eigenen': die einen Elemente werden neben den anderen gesehen, jedes befindet sich in einem ‚eigenen' und abgetrennten Bereich, den es definiert. Ein Ort ist also eine momentane Konstellation von festen Punkten. Er enthält einen Hinweis auf eine mögliche Stabilität. Ein Raum entsteht, wenn man Richtungsvektoren, Geschwindigkeits-

373 Frank [u. a.] 2008, 12.

größen und die Variabilität der Zeit in Verbindung bringt. Der Raum ist ein Geflecht von beweglichen Elementen. Er ist gewissermaßen von der Gesamtheit der Bewegungen erfüllt, die sich in ihm entfalten.[374]

Dea Lohers Figuren bewegen sich unermüdlich in dem Raum ihres Lebens, der ihnen in Kriegenburgs Inszenierung von *Das letzte Feuer* zunächst in Form von *Orten* zur Verfügung steht, die sich in der Anordnung auf einer Drehbühne ihrerseits unermüdlich bewegen. Innerhalb dieser Drehbewegung, die auch ‚einfach immer weitergeht', werden dem Zuschauer diese verschiedenen Orte in kontinuierlicher Abfolge präsentiert – und daraufhin ihr Lebens*raum* konfiguriert. Diese Orte sind Zimmer einer oder auch mehrerer Wohnungen; Zimmer sind gemeinhin Räume: Räume in einer Wohnung. Der Raum, um den es hier geht, ist demnach kein einzelner Raum und ist auch keine Menge mehrerer kleiner Zimmer-Räume, sondern die hier besprochenen Räume bestehen und entstehen auf dem Theater in vielfältiger Weise aus einem Zusammenspiel sowie wechselseitiger Verknüpfungen mehrerer Faktoren. Die von De Certeau genannte *Bewegung* ist einer davon.

Diese Bewegung, diese Be-arbeitung von Wegen, bezeichnet eine Umgangsweise mit Orten, durch welche diese in ein räumliches Verständnis überführt werden: „Insgesamt *ist der Raum ein Ort, mit dem man etwas macht.*"[375] De Certeau nennt diesbezüglich raumschaffende Handlungen, die durch beispielsweise „Wegstrecken" als Raumbeschreibung die Orte der „Karten" übernehmen und erzeugen und so eine Gestaltung des Raumes bedingen.[376] So besteht beispielsweise ein raumschaffender Unterschied zwischen den Aussagen ‚da ist eine Tür' und ‚wende dich nach rechts und gehe durch die dortige Tür'.[377] Ähnlich funktioniert De Certeau zufolge das Erleben und die Beschreibung von Orten und Räumen: „[E]ntweder *sehen* (das Erkennen einer Ordnung der Orte) oder *gehen* (raumbildende Handlungen). Entweder bietet sie[378] ein *Bild* an (‚es gibt'…) oder sie schreibt *Bewegungen* vor (‚du trittst ein, du durchquerst, du wendest dich'…)."[379] De Certeau nennt zwar inso-

374 De Certeau zitiert nach Lazardzig/Wagner 2007, 135.

375 De Certeau 1980, 345.

376 Siehe de Certeau 1980, 346.

377 Siehe de Certeau 1980, 347.

378 De Certeau bezieht sich auf Beschreibungen von New Yorker Appartments durch deren Bewohner, welche in einer Studie von C. Linde und W. Labov untersucht wurden (de Certeau 1980, 347f.). Diese Studie ermöglichte u.a. eine Einteilung dieser Beschreibungen in (dynamische) *tours* und (statische) *maps*.

379 De Certeau 1980, 348.

fern Zusammenhänge zwischen Tun und Sehen, als ein Tun ein Sehen in Form von ‚Wenn du geradeaus gehst, siehst du…'[380] erlaubt, hält aber dennoch eine Trennung beider vor, die nun an dieser Stelle hinsichtlich Theater und der in Kapitel 2.3.5 getroffenen Definition von Sehen als Praxis aufgehoben werden muss. Bewegung im Raum, die den Raum erst erschafft und ihn maßgeblich mitbestimmt, kann auch Bewegung von Blicken sein: das Sehen von etwas, das sich mit dem Sehenden am selben Ort befindet, mit ihm ko-präsent anwesend ist, eröffnet einen Raum qua Handlung des Sehens.

De Certeaus Aussage über den Raum, „mit dem man etwas macht" und die damit verbundene Berücksichtigung von Richtungsvektoren für seine Entstehung beschreibt einen Raum, der nicht einfach existiert, sondern *entsteht*: „Der Raum ist ein Geflecht von beweglichen Elementen."[381] Diese Annahme erweist sich schon in Bezug auf die Raumvorstellungen Adolphe Appias als produktiv, der die Bedeutung von Bewegungen, Gesten und Gängen der Akteure betont und den Raum *rhythmisch* nennt:

> *Der Bühnenraum erweist sich damit als offener, unbegrenzter Raum. Indem Appia den Terminus ‚Rhythmus', der ursprünglich aus der Musik kommt, mit dem architektonischen Raumbegriff verband, ordnete er ihm eine neue Qualität zu. […] Mit der Formulierung „Rhythmische Räume" teilte Appia dem Raum selbst eine Gesetzmäßigkeit von Bewegung zu, eines Prozesses auf ein bestimmtes Ende hin – der Raum wird damit verzeitlicht. Er wird zum ‚Bewegungsraum' mit einer ‚Raumzeit'.*[382]

Indem also Appia den Raum dahingehend dynamisiert, dass er ihm den Charakter eines Bewegungs- und Handlungsraumes verleiht, verändert sich auch die Wahrnehmung. „[E]rst die Bewegungsmuster der in ihm Agierenden produzieren ihren eigenen, jeweils anderen, also subjektiv erzeugten Kunstraum. […] ‚Unsere Füße könnten wohl den Boden der Bühne, wir könnten nicht den Raum der Bühne betreten.'"[383]

Auch Fischer-Lichte geht von einer Dynamik des Raumes aus, die sich insbesondere aus Bewegungen generiert und damit als wichtige Konstituente hinsichtlich der Raumkonstruktion und -analyse auf dem Theater festgehalten werden soll:

---

380 Siehe de Certeau 1980, 349.

381 De Certeau zitiert nach Streisand 2005, 233.

382 Streisand 2005, 230ff.

383 Martin Buber bei einem Besuch in Hellerau, zitiert nach Streisand 2005, 233.

Der performative Raum ist entsprechend dynamisch und instabil. Im Laufe einer Aufführung ändert er sich unablässig bzw. werden immer wieder andere performative Räume hervorgebracht. […] Vor allem sind es die Bewegungen der Akteure/Schauspieler/Performer, welche den performativen Raum verwandeln und als einen immer anderen neu hervorbringen.[384]

Zunächst seien also diese Bewegungen im Raum näher betrachtet. Max Herrmann beschreibt ebenfalls die Theaterkunst nicht als „Darstellung des Raumes, sondern [als] die Vorführung menschlicher Bewegung ‚im' theatralischen Raum."[385] Indem er diesen Raum als Kunstraum auffasst, enthebt er ihn jeder Übereinstimmung mit dem realen Raum der Bühne und spricht ihm die Fähigkeit zu, den realen Bühnenraum transformieren zu können.[386]

So konstituiert sich der theatrale Praxisraum insbesondere im Rahmen der räumlichen Bewegungen der Körper der Akteure, die im Zuge des fiktiven Spiels spezifische Handlungsräume aktualisieren und semantisieren. Dabei ist aus systematischer und historischer Perspektive zu unterscheiden, ob die Körper der Schauspieler aufgrund ihrer phänomenalen Materialität und Leiblichkeit, also gleichsam sui generis, die semantischen bzw. fiktiven Raume erzeugen oder ob diese erst aus der bewussten ‚Verkörperung' einer zeichenhaften Rolle hervorgehen, welche die parallele Semiotisierung des Körpers bzw. dessen Funktionalisierung im Hinblick auf die Umsetzung eines geschriebenen Textes voraussetzt. Die an den Kategorien der Performanz bzw. Performativität orientierte kulturwissenschaftliche Theatertheorie hebt insbesondere die Bedeutung der physischen Körperpräsenz für die theatrale Raumkonstitution im Rahmen der Aufführungssituation hervor.[387]

Diese treffende Zusammenfassung läutet bereits unterschiedliche Aspekte ein, die für diese Arbeit selbst wie für ihren Fortgang von entscheidender Bedeutung sind: die Theatersituation ist an die Präsenz der Körper gebunden, sowohl in phänomenaler Materialität ihres eigenen Körpers als auch hinsichtlich der Fiktionsebene bzw. der Verkörperung einer Rolle. Von dieser Präsenz des Körpers gehen nun Bewegungen aus, die Handlungsräume hervorbringen und demnach die theatrale Raumkonstitution mitbestimmen. Außer Acht gelassen wird hierbei allerdings die gleichzeitige Präsenz des Zuschauers – ebenfalls

384 Fischer-Lichte 2006, 218f.
385 Herrmann 2006, 502.
386 Siehe Herrmann 2006, 502.
387 Kramer/Dünne 2009, 21.

unterscheidbar als körperliche Anwesenheit im Theatersessel als auch die ‚Rolle' des Zuschauers innehabend - und deren raumkonstituierende Kompetenz: Indem der Zuschauer die Schauspielerkörper wahrnimmt und ihre Bewegung in verschiedenen möglichen fiktionalen oder realen Ebenen verortet, soll nun diesbezüglich ebenfalls von Bewegung die Rede sein.

In Anlehnung an die Termini des Sehens als Praxis und des performativen Blicks[388] seien an dieser Stelle auch das Sehen und der damit einhergehende Blickaustausch festgehalten, demzufolge die Dinge zurückblicken und ihrerseits eine Dynamik des Raumes entfalten. Bezüglich dieser „[...] phänomenologischen Sichtweise erscheint der Raum wie ein Amalgam aus dem, was gesehen oder gehört wird und der Art und Weise, wie es gesehen und gehört wird. Diese Bestimmungen sind nicht objektiv messbar, sondern relativ bezogen auf das wahrnehmende und vorstellende Subjekt."[389]

Die Betonung der Wahrnehmung erwies sich bereits als signifikant in Bezug auf die Analyse oder die reine Feststellung von An- und Abwesenheiten und wird in Bezug auf beispielsweise die von Siegmund angeführte Analyse des Abwesenden in der Bewegung des Tanzes folgendermaßen verknüpft: Siegmund betont die dem Tanz inhärente Abwesenheit und stellt damit eine direkte Verbindung her zwischen *Bewegung* und Abwesendem: „Eine analytische Herangehensweise an den Tanz analysiert immer auch zugleich dessen Möglichkeitsbedingungen. Es fördert die Spezifik seiner Theatralität zutage, die in seiner ontologischen Abwesenheit und nicht in seiner Präsenz gründet. Die Präsenz des Tanzes muss [...] den Umweg über die Abwesenheit gehen [...]."[390]

Siegmund beschreibt den Tanz nicht als Repräsentationseinheit, sondern als Präsentation von Unzulänglichem, wobei sich die Bewegung um die Abwesenheit dreht,

> *[...] die im Spalt zwischen der subjektiven Erfahrung der Tänzerin und der theatral vermittelten Erfahrung entsteht. Abwesenheit ist der Motor des Tanzes, der hervorbringt, artikuliert. Abwesenheit darf also nicht als Oppositionsbegriff zur Präsenz verstanden werden. Sie produziert Körper imaginärer und symbolischer Art, die zwischen Präsenz und Absenz oszillieren.*[391]

388 Siehe Kapitel 2.3.5.
389 Roselt 2008, 69.
390 Siegmund 2006, 33f.
391 Siegmund 2006, 146. Siehe auch Kapitel 2.2.

Indem der Tanz also als spezifische Bewegungsform angesehen werden kann, beinhaltet er immer schon eine Abwesenheit aufgrund der Flüchtigkeit der einzelnen ihn konstituierenden Bewegungen und konterkariert damit den Präsenzbegriff: „Tanz ist Abwesenheit, die mit jeder Bewegung wiederholt und wiedergeholt wird. Aufgrund der radikalen Flüchtigkeit des Tanzes kann man anstatt von einer ‚Produktion von Präsenz', wie es Gumbrecht tut, von einer Produktion von Absenz sprechen."[392] In Bezug auf Peggy Phelans Ästhetik des Verschwindens der Performance[393] sei nun an dieser Stelle in Kombination mit dem Tanz festgehalten, dass der performativen Kunst mittels ihrer Transitorik per se eine grundlegende Abwesenheit innewohnt: die Performance muss verschwinden, da sie andernfalls nicht als solche identifizierbar ist. Indem also der Tanz oder die Performance über Bewegung einen Raum aufspannen, lassen sie diesen bereits selbst wieder ins Abwesende übergehen. Dieses zentrale Charakteristikum benennt demnach einerseits die Darbietung in ihrer Präsenz und Ko-Präsenz, zugleich jedoch deren intrinsische und notwendige Abwesenheit. Indem der Zuschauer sieht und zusieht, indem Bewegungen im Raum vollzogen werden und diesen konstituieren, sieht er zugleich die Bewegungen, den Raum und die Performance als solche vergehen – und die Performance somit selbst produktiv werden angesichts ihrer eigenen Abwesenheit.

Die Produktion und Produktivität von Abwesendem wird im Hinblick auf die Inszenierung von *Das letzte Feuer* in Kapitel 4 näher betrachtet und ins Verhältnis zum Raum gesetzt, der einerseits durch technische Bewegungen erschaffen wird, welche wiederum andererseits auch die Bewegungen der Blicke mit einschließen. Merleau-Ponty führt dies auf den Körper zurück:

> *Mein beweglicher Körper hat seine Stelle in der sichtbaren Welt, ist ein Teil von ihr, und deshalb kann ich ihn auf das Sichtbare hin richten. Umgekehrt jedoch hängt auch das Sehen von der Bewegung ab. Man sieht nur, was man betrachtet. Was wäre das Sehen ohne jede Bewegung der Augen? […] Alles, was ich sehe, ist prinzipiell in meiner Reichweite, zumindest in Reichweite meines Blickes, vermerkt auf der Karte des „ich kann". […] Dieses erstaunliche Ineinandergreifen von Sehen und Bewegung, an das man nicht genug denkt, verbietet es, das Sehen als Denkoperation aufzufassen […]. Meine Bewegung ist […] das Zur-Reife-gelangen eines Sehens. Von einem Ding sage ich, dass es bewegt wird, aber mein Körper bewegt sich, meine Bewegung entfaltet sich.*[394]

---

392 Siegmund 2006, 45.
393 Siehe Kapitel 2.8.
394 Merleau-Ponty 1984, 15f.

Indem also durch das Sehen die Welt konstituiert wird[395] erweist sich der Aspekt des Zuschauens diesbezüglich erneut als wichtig, da die Zuschauer durch Blickbewegungen den Raum erschaffen. Der Annahme der Bewegung des Zuschauers im passiven Sinne wird somit eine neue Sicht hinzugefügt:

> *Es ist ein alter Topos, dass der Zuschauer im Theater ‚bewegt' werden sollte. Um die Mitte des 18. Jahrhunderts rückte ‚Bewegung' geradezu ins Zentrum der Diskussion um das neue Drama und die neue Schauspielkunst. Die Wirkung einer Aufführung sollte in der Bewegung ihrer Zuschauer bestehen. Damit war zu dieser Zeit ganz selbstverständlich ein innerer, ein seelischer Zustand gemeint, in den der Zuschauer versetzt werden sollte, wenn in ihm Gemüts- und Seelenbewegungen ausgelöst wurden.*[396]

Bewegung vollzieht sich hingegen bereits bei reiner Anwesenheit des Zuschauers und vielmehr in dessen aktiver Wahrnehmung und gleichzeitigem passivem Wahrgenommen-Werden. Raum durch Bewegung ist daher bereits durch das Postulat der Ko-Präsenz gegeben und ermöglicht so erneut einen direkten Bezug auf die Theater- bzw. Aufführungssituation. Es stellt sich aufgrund der inhärenten und notwendigen Transitorik der Bewegung die Frage,

> *[...] ob die Bewegung nicht generell das Bewegende an Kunstwerken ist? Weil sie verschwindet, um dadurch hervorzubringen, zeugen ihre körperlichen Spuren, ihre Gesten, von ihrer eigenen Abwesenheit. Was an der Bewegung bewegt oder wirkt, ist gerade diese Abwesenheit, weil diese dazu in der Lage ist, den Zuschauer zu implizieren. Die Abwesenheit impliziert ihn, weil sie, wie Freud, Huberman und Phelan einträchtig bemerken, das Subjekt aufs Spiel setzt. Sie ist das, was an der Bewegung bewegend ist – bewegend im doppelten Sinn als motivierend und hervorbringend sowie emotional und affektiv.*[397]

3.2.2 Max Herrmann: *Das theatralische Raumerlebnis*

Die pluralistische Feststellung, dass es nicht um einen Raum, sondern um mehrere Räume geht, lässt sich nach Kapitel 3.1 erweitern um die Wichtigkeit der Beachtung des Gemacht-Werdens des Raumes im Gegensatz zum Gegeben-Sein und wird an dieser Stelle ergänzt um den

395 Siehe Wiesing 2003, 117.
396 Fischer-Lichte 2006, 31.
397 Siegmund 2006, 103f.

Gebrauch des Theaterraums, den Max Herrmann im Gegensatz zur Repräsentation von Räumen formuliert:

> *Im Ganzen gilt freilich die Erkenntnis: es gibt kein ‚theatralisches Raumerlebnis', sondern es gibt nur ‚theatralische Raumerlebnisse' – das hängt eben mit der Vielspältigkeit der ganzen Theaterkunst zusammen. Nur das Genie weiß das Vielspältige in ganz seltenen Meisterleistungen mit geheimnisvoller Kraft zu einer Art von Einheit zusammenzufügen.*[398]

Mit Herrmanns Dokument, das er in Distanz zu der Vorstellung setzte, die Aufführung sei konstituiert durch eine Identität aus theatralischem Raum, Bühnenraum und dem dramatischen Raum des theatralischen Textes, erfolgt eine Abgrenzung gegenüber der bis zum Anfang des 20. Jahrhunderts geschichtlich geprägten Theaterforschung und eine Abkopplung von der Literaturwissenschaft. Bis dahin beschäftigte sich die Theaterforschung mit beispielsweise geschichtlich differenten Ausformungen des Bühnen- und Zuschauerraumes[399] – jedoch nicht mit deren Dynamiken untereinander, auf die im Folgenden noch einzugehen sein wird.

Es geht Herrmann nicht um Räume in ihrer Repräsentation, sondern um den Gebrauch des Theaterraums selbst: „In der Theaterkunst handelt es sich also nicht um die Darstellung des Raumes, sondern um die Vorführung menschlicher Bewegung ‚im' theatralischen Raum."[400] Herrmann verknüpft daher das theatralische Raumerlebnis direkt mit der Figur des Schauspielers, deren Raumerlebnis er als das „‚wichtigste' theatralische Raumerlebnis" ansieht: „[I]n der Schauspielkunst liegt ja [...] das Entscheidende der theatralischen Leistung, die Schauspielkunst erzeugt das eigentliche, das reinste Kunstwerk, das Theater hervorzubringen imstande ist: [...] Und diese schöpferische Leistung des Schauspielers bezieht sich nun auch auf den Raum."[401] Herrmann erwähnt „[...] Faktoren, die die ‚allgemeine' schauspielerische Transformation besonders stark herbeiführen helfen [...]"[402], wie beispielsweise die Künstlichkeit des Bühnenraumes, die der Realität eben nicht entspricht – und setzt auch diese in den Zusammenhang mit dem Spiel des Darstellers, für dessen Spiel beispielsweise besondere räumliche Gegebenheiten noch förderlich sind, um eine transzendentale Erfahrung herbeizuführen.[403]

398 Herrmann 2006, 513.
399 Siehe Neugebauer 2007.
400 Herrmann 2006, 502.
401 Herrmann 2006, 504.
402 Herrmann 2006, 507.
403 Siehe Neugebauer 2007.

Demnach ist für Herrmann der Schauspieler als wesentlicher Teil maßgeblich an der Entstehung eines theatralischen Raumerlebnisses beteiligt und mögliche andere Faktoren werden weniger als mitkonstituierend denn als „[f]örderlich für das Raumerlebnis des Darstellers wie für all sein Schaffen"[404] begriffen. Herrmann erkennt zwar eine „schöpferische, mitschöpferische Tätigkeit des Publikums an ‚allem' schauspielerischen Spiel"[405], die jedoch eher im Nacherleben oder heimlichem Wunsch nach Nachahmung des Schauspielers besteht und sich nicht als aktive Partizipation des Zuschauers oder seiner Wahrnehmung äußert. Ungeachtet dessen betont Herrmann allerdings die räumliche Anwesenheit, „als dieses Publikum sich im gleichen realen, nur umzudeutenden Raum [...] befindet, wenn auch eine starke Trennung, eine besondere Differenzierung des Bühnenraums vom Zuschauerraum vorliegt."[406]

Herrmann trifft eine Unterscheidung zwischen realem bzw. tatsächlichem und erlebtem Raum. Der reale Raum bezeichnet hierbei die statische Disposition, wie z. B. das Theatergebäude oder die Konstellation von Bühne und Publikum, wohingegen der erlebte Raum in jeder Aufführung aufs Neue dynamisch geschaffen wird.[407] Realer und erlebter Raum greifen in ihrer Unterscheidung bereits einer Doppeldeutigkeit vor: einerseits gilt Raum als Voraussetzung für das Theater, und wird als statisches Gebilde aufgefasst; andererseits erscheint Raum als Produkt theatraler Vorgänge, das performativ hervorgebracht wird.[408] Auch hier ergibt sich eine Hinführung zur notwendigen Erweiterung der Vorstellung eines Raumes als statischem Behälter oder fixierter Hülle, innerhalb derer sich etwas ereignen kann.

3.2.3 Erika Fischer-Lichte: *Performative Räume*

Fischer-Lichte beschreibt Räumlichkeit als transitorisch: sie entsteht in der Aufführung und ist demnach nicht gleichzusetzen mit dem Raum, in dem die Aufführung stattfindet und für den eine geometrische Betrachtung nötig wäre. Diese vergleicht ihn aufgrund seiner beständigen und auch länger andauernden Eigenschaften mit einem containerartigen Behälter, der nicht beeinflusst wird von dem, was in ihm passiert. Demgegenüber beschreibt Fischer-Lichte einen performativen Raum, der das Verhältnis von Zuschauern und Akteuren, Bewegung

404 Herrmann 2006, 508.
405 Herrmann 2006, 508.
406 Herrmann 2006, 508.
407 Siehe Roselt 2008, 67.
408 Siehe Roselt 2008, 68.

und Wahrnehmung auf spezifische Weise ermöglicht sowie diese organisiert und ihnen Struktur gibt. Somit kann der performative Raum beeinflusst werden von Bewegungen, Lichteinflüssen, Geräuschen und jeder Art von Realisation oder Verhinderung von Möglichkeiten des Verhältnisses zwischen Zuschauer und Akteur.[409] „Er ist instabil, ständig in Fluktuation begriffen. Räumlichkeit einer Aufführung entsteht im und durch den performativen Raum, sie wird unter den von ihm gesetzten Bedingungen wahrgenommen."[410]

Die Geschichtsschreibung des Theaterbaus, die sich in erster Linie auf geometrische Räume bezieht, beschreibt jedoch gleichermaßen performative Räume, da z. B. Zuschauer und Akteure in unterschiedlichen geometrischen Räumen auf immer andere Art und Weise angeordnet sind und daher auch ein Verhältnis zwischen ihnen verändert und beeinflusst wird, wie beispielsweise durch Lichtverhältnisse, offene Theater- oder Innenräume. Fischer-Lichte betont, dass der performative Raum Möglichkeiten für die Verhältnisse zwischen Akteuren und Zuschauern, für Bewegung und Wahrnehmung eröffne, organisiere und strukturiere, jedoch diese nicht festlegt und darüber hinaus in nicht vorhergesehener Weise nutzbar ist.[411]

> *Die Theaterreformer der Jahrhundertwende und die Vertreter der historischen Avantgarde-Bewegungen waren sich der Performativität des Raumes bewusst […] und suchten diese [Möglichkeiten] durch eine spezifische (Um-)Gestaltung im Sinne ihrer jeweiligen Vorstellungen und Zielsetzungen zu verstärken, so dass im Zuschauer möglichst ganz bestimmte Wahrnehmungs- und Verhaltensweisen hervorgerufen wurden. Die Regisseure der Avantgarde trachteten […] danach, die Kontrolle über die autopoietische feedback-Schleife zu behalten.*[412]

Die in den 1960er Jahren neu angeeigneten Spiel-Räume in beispielsweise Fabriken, Markthallen, öffentlichen Straßen und Plätzen erlauben nach Fischer-Lichte eine Neubetrachtung des Raumbegriffs:

> *Überwiegend wurden Räume gewählt, die nicht als Aufführungsräume konzipiert, gebaut und gestaltet waren, die völlig anderen Nutzungszwecken dienten oder gedient hatten und kaum klare Vorgaben für das Verhältnis von Akteuren und Zuschauern implizierten. In der Mehrzahl handelte es sich um Räume, die eine ständige Redefinition dieses Verhältnisses zulassen […]. Mit der Wahl der-*

409 Siehe Fischer-Lichte 2004a, 187.
410 Fischer-Lichte 2004a, 187.
411 Siehe Fischer-Lichte 2004a, 187f.
412 Fischer-Lichte 2004a, 191.

artiger Räume wurde in den Blick gebracht, dass es die Aufführung ist, welche das Verhältnis von Akteuren und Zuschauern regelt und Möglichkeiten für Bewegung und Wahrnehmung schafft, dass sie es ist, welche Räumlichkeit hervorbringt.[413]

Ein zentraler Aspekt auch in Fischer-Lichtes Ausführungen ist, dass Räumlichkeit kein gegebenes Phänomen ist, sondern immer neu hervorgebracht wird. Roselt zitiert Fischer-Lichte:

> *Aufführungsräume sind daher nicht als statische Hüllen für Ereignisse aufzufassen, sondern gehen selbst aus diesen hervor: „Der performative Raum ist nicht – wie der geometrische – als ein Artefakt gegeben, für das ein oder mehrere Urheber verantwortlich zeichnen. Ihm eignet entsprechend kein Werk-, sondern Ereignischarakter."*[414]

Roselt benutzt zur Beschreibung weiterer performativer Räume die „Raumarten" (wie er es nennt) Guckkastenbühne und Raumbühne: sie sind einerseits geometrische Formationen, andererseits in ihrem Charakter als performative Räume dadurch gekennzeichnet, dass sie laut Fischer-Lichte auch anders verwendet werden können als vorgesehen.[415] Roselt fasst Fischer-Lichtes These, jeder Aufführungsraum könne als performativer Raum gelten, folgendermaßen zusammen: „Von Performativität kann insofern die Rede sein, als so durch die Syntheseleistung der Zuschauer ein dynamischer, bewegter Raum entsteht, der, was sein Spacing angeht, vollkommen statisch ist."[416]

3.2.4 Die (Zwei)Teilung des Theaterraums? Bühnenraum und Zuschauerraum

Um bei Roselts Ausführungen zu bleiben, sei betont, dass der Raum nicht auf Kulissen oder die Bühne beschränkt ist, sondern Publikum und Akteure beinhaltet, und sie

> *[...] gar erst zu solchen [macht], indem er ihnen einen Ort zuweist und die Beteiligten einer Aufführung zueinander ins Verhältnis setzt. Der Raum organisiert die Blicke, er macht sichtbar oder verstellt die Perspektive. Mit der Anwesenheit im Raum kann das Theater beginnen, noch bevor ein Scheinwerfer die*

413 Fischer-Lichte 2004a, 191f.
414 Fischer-Lichte zitiert nach Roselt 2008, 73.
415 Siehe Roselt 2008, 73.
416 Roselt 2008, 79.

Bühne erhellt oder ein Schauspieler den ersten Satz gesprochen hat. In diesem Sinne soll Raum nicht nur als äußere Hülle aufgefasst werden, in der Schauspieler agieren und Zuschauer sitzen, sondern durch den spezifischen Umgang mit dem Raum werden Aufführungen mitkonstituiert.[417]

Roselt fasst hiermit treffend den Ansatz dieser Arbeit zusammen, die den Weg vom Raumverständnis als ordnendes, rahmendes Element (des Ortes) zu einem dynamischen, durch Ko-Präsenz von Akteuren und Zuschauern konstituierten Raum geht. Dieser schließt außerdem Bewegungen, auch im Sinne von Sehen, Blicken oder Zurückblicken, ein, wodurch anhand von Inszenierungen eine Verbindung geschaffen wird mit dem Aspekt dessen, was fehlt, unsichtbar, unhörbar, abwesend ist, wird oder bleibt.

Indem sich Roselt auch in aller Deutlichkeit auf den Zuschauer bezieht, schafft er eine Überwindung der Ausführungen Herrmanns, der den Schauspieler klar über den Zuschauer stellt. Gerade der *Raum*, der Herrmanns Bezugsobjekt und aufführungskonstituierendes Element doch zu allererst war, bringt Zuschauer und Akteure zusammen:

Theater heißt: eine von Akteuren und Zuschauern gemeinsam verbrachte und gemeinsam verbrauchte Lebenszeit in der gemeinsam geatmeten Luft jenes Raums, in dem das Theaterspielen und das Zuschauern vor sich gehen. Emission und Rezeption der Zeichen und Signale finden zugleich statt. Die Theateraufführung lässt aus dem Verhalten auf der Bühne und im Zuschauerraum einen gemeinsamen Text entstehen, selbst wenn gesprochene Rede gar nicht vorkommt.[418]

Indem die Zuschauer nicht dem Raum gegenübersitzen, sondern „Teil des räumlichen Arrangements"[419] sind, konstituieren sie den Raum maßgeblich mit – und ermöglichen auf diese Weise, durch ihre zunächst bloße Anwesenheit, ebenso Anwesenheit einer Wahrnehmung von ebenfalls anwesenden Elementen im Raum, was hinsichtlich der Visualität und Akustik in Kapitel 2.3 bzw. 2.5 ausgeführt worden ist.

Raum dient auf diese Weise sowohl als Voraussetzung von Aufführungen, als er auch Produkt theatraler Vorgänge wird, entstanden durch raumschaffende Handlungen[420] der Teilnehmer. Roselt charakterisiert außerdem den Raum als akustisches, nicht nur visuelles Phä-

417 Roselt 2008, 65.
418 Lehmann 2001, 12f.
419 Roselt 2008, 65.
420 Siehe Herrmann 2006.

nomen: „Das Sprechen eines Satzes oder das Singen einer Melodie sind Handlungen, die im Verlauf einer Aufführung spezifische Räume kreieren, die mit ihrem Vollzug vergehen [...]."[421] Aktionen wie Singen, Sprechen, Bewegen, Tanzen etc. tragen zur Raumbildung bei, gleichermaßen wird jedoch auch die Rezeption zur raumschaffenden Handlung: demnach sind das Hören und Sehen dieser Prozesse als akustische und visuelle Wahrnehmung raumbildende Handlungen, welche die Zuschauer benötigen und durch diese und ihre bloße körperliche Anwesenheit gewährleistet sind[422]: Die Zuschauer

> *[...] nehmen (sich) Platz, sie besetzen die Stühle im 1. Rang, [...] oder verharren in einer Ecke. Sie stehen im Weg oder verstellen anderen die Sicht. Auch dabei hat der Raum eine akustische Dimension: Applaus, Buh- und Bravorufe, das Stöhnen, Lachen oder Schnarchen – all dies kann zur Konstitution eines Raumes beitragen.*[423]

Die akustische wird also ebenso wie die visuelle Dimension zu einer den Theaterraum, von dem hier die Rede sein soll, determinierenden Einheit:

> *Die Blicke der Zuschauer zappen gewissermaßen hin und her, und diese Bewegungen, die tatsächlich von der Pupille gemacht werden, tragen zur Konstitution des Raums bei. Die unterschiedlichen Syntheseleistungen konstituieren unterschiedliche Räume, die ihrerseits die Syntheseleistung von Zuschauern normieren können. Insofern sind Theater, mit Löw zu sprechen, „[i]nstitutionalisierte Räume [...], bei denen die (An)Ordnung über das eigene Handeln hinaus wirksam bleibt".*[424]

Das Aufeinandertreffen von Bühnen- und Zuschauerraum also ist es, das einerseits die Theatersituation markiert, andererseits aber zugleich den Raum und die Dynamiken einläutet, der erst entsteht, weil durch das Treffen etwas ‚dazwischen' stattfinden kann. Dieses Dazwischen nun sind die Räume, die sich aus der Theaterrahmung heraus ergeben, zugleich aber auch zur Entstehung eben dieser notwendig sind:

> *Machen wir uns also auf den Weg ins Theater, genauer gesagt in den Raum des Theaters, jenem Ort, in dem Theater stattfindet. Es ist der Raum, in dem Bühne*

---

421 Roselt 2008, 65.
422 Siehe Roselt 2008, 65f.
423 Roselt 2008, 66.
424 Roselt 2008, 94.

und Zuschauersaal aufeinandertreffen, es ist der Raum, in dem Akteure Zuschauern etwas darbieten, es ist aber auch der Raum, in dem Zuschauer eine Wirklichkeit erfahren, die von der Realität isoliert wird. Ferner ist es ein Raum, der einen Zuschauer von seinem Da-Sein in der Alltagswelt ablöst.[425]

Rodatz nähert sich der Trennung bzw. dem Zusammenhang von Zuschauer- und Bühnenraum durch ein Vorgehen an, das er *Schnitt* nennt und mithilfe eines Beispiels erläutert: Anhand des Modells einer geschlossenen Holzkiste, durch die ein mechanischer Schnitt erfolgt, entstehen zwei autonome offene Kisten, in denen Rodatz eine Analogie zum „Modell des tradierten Theaterbaus" sieht[426]: Das Aufeinandertreffen von Zuschauersaal und Bühnenraum wird durch die Absolutheit der Zweiteilung der Kiste verhindert. Um einen Theaterraum zu schaffen, müssten beide Kistenteile wieder zusammengesetzt werden, woraufhin jedoch eine sich innerhalb der Kiste befindliche Person die Schnittflächen und damit auch die Zweiteilung nicht mehr wahrnehmen kann.[427]

Dieses Dilemma, das Aufeinandertreffen von Zuschauersaal und Bühnenraum bei gleichzeitiger Trennung beider, erfordert, dass entweder eine der beiden erwähnten Schnittflächen wahrnehmbar werden muss oder sich auf eine noch genauer zu benennende Weise die Differenz von Zuschauer und Akteur, von Publikumsraum und Bühne herstellt.[428]

Laut Rodatz gewährleistet dies der Theaterraum als eine sichtbare Materialisierung der als Rahmen beschriebenen Schnittfläche. Die beiden autonomen Räume in ihrer klaren Anordnung stellen Trennung und Distanzierung von Bühnen- und Zuschauerraum dar: „Dabei erfolgt die Sichtbarmachung der Schnittfläche ganz im Sinne unserer kulturhistorisch geformten symmetrieorientierten Prägung – durch vertikale und horizontale Markierungen."[429]

Diese Zwischen-Situation aus Trennung und Aufeinandertreffen suggeriert allerdings zunächst eine deutliche Zweiteilung des Theaterraums, die Erika Fischer-Lichte ebenfalls thematisiert, indem sie zunächst nach dem Spielort und der Aufteilung des Raumes fragt:

425 Rodatz 2010, 76.
426 Rodatz 2010, 19ff.
427 Siehe Rodatz, 20f.
428 Rodatz 2010, 21.
429 Rodatz 2010, 21.

Als Bühnenraum wollen wir denjenigen Abschnitt definieren, indem A agiert, um X darzustellen. [...] Aus unserer Bestimmung des Bühnenraumes folgt sowohl seine praktische als auch seine symbolische Funktion: er bedeutet 1. den Raum, in dem A agiert, und damit 2. den Raum, in dem X sich befindet. Der Bühnenraum ist also sowohl als Umwelt, als Betätigungsfeld für A als auch als Umwelt und Betätigungsfeld für X bestimmt: die von A in dieser Umwelt ausgeführten Handlungen und Bewegungen bedeuten Handlungen und Bewegungen von X.[430]

Die eigentliche Frage nach dem sogenannten Bühnenraum schließt sich an, wird aber zumindest erweitert um die Erwähnung der Elemente im Raum, dessen Beschreibung demnach nicht bei der offenen oder geschlossenen Zweiteilung stehenbleibt: „Die beiden ersten Fragen postulieren eine Untersuchung des Problems der Raumkonzeption, die dritte verlangt eine Untersuchung der mit dem Bühnenraum gesetzten Elemente, der Dekoration, Requisiten und Beleuchtung."[431]

Zu vermuten ist also, dass die Aspekte der Anordnung und Distanzierung zwischen Zuschauer und Akteur den Raum des Theaters grundlegend charakterisieren [und] dass sich die Etablierung des Raums des Theaters auch auf einer sehr viel grundsätzlicheren Wahrnehmungsebene abspielt, nämlich der ersten Wahrnehmungswirklichkeit und ihrer Ausdifferenzierung.[432]

Eine Erweiterung der Ko-Existenz von Zuschauer- und Bühnenraum ist notwendig, da sich mit der gleichzeitigen Anwesenheit von Zuschauer und Akteur immer auch gleichzeitige und gegenseitige Wahrnehmungsprozesse anschließen. Die Aspekte der damit verknüpften Anwesenheit, die eingangs nach Lehmann zitierte gemeinsame, geteilte und verbrauchte Zeit werden in Kapitel 3.3 näher erläutert und anhand weiterer Aspekte zur Wahrnehmung in den Blickpunkt gerückt. Anwesenheit bedeutet zugleich Anwesenheit im Raum und Aktivität im Raum, die sich auch zunächst ‚nur' in bloßer Anwesenheit äußern kann. Doch selbst dann ist dieses Da-Sein verbunden mit Akten des Sehens und des Hörens:

Letztlich ist [...] der Raum des Theaters Teil unserer alltäglichen Wahrnehmung. Nur ist der Raum des Theaters in der alltäglichen Wahrnehmung in der Regel instabil, er ist oft nur von kurzer Dauer oder wird gerne übergangen, weil man

430 Fischer-Lichte 1988, 142f.
431 Fischer-Lichte 1988, 133.
432 Rodatz 2010, 101.

durch andere Dinge abgelenkt ist. In alltäglicher Wahrnehmung übergeht man in der Regel die eigene Präsenz innerhalb eines Raums des Theaters.[433]

Diese Verknüpfung mit der alltäglichen Wahrnehmung, die per se Abwesenheiten mit einschließen muss, lässt die eigene Präsenz signifikant werden, die in Kapitel 3.3.1 detaillierter erläutert werden wird. Die notwendige Berücksichtigung der Wahrnehmung und ihrer Raumabhängigkeit wird dort ebenfalls weiter ausgeführt.

3.3 Wahrnehmung im Raum – die räumliche Komponente der Wahrnehmung

Martina Löw betont in einer Abhandlung über die Kontextabhängigkeit von Wahrnehmung die Verknüpfung von Raum und Wahrnehmung:

Raum entsteht in Handlungsvollzügen, und zwar ganz wesentlich über Wahrnehmungsprozesse. Um die Ansammlung beliebiger Objekte als Raum zu akzeptieren, bedarf es einer Syntheseleistung, das heißt, über Wahrnehmungs-, Vorstellungs- oder Erinnerungsprozesse werden Güter und Menschen zu Räumen zusammengefasst. Wahrgenommen werden im Alltag selten einzelne Dinge, sondern ‚Dinge in ihrem Arrangement' […]. Das heißt, sehend, riechend, hörend, werden Objekte und Menschen zu Räumen verknüpft, häufig ohne dass diese Relationierung Teil des Bewusstseins wird.[434]

Wenn nun also davon ausgegangen werden kann, dass sich der Raum im Theater über einen Behältnis-Gedanken als ordnender Rahmen von Akteuren und Zuschauern und damit Bühnenraum und Zuschauerraum definiert, muss aufgrund der Zuschau- oder Zuhör-Situation notwendigerweise die Komponente der Wahrnehmung hinsichtlich des Raumes betrachtet werden. Die Autorin Siri Hustvedt beschreibt das Sehen über die Erschließung des Raumes:

Is our visual world rich or poor? There are fights about this. People do not agree. Philosophers and scientists and other academics ponder this richness and poverty question in papers and books and lectures. Human beings have very limited peripheral vision, but we can turn our heads and take in more of the world. When I'm writing, my vision is severely limited by my atten-

433 Rodatz 2010, 77.
434 Löw 2007, 93f.

tion, but sometimes when I let my eyes roam in a space, I discover its density of light and color and feel surprised by what I find. When I focus, say, just on the shadows here on my desk, they become remarkable. My small round clock casts a double shadow from either side of its circular base, one darker than the other, a gray and a paler gray. There is a spot of brilliant light at the edge of the darker oval. As I look, this sight has become beautiful.[435]

Dies sei als hinführend zur räumlichen Komponente der Wahrnehmung angeführt: auf einfachste Weise sehen wir mehr, wenn wir uns bzw. den Kopf oder die Augen bewegen. Das Angesehene wird sichtbar.

3.3.1 Präsens und Präsenz: Die eigene leibliche Anwesenheit im Raum

Die bereits mehrfach getroffene und genannte Definition von Theater unter Einbeziehung und Notwendigkeit der leiblichen Ko-Präsenz von Akteuren und Zuschauern führt in diesem Abschnitt zu einem spezifischen Raumverständnis, das mit diesem Phänomen einhergeht sowie einem Raum, der dadurch erst aufgespannt wird. Zum weiteren Vorgehen sei der Begriff der Präsenz näher erläutert:

Das Wort ‚Präsenz' bezieht sich nicht (jedenfalls nicht hauptsächlich) auf ein zeitliches, sondern auf ein räumliches Verhältnis zur Welt und zu deren Gegenständen. Was ‚präsent' ist, soll für Menschenhände greifbar sein, was dann wiederum impliziert, dass es unmittelbar auf menschliche Körper einwirken kann. Das Wort ‚Produktion' wird in der Bedeutung seiner etymologischen Herkunft aus dem lateinischen Wort producere gebraucht, das sich auf einen Akt bezieht, bei dem ein Gegenstand im Raum ‚vor-geführt' wird. […] Dementsprechend verweist der Ausdruck ‚Produktion von Präsenz' auf alle möglichen Ereignisse und Prozesse, bei denen die Wirkung ‚präsenter' Gegenstände auf menschliche Körper ausgelöst oder intensiviert wird.[436]

In einer direkten Verknüpfung mit dem Phänomen der Räumlichkeit wird demnach die von Gumbrecht benannte *Produktion von Präsenz* als „die Praxis der Präsentmachung"[437] verstanden, indem dem „Aspekt der Räumlichkeit im Präsenzbegriff"[438] gegenüber dem Zeitbegriff

435 Hustvedt 2009.
436 Gumbrecht zitiert nach Siouzouli 2008, 10.
437 Siouzouli 2008, 10.
438 Gumbrecht 2001, 63.

besondere Bedeutung zukommt. Der Aspekt der Zeitlichkeit wird hierbei jedoch weitgehend außen vor gelassen und daher Gumbrechts Konzept der Präsentmachung „als eine gegenwärtige Verortung bzw. als ein *Hier*"[439] begriffen. Dieses Hier impliziert demnach eine ihm eigene Räumlichkeit, die im Folgenden als der Raum der leiblichen Anwesenheit nach Gernot Böhme vorgestellt werden soll. Natascha Siouzouli stellt daran anknüpfend unter Einbeziehung der Zeit eine direkte Verbindung her zwischen Gumbrechts Ausführungen des Begriffs des *Hier* und dem Begriff der Inszenierung:

> *Als ein derartiges Positionieren (im) hic lässt sich durchaus die (theatrale) Inszenierung – als Ausgangspunkt der Aufführung begriffen – verstehen: Sie ist nämlich (vorerst) eine mise en place im bzw. des präsenten (Spiel-)Raums. Sie ist mehr noch die kreative Instanz, die den präsenten (Spiel-)Raum bzw. das hic überhaupt schafft und in diesem Sinne der präsenzproduzierende Akt schlechthin. Die Inszenierung produziert ganz im Sinne Gumbrechts Präsenz; dies ist unter mise en place des präsenten Raums zu verstehen.*[440]

Indem die Inszenierung allerdings das *Hier* im Sinne Gumbrechts verortet, verortet sie ebenfalls *im* Hier und erfordert nach Siouzouli die Betrachtung der zeitlichen Dimension, die an dieser Stelle jedoch lediglich genannt bleibt, da es hinsichtlich dieser Arbeit weitaus mehr um die Verortung, um das Hier im Raum geht, das anhand des genannten Präsenzbegriffs und der Vorstellung der Produktion von Präsenz eingeführt werden soll.

Siouzouli definiert Präsenz als *„etwas hier jetzt"*[441] und verweist dabei neben Gumbrechts Übersetzung für dieses *Etwas* als ‚Gegenstand' oder ‚Körper' auch auf Martin Seel und seine Deutung dessen als ‚Geschehnis' bzw. ‚Ereignis'. Indem das Etwas in der Theaterinszenierung – in Form von beispielsweise Requisiten, gesprochenem Text oder Akteuren – stets aus einer Vorlage hervorgeht, die dann in der szenischen Repräsentation umgesetzt wird, sei der raumzeitliche Aspekt im Präsenzbegriff das einzige Phänomen, das ohne Vorlage existiert. Als das *Hier* (und) *Jetzt* besteht es an und für sich in Form einer szenischen Hervorbringung, die sich in keine Verbindung mit einem Dramentext bringen lässt. Ausgehend von diesem Performanzbegriff der szenischen Präsenz werden Raum als Hier und Zeit als Jetzt als *primäre* Aspekte des

439 Siouzouli 2008, 10.
440 Siouzouli 2008, 11.
441 Siouzouli 2008, 14. Hervorhebung im Original.

(szenischen) Präsenzbegriffs betrachtet.[442] So wird ein Bogen geschlagen zu der in Kapitel 3.2.4 nach Lehmann zitierten Definition von Theater als gemeinsam verbra(u)chter Zeit am selben Ort, die jedoch erweitert werden muss um die eigene Anwesenheit bzw. zunächst den eigenen und fremden Körper:

> *Der Leib – oder vielmehr der sich bewegende Leib – avanciert zur eigentlichen Ursache von Räumlichkeits- und Zeitlichkeitsstiftung überhaupt und somit zum Generator, zum primären Träger des oben angesprochenen „Präsenzfelds" schlechthin [...] „Die Teile des Raumes nach Breite, Höhe oder Tiefe [sind] nicht nebeneinander gestellt, sondern koexistieren dadurch, daß sie sämtlich umfaßt finden von einem einzigen Anhalt unseres Leibes an der Welt, und dieses Verhältnis [ist] ein zeitliches, ehe es noch zum räumlichen wird. Die Dinge koexistieren im Raume, da sie demselben Wahrnehmungssubjekt gegenwärtig und von einer einzigen Zeitwelle getragen sind."*[443]

Merleau-Ponty sieht demnach den Leib als Leistungsträger der Wahrnehmung an, wobei diese notwendig des Raumes und der Zeit bedarf und ihr Vollzug in Raum und Zeit stattfindet. Das Verhältnis zwischen Leiblichkeit, Räumlichkeit und Zeitlichkeit ist zentrales Anliegen der Ausführungen Merleau-Pontys:[444]

> *Nicht also dürfen wir sagen, unser Leib sei im Raume, wie übrigens ebensowenig, er sei in der Zeit. Er wohnt Raum und Zeit ein. [...] Insofern ich einen Leib habe und durch ihn hindurch in der Welt handle, sind Raum und Zeit für mich nicht Summen aneinandergereihter Punkte, noch auch übrigens eine Unendlichkeit von Beziehungen, deren Synthese mein Bewusstsein vollzöge, meinen Leib in sie einbeziehend; ich bin nicht im Raum und in der Zeit, ich denke nicht Raum und Zeit; ich bin vielmehr zum Raum und zur Zeit, mein Leib heftet sich ihnen an und umfängt sie.*[445]

Um die in Kapitel 3.1 angedeutete Fragestellung aufzugreifen: Was kann also räumlicher sein, als das, wo ich mich befinde? Als das, worin ich mich befinde: in der spezifischen Situation, in der Konstellation, die auch immer bedingt, dass ich als Anwesender wahrnehme, was sich mir darbietet, was geschieht und dass ich von den ‚anderen' wahrgenommen werde – und die bedingt, dass unterschiedliche

---

442 Siehe Siouzouli 2008, 14.
443 Merleau-Ponty zitiert nach Siouzouli 2008, 28.
444 Siehe Siouzouli 2008, 27.
445 Merleau-Ponty zitiert nach Siouzouli 2008, 27.

Räume aufgespannt werden: durch Bewegung, durch Sehen und Blicke, durch Wahrnehmung sowie durch schlichte Anwesenheit.

3.3.2 Die leibliche Dimension der Anwesenheit: Spüren und Atmosphäre

Gleichzeitigkeit und Ko-Präsenz erfordern und bedingen den Raum der eigenen Anwesenheit, der wiederum als Voraussetzung gelten kann für das Theatererleben. Die Frage danach, was ich als Zuschauer sehe oder höre, was dementsprechend nicht, impliziert bereits eine Verknüpfung mit einer eigenen Anwesenheit, Abwesenheit von Dingen und damit geschaffenen Wahrnehmungsvoraussetzungen und lässt Rückschlüsse zu auf die spezifische Raumerfahrung – oder genauer gesagt, die Erfahrung der Räume, die innerhalb der Theatersituation entstehen, sie bedingen und überhaupt erst hervorbringen.

Das Verhältnis zwischen Bühnen- und Zuschauerraum wurde in Kapitel 3.2.4 bereits erläutert. Hinsichtlich der eigenen Anwesenheit hat Gernot Böhme eine diesbezüglich sehr treffende Unterscheidung zwischen dem geometrischen Raum und dem Raum leiblicher Anwesenheit vorgenommen.[446] Diese zwei grundsätzlich differenten Raumkonzepte thematisieren zwar unter anderem auch die genannten Aspekte der Ko-Präsenz, der Wahrnehmung und Bewegung im Raum, allerdings bringt deren Unterscheidung mit Bezugnahme auf Atmosphäre und atmosphärische Wahrnehmung eine Verlagerung auf eine Wahrnehmung *vor* der objektgebundenen Wahrnehmung ins Spiel, welche in Kapitel 3.3.3 weiter ausgeführt wird.

Dieses atmosphärische Spüren von Anwesenheit wird definiert als das grundlegende Phänomen im Sinne einer ersten Wahrnehmungswirklichkeit: „In meiner affektiven Betroffenheit erfahre ich mich in meinem Da-Sein […] und in welcher Stimmung ich mich befinde."[447] Indem Gernot Böhme die leibliche Anwesenheit in Räumen als vorangestellt ansieht, koppelt er das Befinden, die Anwesenheit und ferner auch die Wahrnehmung vom Objekt ab: „Es kommt heute darauf an, demgegenüber den Standpunkt des erfahrenen Subjekts zu stärken und zur Geltung zu bringen, was es heißt, leiblich in Räumen anwesend zu sein."[448] Er sieht daher die Notwendigkeit, anhand dieser leiblichen Anwesenheit zuallererst die räumliche Theorie zu entwickeln bzw. deren eigenen Raum zu benennen, der hinsichtlich dieser Arbeit

446 Siehe Böhme, G. 2001.
447 Rodatz 2010, 36.
448 Böhme, G. zitiert nach Rodatz 2010, 125.

einen wesentlichen Beitrag liefert: er thematisiert sowohl die Abwesenheit qua Anwesenheit sowie diese eigene Anwesenheit als Ursprung und Voraussetzung aller Wahrnehmung, allen Sehens und Hörens – und bildet damit einen entscheidenden Impetus hinsichtlich der Analyse von Produktivität von Abwesenheit im Raum, die so niemals ganz eine Abwesenheit bedeuten kann: „Sich befinden heißt einerseits, sich in einem Raume befinden und heißt andererseits, sich so und so zu fühlen, so und so gestimmt zu sein. Beides hängt zusammen und ist in gewisser Weise eins: In meinem Befinden spüre ich, in was für einem Raum ich mich befinde."[449]

Gernot Böhme beschreibt anhand einer Zusammenfassung einer Auswahl von Raumkonzepten die scheinbar gängige Vorgehensweise, die unterschiedlichen Konzepte miteinander zu konfrontieren und wirft dabei die Frage auf, ob es einerseits nicht einen einheitlichen Raum gebe, der hinter beispielsweise dem soziologischen, lyrischen oder physischen Raum stehe und jeweils einer unterschiedlichen Konzeption unterliege. Andererseits könne die Annahme bestehen, dass innerhalb der verschiedenen Raumkonzepte ein gemeinsamer Aspekt auszumachen sei, aufgrund dessen diese überhaupt zu einer solchen Gruppe zusammenzufassen seien. „Ein Unterschied von Raumkonzepten nun erscheint mir unleugbar, und die Differenz zwischen beiden ist so groß, dass sie kaum überbrückbar scheint. Es handelt sich um den Unterschied zwischen dem Raum der leiblichen Anwesenheit und dem Raum als Medium von Darstellung."[450] Diese Unterscheidung ist nun an dieser Stelle insofern von Interesse für die vorliegende Arbeit, als sich das Visuelle und Akustische auf die leibliche Anwesenheit beziehen und die Untersuchung von Raum im Sinne von Bühne als Medium von Darstellung einzuordnen ist.

Der Raum leiblicher Anwesenheit gehört zur leiblichen Existenz untrennbar hinzu, wohingegen der Raum als Medium von Darstellung nichts mit dem Dasein als Mensch zu tun hat. Böhme beschreibt diesen als „abstraktes Ordnungsschema, nach dem eine Mannigfaltigkeit von Dingen vorgestellt wird."[451] Innerhalb der oben genannten Raumkonzepte würden Böhme zufolge beide Phänomene behandelt, als seien sie dasselbe bzw. als sei eine alltägliche Vermischung beider Konzepte obligatorisch: „Meine leibliche Anwesenheit wird gedacht als Platziertheit zwischen den Dingen – und die Ordnung, die die Dinge miteinander haben, als Ordnung ihrer Gleichzeitigkeit, d.h. also ih-

449 Böhme, G. zitiert nach Rodatz 2010, 125.
450 Böhme, G. 2004, 129.
451 Böhme, G. 2004, 129.

rer wechselseitigen Anwesenheit."[452] Der Raum leiblicher Anwesenheit steht nach Böhme jedoch *vor* dieser Ordnung und wird auf diese Weise mit der leiblichen Anwesenheit und der zu spürenden Atmosphäre als erste Wahrnehmungswirklichkeit als ein objektunabhängiger Raum eingeführt. Böhme nimmt eine Abgrenzung zu Kant vor, welcher den Raum als Form der Anschauung beschreibt und damit in Böhmes Theorie den Raum damit dem Konzept *Raum als Medium von Darstellungen* zuordnet: „Der Raum ermöglicht es, eine Mannigfaltigkeit von Vorgestelltem zu repräsentieren, nämlich als eine Mannigfaltigkeit des Nebeneinander."[453] Indem aber Kant die Dinge als *außer uns* beschreibt, stelle er jedoch nach Böhme eine räumliche Beziehung her, die als Charakteristikum unserer selbst in unserer leiblichen Anwesenheit aufgefasst werden kann.

> *Wenn wir Gegenstände als Gegenstände außer uns verstehen, dann heißt es, dass wir sie aus der Perspektive unserer leiblichen Anwesenheit wahrnehmen, und zwar so, dass sie zwar zu unserer Umgebung gehören, aber in ihrer Anwesenheit doch deutlich von unserer leiblich erfahrenen Innensphäre entfernt sind.*[454]

Die menschliche Vorstellung von Dingen – und damit auch der leiblichen Anwesenheit – ist also eine Anordnung, eine o. g. Platziertheit im Nebeneinander „[...] nach der Form der Anschauung, die [Kant] *Raum* nennt."[455] Immanuel Kants darauffolgende einmalige Erwähnung des Leibes stehe nach Böhme aber dennoch unter dem Ordnungsprinzip, als dessen Behältnis der Raum fungiert. Dieses Fehlen der leiblichen Dimension liefert einen Beitrag zur Theorie dieser Arbeit liefert, indem aus der vermeintlichen Anwesenheit, deren Beachtung aber weitgehend abwesend bleibt, *der* Raum geschaffen wird, der anwesende und abwesende Elemente ‚ordnet'. Böhme konstruiert daraus die Notwendigkeit des Raumes der leiblichen Anwesenheit:

> *Die Dinge vor dem äußeren Sinne werden nur noch abstrakt im Schema des Außer- und Nebeneinander repräsentiert – dass ich mich als leibliches Wesen unter ihnen befinde, spielt keine Rolle mehr. Das ist erstaunlich genug, denn als Gegenstände der Erkenntnis müssen sie ja gegeben sein und das heißt in sinn-*

452 Böhme, G. 2004, 129.
453 Böhme, G. 2004, 130.
454 Böhme, G. 2004, 130.
455 Böhme, G. 2004, 130.

licher Wahrnehmung. Und wie sollte man sinnlich wahrnehmen, wenn man nicht anwesend ist?[456]

Diese Annahme korrespondiert mit den Ausführungen über die visuelle und akustische Dimension in Kapitel 2.3 bzw. 2.5 sowie der Wahrnehmung als konstitutives Element des Raumes in Kapitel 3.3.1. Für den Raum als Darstellungsmedium, den die Mathematik in ihrer Objektivität zum Thema hat, ist daher die Kantsche Vorstellung der Natur als Erscheinung grundlegend, nach der die Beziehungen der Dinge als räumliche Beziehungen bzw. als Medium Raum dargestellt werden.[457] Der Raum leiblicher Anwesenheit wiederum, der über die Phänomenologie zu begreifen ist, ist

> *[...] etwas zutiefst Subjektives, wenngleich etwas, das allen Subjekten gemein ist. Der Raum leiblicher Anwesenheit ist dasjenige, worin wir jeweils unsere leibliche Existenz erfahren: Sie ist das Hier-Sein, ein Ort, der sich absolut in der unbestimmten Weite des Raums artikuliert. Man redet von einem absoluten Ort, weil er ohne Bezug auf anderes, insbesondere Dinge, bestimmt ist: das Hier ist im Sich-spüren mitgegeben. Das Hier ist also in reinem Selbstbezug gegeben.*[458]

Böhme spricht diesem Raum aufgrund der eigenen Involviertheit einen existenziellen Charakter zu und unterteilt ihn in Handlungsraum, Stimmungsraum und Wahrnehmungsraum, wobei er Handlungsraum als „Spielraum meiner Handlungsmöglichkeiten und Bewegungsmöglichkeiten", Stimmungsraum als „einerseits de[n] gestimmte[n] Raum, d. h. eine bestimmte Atmosphäre oder Tönung, die über der jeweiligen Umgebung liegt, wie auch die räumlich ergossene Atmosphäre, an der ich mit meiner Stimmung partizipiere" sowie den Wahrnehmungsraum als „mein Sein bei den Dingen, d. h. die Weise, in der ich wahrnehmend außer mir bin bzw. [...] die Weite, insofern sich meine eigene Anwesenheit durch die Gegenwart der Dinge artikuliert", beschreibt.[459] Hier lässt sich nun insofern erneut ein Bogen schlagen zum Aspekt der Wahrnehmung, als Böhme notwendigerweise Hören und Sehen als Modi der leiblichen Anwesenheit im Raum benennt, da der Wahrnehmende *in* der und durch die Aktion *bei* dem Gehörten und Gesehenen ist. Vice versa bestimmt die Reichweite der Wahrnehmung den Raum leiblicher Anwesenheit: „Ich bin also in den Raum meiner leiblichen

456 Böhme, G. 2004, 131.
457 Siehe Böhme, G. 2004, 132.
458 Böhme, G. 2004, 133. Hervorhebung im Original.
459 Böhme, G. 2004, 134f.

Anwesenheit in dreifacher Weise involviert: als handelnder, als wahrnehmender und als atmosphärisch spürender Mensch. Dieser Raum ist insofern mein Raum, als er die Ausdehnung meines Handelns, Wahrnehmens und Spürens ist."[460]

Diese Charakterisierung als ‚mein Raum' unterstreicht die Ablösung vom objektiven, geometrisch-mathematischen Konstrukt eines Ordnungsraums hin zu einer subjektiven, eigenen aktiven Involviertheit, die durch die eigene Anwesenheit nicht *unter* den Dingen, sondern zu allererst vor den Dingen und sie wahrnehmend hervorbringend den Raum leiblicher Anwesenheit konstituiert:

> *Zwar ist der leibliche Raum jeweils der Raum, in dem ich leiblich anwesend bin, er ist aber zugleich die Ausdehnung oder besser die Weite meiner Anwesenheit selbst. Der Stimmungsraum ist der Raum, der mich in gewisser Weise stimmt, aber zugleich die Ausgedehntheit meiner Stimmung selbst. Der Handlungsraum ist der Raum, in dem ich handeln kann, aber zugleich der Spielraum meiner Möglichkeiten. Der Wahrnehmungsraum ist der Raum, in dem ich etwas wahrnehme, aber zugleich die Ausbreitung meiner Teilnahme an den Dingen.*[461]

3.3.3 Zeichenwahrnehmung und atmosphärische Wahrnehmung

In Anknüpfung an das vorherige Kapitel sei die Unterscheidung von atmosphärischer Wahrnehmung und Zeichen-Wahrnehmung betont, die dann nach Böhme eine Hinführung zu einer objektunabhängigen Wahrnehmung ermöglicht. Dieser Erklärungsweg führt über das Phänomen der Atmosphäre, welche als etwas klassifiziert werden kann, das im Sinne der Zeichen-Wahrnehmung *nicht unmittelbar da* ist, aber dennoch *nicht abwesend* ist. Diese Bezugnahme geht ebenfalls von der eigenen Anwesenheit aus, über welche Sehen und Hören erst zustande kommen:

> *Wahrnehmung ist qua Spüren eine Erfahrung davon, dass ich selbst da bin und wie ich mich, wo ich bin, befinde. Aus diesem Spüren können sich schrittweise spezifische Sinneswahrnehmungen ausdifferenzieren und schließlich ein Ich-Pol und ein Wahrnehmungsobjekt. Was gespürt wird, ist primär etwas Atmosphärisches. […] Atmosphäre als primärer Wahrnehmungsgegenstand kann sich ausdifferenzieren als Anwesenheit von etwas. Je mehr die Wahrnehmung diesem*

460 Böhme, G. 2004, 135.
461 Böhme, G. 2004, 136.

Etwas nachgeht, desto mehr distanziert sie sich von dem Atmosphärischen bzw. dieses zieht sich zusammen auf einen Wahrnehmungsgegenstand qua Ding.[462]

Da die Wahrnehmung an den sie Vollziehenden gebunden ist, steht diese in direktem Zusammenhang mit dem Aspekt der Anwesenheit. Sichtbar und sehbar anwesende Dinge können demnach auch wahrgenommen werden, sofern sich der Wahrnehmende für sie ebenfalls anwesend befindet. Angedeutet wurde auch die Möglichkeit, dass ‚nichts' wahrgenommen wird bzw. sich der Zuschauer beispielsweise angesichts einer leeren Bühne auf sich selbst zurückgeworfen sieht - und damit seine eigene Anwesenheit wahrnimmt, wenn es schon objektiv nichts zu sehen gibt[463]. Dies gibt Grund zu der Annahme, dass es sinnvoll ist, zwischen zwei Verortungen der Wahrnehmung zu unterscheiden:

Im Zentrum des ersten Wahrnehmungskonzepts steht ein menschlicher Prozess, bei dem ein Ich etwas Äußeres, von sich getrenntes über die Reizung der Sinne erfährt, und so begreifend an sich nehmen kann. Konkurrierend fokussiert die zweite Auffassung [...], auf ein Zwischen: Ich bin als Wahrnehmender nicht nur bei mir, sondern immer auch im Raum meiner Anwesenheit. Ich bin also Teil dessen, was ich wahrnehme, ebenso ist das, was ich wahrnehme, immer auch Teil von mir.[464]

Die von Böhme vorgeschlagene Unterscheidung zwischen Zeichen-Wahrnehmung und atmosphärischer Wahrnehmung erlaubt es Rodatz, den Schnitt durch den Raum als spezifische Ausdifferenzierung der Wahrnehmung aufzufassen, die für das Theater grundlegend ist.[465] Er löst diesen Begriff des Schnitts von der klassischen Subjekt-Objekt-Differenz und den damit verbundenen Raumkonzepten sowie subjektiv gefärbte Vorstellungen von Wahrnehmung und formuliert anhand dieser Ausdifferenzierung besonders hinsichtlich performativer oder theatraler Situationen deren Wichtigkeit, indem er die beiden erwähnten Wahrnehmungskonzepte gegenüberstellt.[466]

In der Zeichen-Wahrnehmung basieren Korrespondenzen auf einem Lesen, Verweisen und Begreifen. Man nimmt etwas wahr und gleicht es mit seinem Wis-

---

462 Böhme, G. 2001, 42.

463 Siehe Kapitel 2.9 bzgl. der Äußerung einer Zuschauerin während der Aufführung von *Stifters Dinge*: „Da ist ja keiner..."

464 Rodatz 2010, 27.

465 Siehe Thematisierung des Vorhangs in Kapitel 5.

466 Siehe Rodatz, 28.

sen ab. Auf Grund einer dem Geschehen innewohnenden Verweisstruktur können Schlussfolgerungen gezogen werden und so zu einem Begreifen beitragen. Für die atmosphärische Wahrnehmung verhält es sich hier grundsätzlich anders. Atmosphärische Wahrnehmung bezieht sich auf Wahrnehmungswirklichkeiten. Diese müssen von Seiten der Szene hergestellt werden.[467]

Hierbei wird Zeichen-Wahrnehmung aufgefasst als ein Prozess, dem eine anfängliche Sinnesreizung zugrunde liegt, „deren Information begrifflich erfasst und so erkannt wird."[468] Die „spezifischen materiellen bzw. sinnlichen Qualitäten des Objekts"[469] werden in einer physiologischen Reaktion erfahren und in kognitiven Prozessen mit bestimmten begrifflichen Bedeutungen versehen: „Wahrnehmen geht hier einher mit dem begrifflichen Erfassen von Etwas." Indem Rodatz folglich Wahrnehmung als „prozessorientiertes und an das Subjekt gebundenes Modell"[470] vorstellt, betrachtet er diesen Zeichen-Wahrnehmungsvorgang als einerseits vom abstrakt wahrnehmenden Subjekt ausgehend und andererseits gebunden an das wahrgenommene Objekt:

Wahrnehmen baut hier also auf der Trennung zwischen dem Wahrnehmenden und dem Wahrnehmungsgegenstand auf und ist gleichzeitig für die Verbindung zwischen beiden verantwortlich. Wahrnehmung baut aber auch auf der Voraussetzung auf, es mit einem erfassbaren Etwas zu tun zu haben. […] Diese Konzeption setzt voraus, dass Wahrnehmung sich auf dingliche Gegenstände bezieht und dass der Wahrnehmende es mit etwas Greifbarem zu tun hat, das er mit seinen Sinnen erfassen und so auch kognitiv zuordnen kann.[471]

Nach dieser Auffassung der Wahrnehmung sind nicht körperlich im Raum anwesende Dinge nicht wahrnehmbar, was somit auch auf die Atmosphäre zutreffen muss. Sofern „[…] Atmosphären und Stimmungen immer Teil eines Raums und dabei sowohl Teil des Wahrnehmenden als auch des Wahrnehmungsgegenstandes"[472] sind, schaffen sie innerhalb ihrer Anwesenheit objektiv gewisse Abwesenheiten, welche hinsichtlich der vorliegenden Arbeit mit dem Raumbegriff der eigenen leiblichen Anwesenheit einhergehen und damit die Wahrnehmung an das – objektiv anwesende – Subjekt rückkoppeln.

---

467 Rodatz 2010, 51. Außerdem Böhme, G. 2001, 120.
468 Rodatz 2010, 28.
469 Fischer-Lichte zitiert nach Rodatz 2010, 28.
470 Rodatz 2010, 28.
471 Rodatz 2010, 29.
472 Rodatz 2010, 31.

Es geht gerade beim Konzept der atmosphärischen Wahrnehmung immer wieder um Raum und die Frage der Befindlichkeit und der leiblichen Anwesenheit im Raum. Theater ist eine der wenigen Kunstformen, die sich nicht nur im Raum abspielt, sondern Raum in Anlehnung an alle Ebenen des normalen Lebensalltags gestalten und formen kann.[473]

Böhme betrachtet das Phänomen der Atmosphäre als erste Wahrnehmungswirklichkeit, aus der sich erst Subjekt und Objekt ausdifferenziert.[474] Demnach liegt jedem Wahrnehmungsprozess in Abgrenzung zum dinglichen Wahrnehmen zu allererst eine Atmosphäre zugrunde, die einerseits im Raum der eigenen leiblichen Anwesenheit erfasst werden kann und darüber hinaus auch stark an das wahrnehmende Subjekt gebunden ist, da sie unter Umständen auch als dessen eigene Stimmung angesehen werden kann.

Böhme setzt atmosphärische Wahrnehmung vor jede Zeichenwahrnehmung. [...] als unterliegende Schicht, in der Atmosphäre als eigenständig Seiendes, als Relation zwischen Subjekt und Objekt aufgefasst wird. [...] Wichtig ist, dass diese Heiterkeit den Raum meiner Anwesenheit erfüllt und mich affektiv betrifft, weil ich sie spüre.[475]

Demnach wird phänomenologisch das in der Wahrnehmung Gegebene untersucht und demnach kein dinglicher Gegenstand oder eine klare Benennung des Wahrgenommenen benötigt.[476] Diese Abwesenheit eines konkreten Etwas - oder dessen Namen - korrespondiert mit der Thematik der vorliegenden Arbeit insofern, als das vermeintlich Abwesende eine grundlegende Anwesenheit im Raum überhaupt erst hervorbringt und umso mehr verdeutlicht.

Wie Zeichen-Wahrnehmung vornehmlich die Ausdifferenzierung von Subjekt und Objekt zum Thema hat, tritt atmosphärisches Spüren von Anwesenheit als das grundlegende Phänomen im Sinne einer ersten Wahrnehmungswirklichkeit hervor. Der Akt des Wahrnehmens hängt hierbei von der Präsenz des Objekts ab und wird vom Subjekt „mit den fünf Sinnen und dem Gespür aufgenommen und kognitiv mental erfasst und eingeordnet."[477] Böhme verdeutlicht diesbezüglich die Differenz von Wirklichkeit und Realität, nach der Wirklichkeit als zentraler Begriff des Wahrgenommenen aufgefasst wird: „Wirklich [...]

473 Rodatz 2010, 73.
474 Siehe Rodatz 2010, 33.
475 Rodatz 2010, 33.
476 Siehe Rodatz 2010, 34.
477 Rodatz 2010, 39.

ist ‚primär das Gegenwärtige, die spürbare Anwesenheit'. Das Wirkliche ist aus dieser Sicht von einem dinglichen Gegenstand abgelöst und erfüllt freischwebend den Raum. Es ist die Atmosphäre, in die ich involviert bin und die ich spüre. Real hingegen ist das, ‚was dinglich dahinterstehen mag'."[478]

Die zuvor angesprochene atmosphärische Wahrnehmung wird daher *vor* der Zeichen-Wahrnehmung angesetzt: „Sie ist die erste Wahrnehmungswirklichkeit und damit affektiv spürbar, lange bevor ich dazu komme, eine Atmosphäre zu bewerten."[479] Bevor also Dinge, Akteure, Bühnenbilder, Text oder Sprache wahrgenommen werden (können), erfährt der Zuschauer bzw. der Wahrnehmende durch seine reine Anwesenheit eine Stimmung im *Raum* – die möglicherweise seiner eigenen Stimmung entspricht und durch diese beeinflusst ist – und nimmt durch diese Atmosphäre sich selbst in dieser seinen eigenen Anwesenheit wahr:

> *Atmosphäre führt Wahrgenommenes und Wahrnehmenden in einer gemeinsamen leiblichen Anwesenheit zusammen, ist geteilte und erfahrbar gemachte Präsenz. […] Atmosphäre erscheint als Raum, der durch die ‚Sphären der Anwesenheit' von Dingen und Menschen sowie deren ‚Umgebungskonstellationen' ‚tingiert' (‚getönt') wird: […] Atmosphäre [wird] nicht als freischwebend-ätherisch gedacht, sondern als Artikulation von Anwesenheit (‚Sphäre') – des Wahrnehmenden wie des in die Anwesenheit aus sich heraustretenden Dinges. Präsenz und (Sich-)Präsentieren gehören untrennbar zusammen.*[480]

Hinsichtlich des Theaters und der Wahrnehmung innerhalb des Gefüges aus Bühnen- und Zuschauerraum erweitert Rodatz die Ausführungen Böhmes insofern, als er über die Atmosphäre und die Wahrnehmung derselben diverse Trennungen innerhalb der Theatersituation dadurch aufhebt, dass die beschriebene atmosphärische Wahrnehmung allem voran stehen muss: Rodatz und Böhme gehen demnach von einer Wahrnehmung aus,

> *[…] die auf ihre Weise das Verhältnis Zuschauer und Akteur, zwischen Publikumsraum und Bühne auch ohne Rampe, Portal oder eingrenzende Wände ermöglicht. […] Ausstrahlung, Stimmungen oder auch Atmosphären als Gegenstände der Wahrnehmung sowie die eigene Wahrnehmungswirklichkeit und mein Sein bei den Dingen sind hier von Interesse. Gemeint ist das nicht direkt*

478 Rodatz 2010, 37. Außerdem Böhme, G. 2001, 56f.
479 Rodatz 2010, 38. Außerdem siehe Böhme, G. 2001, 42.
480 Stricker 2007, 51f.

Greifbare und Erfassbare. Gemeint ist auch das aus herkömmlicher Sicht Bedeutungslose und dennoch Anwesende, das was man spürt und einen affektiv eindringen lässt in ein Geschehen oder auch abstößt und aufstört. Gemeint ist Atmosphäre als erste Wahrnehmungswirklichkeit, als eine Wirklichkeit, die noch vor jeder kognitiven Erfassung und begrifflichen Zuordnung steht.[481]

Darüber hinaus erweisen sich Atmosphären für die vorliegende Arbeit insofern als interessant, als sie etwas nicht Greifbares und daher Abwesendes darstellen, das im Sinne der Zeichen-Wahrnehmung eben nicht anwesend ist. Indem aber dieses Abwesende nun aller Wahrnehmung vorangestellt wird, wird ihm ein grundsätzlich produktiver Charakter zuteil, der als erste Instanz der Wahrnehmung angesehen werden kann. Das Abwesende wird so zum Ursprung allen Wahrnehmens, welches wiederum Sehen, Hören, Bewegung, eigene Anwesenheit und nicht zuletzt Räumlichkeit beinhaltet.

Interessant für den weiteren, vor allem analytischen, Verlauf dieser Arbeit ist, dass Zeichen- und atmosphärische Wahrnehmung in der „normalen Wahrnehmung“[482] immer gleichzeitig vorkommen. Es bleibt daher zu untersuchen, inwiefern sich eines der Wahrnehmungskonzepte auf das andere auswirkt und vor dem Hintergrund der Abwesenheit die in den letzten Kapiteln besprochene Konstitution des Raumes thematisiert. Festzuhalten bleibt an dieser Stelle, dass die an das wahrnehmende Subjekt gebundene „affektive Betroffenheit [...] eine Ausdifferenzierung zwischen mir und einer im Raum anwesenden Atmosphäre [bedingt]. Denn ich bin es, der sich einer Atmosphäre aussetzt, von ihr betroffen ist und somit in ein Verhältnis zu ihr tritt.“[483]

Hinsichtlich der Raumdefinition lässt sich nun als wichtiges Zwischenergebnis festhalten, dass das hier angesprochene Raumverständnis zwar einerseits die Ordnungs- und Behältnisfunktion des Raumes nicht außer Acht lässt, jedoch wesentlich durch die atmosphärische wie zeichenorientierte Wahrnehmung und die daraus hervorgehende Bewegung konstituiert ist: „Raumwahrnehmung setzt Bewegung voraus und ist über das Sehen und Hören hinaus wesentlich durch taktile Sinneseindrücke vermittelt. Zugleich ist es der Raum in seiner Materialität, der Bewegung lenkt, Handlung organisiert, Blicke ausrichtet, kurz: die ‚Körper‘ in ein perspektivisches Lageverhältnis zueinander setzt.“[484]

481 Rodatz 2010, 23f.
482 Rodatz 2010, 39.
483 Rodatz 2010, 56.
484 Lechtermann/Wagner/Wenzel 2007, 7.

Die Wahrnehmung von Raum und Zeit wiederum ist nicht ohne *Aufmerksamkeit* zu denken, „wie Wahrnehmung generell einen selektiven Akt bezeichnet, dessen Auswahlkriterien sowohl von den Subjekten als auch den Objekten der Wahrnehmungsvollzüge abhängen."[485]

Auch Aufmerksamkeit bedeutet eine selektive Auswahl und „heißt eine Wahl treffen, heißt, aus der Fülle des Präsenten etwas zum ‚Besonderen' erheben."[486] Marc Glöde führt eine etymologische Erklärung der Aufmerksamkeit an, indem er *attentio* mit dem dazugehörigen Verb *attendre* und dessen Bedeutung von ‚etwas erwarten, auf etwas warten' verknüpft. „Es geht hier also um eine vom Subjekt ausgehende Bewegung. Daneben wird aber ein weiterer dieses Wort betreffender Aspekt häufig übersehen, der jedoch nicht unwichtig ist: Es handelt sich um die Tatsache, dass diese Form der *attentio* häufig eng geführt wird mit dem Hörsinn."[487] Der Begriff der Aufmerksamkeit hingegen sei nach Peter von Moos vielmehr auf den visuellen Aspekt bezogen: „So schreibt er: ‚ich merke auf' bedeutet: ich sehe das Kenn- oder Merkzeichen, das plötzlich in meinen Gesichtskreis tritt'. Während etwas ins Zentrum des Sehens (und eben nicht des Hörens) vorstößt, wird alles andere relativiert, d. h. es gerät im Verhältnis zum Zentrum der Aufmerksamkeit in den Hintergrund."[488] Zusätzlich zur Verlagerung von einem Sinn auf den anderen wird damit eine passive Auffassung von Wahrnehmung angesprochen, indem die Wahrnehmung in Bezug auf die Aufmerksamkeit erst dann aktiv würde, sobald das Subjekt angesprochen wird bzw. auf es zugegangen wird[489]:

Es ergibt sich eine Analogie zur in Kap 2.3 bzw. 2.5 angesprochenen Verschiebung von Visualität und Akustik, die aus der Annahme einer Passivität hinsichtlich des Hör-Aktes und einer Dominanz des Visuellen her rührt. Indem sich hingegen an dieser Stelle Wahrnehmung in Bezug auf *Aufmerksamkeit* passiv verhalte und visuell geprägt sei, ihr in Bezug auf *attentio* jedoch ein aktiver und visuell geprägter Charakter zugesprochen wird, wäre die Folgerung, dass die akustische Dimension eine höhere Aktivität besitze als die visuelle. Interessanterweise wird diese Zuordnung im Hinblick auf Weg-hören und Weg-sehen gerade umgekehrt, da es weitaus einfacher möglich ist, aktiv wegzusehen als aktiv wegzuhören. Die Aufmerksamkeitslenkung in *Fräulein Julie* beispielsweise lässt sich einfacher vornehmen, wenn statt der Projektion der Detailaufnahme auf die Szenerie der Küche geachtet wird.

485 Glöde 2007, 40.
486 Glöde 2007, 32.
487 Glöde 2007, 33.
488 Glöde 2007, 33.
489 Siehe Glöde 2007, 33.

Hinsichtlich des Akustischen jedoch bedarf es entweder technischer Einrichtungen wie in *Die Schmutzigen, die Hässlichen und die Gemeinen,* damit Geräusche und Stimmen nicht hörbar sind oder aber einer Überlagerung mit weiteren Geräuschen, die im Sinne der Überfülle, wie in Kapitel 2.1.1 beschrieben, das Eigentliche überdecken.

3.3.4 Visualität im Raum

Analog zur Beschreibung des Sehens in Kapitel 2.3 sei hier insbesondere in Bezug auf den Raum die Aufmerksamkeit auf das Sehen gelenkt, wie es durch räumliche Anordnung erfolgt. Die Wichtigkeit der Perspektive wurde bereits angesprochen, sei jedoch an dieser Stelle hinsichtlich der Raumkonstruktion auf dem Theater nochmals erwähnt. Hierbei ist die Zentralperspektive wichtig, da sie einen subjektiven Blick suggeriert, mit dem man Objekte wahrnimmt und mit ihnen ihre Anordnung im Raum erkennt: „Das starre zentralperspektivische Bild ist für unser heutiges Sehen ein abgerücktes Bild von etwas oder auch ein anderer Raum, in dem ich nicht anwesend bin."[490] Mithilfe des Bewusstseins um die eigene Präsenz jedoch, die obigen Ausführungen zufolge als notwendiges Element hinsichtlich der Raumkonstitution angesehen werden muss, wird die Bedeutung der Zentralperspektive entkräftet, da die eigene Position in die Perspektive mindestens einbezogen werden muss, wenn sie nicht sogar das Verständnis einer anderen Perspektive ermöglicht: „Auch im Guckkastentheater gilt, wie in jeder Raumform des Theaters, dass die Perspektiven der Zuschauer von ihrer individuellen Lage im Raum abhängig sind. Doch generell herrscht dabei das Prinzip, dass im Ideal möglichst alle Zuschauer alles sehen - wenn auch aus leicht variierten Perspektiven."[491]

Der hier von Roselt genannte Begriff des *Alles*-Sehens muss vor dem Hintergrund der Perspektive und den getroffenen Analysen und Begriffsklärungen des Abwesenden infrage gestellt werden, da einerseits eine Sichtbarkeit ‚von Allem' nicht haltbar ist und durch Sehbarkeit erklärt werden muss[492], andererseits inhäriert dem Anwesenden und in diesem Falle dem sehbar Anwesenden stets eine Abwesenheit, die eben bedeutet, dass der Zuschauer nicht alles sehen kann bzw. in diesem seinen Sehen auch gleichzeitig faktisch *nicht* sieht. Kirsten Kramer und Jörg Dünne beschreiben die Zentralperspektive als konstitutiv für „das spezifische mediale Zusammenspiel von Raumpraktiken und Ord-

490 Rodatz 2010, 119.
491 Roselt 2008, 100f.
492 Siehe Schürmann 2004.

nungsraum, das das theatrale Raumgefüge der modernen Formen der Perspektivbühne oder der Guckkastenbühne prägt [...]."[493] Hiermit ist ein wichtiger Punkt hinsichtlich der vorliegenden Klärung zur Bestimmung des Raumbegriffs auf dem Theater festzuhalten, indem eine Verschränkung von Raum als Ordnungsinstanz und Raum als Praxisraum vorliegt. Indem Praktiken auch als Blicke und Sehbewegungen verstanden werden, ermöglicht also die Zentralperspektive eine Konstitution von Bewegungen und generiert „ein hochkomplexes Blickregime und visuelles Raumschema"[494], welches allerdings nicht allein darin besteht, einen dreidimensionalen Raum der Illusion und Fiktion zu konstruieren: Einerseits

> *setzt das perspektivische Raumschema [...] die rigide Fixierung der Blickrichtung und des Augenpunktes des Betrachters voraus und fundiert so mit der räumlichen Distanz von Betrachter und Betrachtetem einen geometral definierten Schauraum, der wesentlich auf dem disziplinierenden Visualisierungsprinzip der ‚Frontalität' beruht [...].*[495]

Auf der anderen Seite kann durch die zentralperspektivische Sicht das Auge des Zuschauers als Bestandteil der Raumanordnung bzw. des Sehapparates angesehen werden, da aufgrund „der paradoxen Koinzidenz von Distanz- und Fluchtpunkt [...] das ‚körperlose' Auge des Beobachters fest in die technische Projektionsanordnung integriert wird und der Betrachter sich damit als inhärenter Teil des Raums des Sichtbaren konstituiert."[496] Hiermit ergibt sich eine Ambivalenz, die jedoch zentral ist für die Raumkonstitution auf dem Theater und die notwendige Einbeziehung des Blickes bzw. des Zuschauers: mittels des Raumes als an-*ordnendes* Element befinden sich Objekte in räumlicher Nähe, die Beziehungen untereinander eingehen und Bewegungen entstehen lassen. Diese Bewegungen können visueller Art sein und von einer zentralperspektivischen Sicht ausgehen, wobei die Perspektive Sehbarkeit beeinflusst und ferner von der Anwesenheit des Blickenden ausgeht und ihn damit als signifikantes Subjekt-Objekt im Raum ausweist, dem wiederum selbst Blicke gelten.

Am Beispiel des Theatervorhangs, der einerseits als Rahmung des Mediums Theater selbst, als mediale Oberfläche und andererseits auch

493 Kramer/Dünne 2009, 24.
494 Kramer/Dünne 2009, 24.
495 Kramer/Dünne 2009, 24.
496 Kramer/Dünne 2009, 24.

als eigenes Bild fungiert, veranschaulichen Jackob und Röttger den Sehvorgang:

> *In diesem paradoxalen Doppelcharakter des Vorhangs, der abwechselnd Bilder verbirgt und die Sicht darauf freigibt, sehen die Verfasser auch die Grundbedingung des Bildes im Theater: „seine Sichtbarkeit repräsentiert, was er verbirgt: das sichtbare Bild." Bilder im Theater sind aber nicht nur sichtbar, sondern sie existieren bereits als innere Bilder in den Köpfen der Zuschauer. Jede Form der Bildlichkeit, und nicht nur die des Theaters, hängt von der wechselseitigen Beziehung zwischen inneren (mentalen) und äußeren (physischen) Bildern ab.*[497]

Der Vorhang vereint nun mehrere Aspekte der vorliegenden Arbeit: Die gleichzeitige Verknüpfung von Sichtbarem und Unsichtbarem veranschaulicht er auf treffende Weise und rekurriert dabei auf die angesprochene Thematik der gleichzeitigen An- und Abwesenheit. Außerdem stellt er eine wichtige Einheit hinsichtlich der Raumthematik auf dem Theater dar, indem er eine Grenze zwischen Zuschauer- und Bühnenraum markiert, die hinsichtlich des Schnitts durch unterschiedliche Räume des Theaters verschiedene Deutungen des (Theater)Raums zulässt.

> *Dazu bedarf es keiner sichtbaren Aktion auf der Bühne. Allein das Wissen darum, dass sich hinter dem Vorhang (in räumlicher wie auch in zeitlicher Hinsicht) etwas verbirgt, disponiert zur Aufmerksamkeit. Wer ein Stück bereits in einer anderen Aufführung gesehen oder als Text gelesen hat, bringt innere Bilder und Vorstellungsbilder mit. Derjenige, der nicht um die Ausdrucksformen der Aufführung weiß, assoziiert möglicherweise Bilder, die er aus gänzlich anderen Zusammenhängen kennt. So gibt sich der Vorhang als eine Schwelle des Sichtbaren zu erkennen. Um sich seiner besonderen Wirkungsweise bewusst zu werden, mache man sich klar, dass der Vorhang als Pausenvorhang einen sichtbaren Schnitt in der (häufig auch in Theatertexten markierten) gezeigten Handlung darstellt. […] Die Tatsache, dass seine Funktion darin besteht zu verhüllen, bedeutet, dass es etwas zu sehen gibt. Das heißt: seine Sichtbarkeit repräsentiert, was er verbirgt: das sichtbare Bild.*[498]

Die Sicht auf den Vorhang verdeutlicht nun nach Jackob/Röttger den phänomenologischen Zusammenhang, den Merleau-Ponty anhand des Würfels beispielhaft unter Einbeziehung der Frontalität vorführte. Es geht also weniger darum, was man alles sehen kann, sondern was

497 Balme 2003, 212.
498 Jackob/Röttger 2003, 239.

sich aufgrund von Vorwissen in eine Relation zu dem begibt, das man vermeintlich sieht. Zusammenfassend lässt sich festhalten, dass eine Wechselwirkung von Wahrnehmung bzw. Wahrnehmungsprozessen und Räumlichkeit herrscht:

> *Das Maß aller Wahrnehmung ist somit der Raum leiblicher Anwesenheit und die natürliche Wahrnehmung darin. Für das Sehen bedeutet dies, dass die natürliche Sinneswahrnehmung [...] die Anschauung von Welt maßgeblich bestimmt. Sichtbarkeit geht dabei aber nicht allein von einem singulär sehenden Auge aus, sondern von der Stofflichkeit der Welt, die leiblich spürbar ist, worin Sehen einen Teil einnimmt.*[499]

Die Wahrnehmung, welche im ersten Teil der Arbeit unter Bezugnahme auf visuelle und akustische Dimension ausgeführt und in Kapitel 3.3.3 um atmosphärische Wahrnehmung ergänzt worden ist, erweist sich demnach als Voraussetzung für den Raum, der unterschiedliche Aspekte bzw. Charakteristika aufweist. In einer Analogie zur Thematik der Abwesenheit in Kapitel 2 ergeben sich als signifikante Begrifflichkeiten auch an dieser Stelle Entzug, Wahrnehmung, Anwesenheit, Aufführungsbegriff, Gegenwart, Präsenz und Ko-Präsenz, sowie Bewegung, was für die inhärente Verknüpfung des Raumes mit Abwesenheitsaspekten spricht: Diese sind demnach an den Raum geknüpft und daran nachweisbar. Dies wird hinsichtlich der Inszenierungsanalyse von *Das letzte Feuer* im folgenden Kapitel näher ausgeführt. Indem Raum als erste Instanz der Wahrnehmung angesehen werden kann, erfolgt die Verknüpfung von Raum und Abwesenheit, die gebunden ist an das Sehen, Hören, Atmosphäre, Bewegung, eigene Anwesenheit und Perspektive - und nicht zuletzt Räumlichkeit.

499 Rodatz 2010, 187f.

4 ZUR RAUMKONSTRUKTION, SICHTBARKEIT UND ABWESENHEIT IN *DAS LETZTE FEUER*

> *Während ich schreie, während ich Anstrengungen mache, an der Zeit entlangzulaufen (jenem Geleise, das furchtbar in der Nacht leuchtet), während ich außer Atem komme bei all dem Gezeter, das so gut wie nichts einbringt – nichts als einen winzigen Bruch in der Zeit, währenddessen…*
> ist der Raum da.
> *Da. Vor mir. Über mir. In mir. Überall.*
> Er *ist da.* Er *schweigt. Unbegrenzt. Er enthält. Er verschlingt. Ewig.*
> *Heere von Sternbildern ziehen vorüber und verschwinden wie Rauchschwaden in seinem Mund.*
> *Wir müssen verstummen. Nichts kann dieses Ding ohne Namen ausdrücken. Nichts.*[500]

Ausgehend von diesem Textauszug aus Jean Tardieus *Mein imaginäres Museum,* in dem der Autor versucht, sich den Werken großer Maler mittels Worten zu nähern, sei verwiesen auf die stetige Präsenz des Raumes, wenn eben Worte versagen oder nicht das angemessen auszudrücken vermögen, dessen man sich erinnert, nicht erinnert oder gerade nicht erinnern will. Wenn Worte und Reden kein Verstehen und kein Verständnis ermöglichen und dies einen Zustand der Endlosigkeit, Aussichtslosigkeit und fast ohnmächtiger Wiederkehr bedingt – weil mit Worten nicht zu erfassen ist, dass der eigene achtjährige Sohn tot ist, dass die eigene Ehe eigentlich nicht mehr existiert, dass nie die jugendlich erhoffte universale Erfüllung eingetreten ist.

Dass immer etwas fehlt. Dass in einer Kriegserfahrung ein Kind in den eigenen Händen starb, dass die Krebserkrankung eine Brustamputation nötig machte, dass die eigene Erinnerung aufgrund der Alzheimererkrankung nicht mehr verlässlich ist, dass die Anforderungen des Jobs nicht erfüllt wurden und ein Gefühl der Unzulänglichkeit zu Fahrlässigkeit führt. Die Figuren in Dea Lohers Stück *Das letzte Feuer* sprechen. Sie reden sich um Kopf und Kragen. Und gehen dabei immer weiter in dem Leben, der Wohnung, der Umgebung – in dem Raum, der ihnen zur Verfügung steht und der sich unerbittlich immer weiter bewegt.

500 Tardieu 1965, 16f.

Dieses „Katastrophenstück“[501] wurde im Jahre 2008 von Andreas Kriegenburg am Thalia Theater Hamburg[502] auf die Bühne gebracht, indem er und die Bühnenbildnerin Anne Ehrlich den Schauplatz auf einer Drehbühne ansiedeln, die sich bis auf drei kurze Momente in der Inszenierung unaufhörlich dreht.

> *Kriegenburg lässt seine Schauspieler [...] auf seiner Drehbühne gegen die Drehbewegung laufen, um im Blickfeld zu bleiben, oder mit ihr abtreten, wenn sie stehen bleiben. Dieser Kniff gibt der Inszenierung ein hohes Tempo und eine Präzision, in der die großartigen Schauspieler etwa zwei Stunden laufen und daher improvisieren müssen. So ist das Leben, wenn man es nicht, wie Kriegenburg, manchmal anhält. Man geht von Tür zu Tür, durchschreitet nutzlose Räume und kommt nie irgendwo an.*[503]

Auf der Drehbühne sind die Zimmer einer Wohnung inklusive zweier Haustüren - so dass es durchaus mehrere Wohnungen unterschiedlicher Personen sein können, wie noch erläutert werden wird - tortenstückartig angeordnet und können im Kreis durchlaufen werden. Dies passiert auch permanent, denn wenn ein Schauspieler Text spricht, muss er vorne zu sehen sein[504] oder bei längeren Textpassagen eben gegen die Drehrichtung mitlaufen beziehungsweise seinem Dialogpartner ins nächste Zimmer folgen.

Durch diese scheinbar unermüdliche Bewegung der Bühne und der damit einhergehenden Beschaffenheit des Raumes müssen sich die Akteure an den Raum anpassen und ihr Spiel mit der Bewegung und Geschwindigkeit des Raumes abstimmen. Auf diese Weise entsteht eine besondere Situation hinsichtlich des (Bühnen)Raumes, welche die Liste der Figuren gleichwie die Liste gängiger Raumtheorien durch ein neuerliches Raumverständnis erweitern soll: der Raum als Mitspieler.

Ferner bedingt der Vorgang des Drehens eine stetige Unsichtbarkeit eines Teils der Bühne, der sich nach einigen Minuten wieder zeigt und dabei aber verändert auftritt. Möbel wurden umgestellt, Bilder von den Wänden genommen, Schränke geleert, die Waschmaschine läuft, es

---

501 Prof. Dr. Carola Hilmes im Symposium *„Verstehen – davon war nie die Rede“* zu Dea Loher und Elfriede Jelinek im Deutschen Theater Berlin am 11.04.2010.

502 *Das letzte Feuer.* Regie: Andreas Kriegenburg, Bühne: Anne Ehrlich, Thalia Theater Hamburg, Premiere am 26.01.2008 (UA). Wiederaufnahme am Deutschen Theater Berlin am 08.04.2010.

503 nachtkritik.de: *Das letzte Feuer – Andreas Kriegenburg verhilft Dea Loher zum Triumph.*

504 Kriegenburg während des Publikumsgesprächs am 16.06.2008 im Staatstheater Wiesbaden.

spielt jemand wortlos mit dem Hund im Hausflur, sitzt am Küchentisch. Dieser Kreislauf des Alltags und des Lebens, das eben weitergehen muss, auch nach dem Unfalltod des Sohnes, den eigenen Erfahrungen, Verwundbarkeiten, dem eigenen Leiden, eigenen Glück spiegelt sich in Stücktext und Raumkonzeption sowohl durch die Thematiken der (räumlichen und körperlichen) Abwesenheit, des Fehlens, der Versehrtheit, der (Un)sichtbarkeit, der Leere, aber auch der Wiederholung, Unentrinnbarkeit, des Neubeginns:

> *SUSANNE: Ich will nicht. Ich kann nicht. Ich will nichts mehr essen, was ein Herz hat.*
> *LUDWIG:* seufzt *Susanne –*
> *SUSANNE: Es muss weitergehen. Nicht wahr. Das Klavier muss gespielt werden. Das Brot muss geschnitten werden. Das Herz muss schlagen.*
> *LUDWIG: Dann eben Reis. Eier –*
> *SUSANNE: Der Tag muss anbrechen. Geld muss verdient werden. Das Herz muss schlagen.*
> *LUDWIG: […] Ich wüsste gerne, was ich tun soll. Wie ich uns helfe. – Aber das kann mir niemand sagen.*
> *SUSANNE: Ideen wollen geboren werden. Das Herz muss schlagen.*[505]

4.1 Abwesenheit/en, Fehlen und Verlust: das „Katastrophenstück"

There ain't no space and time
To keep our love alive
We have existence and it's all we share
There ain't no real truth
There ain't no real lies
Keep on pushin' 'cause I know it's there
(The Verve: Space and Time[506]*)*

Das letzte Feuer beginnt als Erzählung des Unfalltods des achtjährigen Edgar und der darauf folgenden Ereignisse. Auch im weiteren Verlauf sowohl der Inszenierung als auch des Textes wird der Stil einer Berichterstattung beibehalten: die Figuren sprechen mitunter auch von sich selbst in der dritten Person, sprechen Aussagen und Dialoge von anderen Figuren oder sprechen über andere – jedoch stets erzählend an den Zuschauer gerichtet.

505 Loher 2008, 4. Szene 3.
506 Erschienen auf dem Album *Urban Hymns*, 1997.

Die Eltern des Jungen, Susanne und Ludwig Schraube, treffen auf den Kriegsheimkehrer und ehemaligen Soldaten Rabe Meier, der kurz vor dem Unfall Edgar auf der Straße begegnet und einziger Augenzeuge des Unfalls ist, sowie die ermittelnde Polizistin Edna, die eigentlich einen Bombenattentäter sucht und glaubt, ihn im Fahrer eines Autos gefunden zu haben, welches sie wegen starker Geschwindigkeitsüberschreitung verfolgt. Das Auto jedoch lenkte der drogenabhängige Olaf: er hat den Wagen der Kunsterzieherin Karoline entwendet, welche wiederum ein Verhältnis mit Ludwig Schraube hat. Der Junge erschrak aufgrund des rasenden Autos so sehr, dass er auf die Straße lief und von Ednas Wagen erfasst wurde. Im folgenden Textausschnitt suchen Edna, Susanne und Peter, Olafs Liebhaber, Olafs Wohnungstür auf, die dieser jedoch nicht öffnet:

> *PETER: Halblang, ja, nich er hat das Kind überfahren, nich er.*
> *EDNA: Nee, ich hab das Kind überfahren, sags mir nur richtig, genau, ich hab das Kind überfahren, weil dein Kerl n durchgeknallter Koksarsch is, der mit hundert durch die Stadt rauscht und nich weiß, wo die Bremse is […] – Aber ihn kriegen die dran, nich mich, weil er war der Auslöser. Wegen ihm seiner Raserei is der Junge erschrocken und über die Straße gerannt – Zur Tür. Schuldhaft kausal vorhersehbar vermeidbar – so stehts in der Schrift; kapierst dus jetzt, du ausgebrannter Idiot. […]*
> *PETER: Bist du prima fein raus. Was willste.*[507]

Weitere Figuren der Handlung nach Personenangabe Lohers sind Ludwigs Mutter Rosmarie Schraube, die an Alzheimer erkrankt ist, sowie ein kollektives WIR, das eine begleitende Erzählerfunktion innehat und in Kriegenburgs Insenierung bewusst mit mehreren Akteuren besetzt worden ist:

> *Es war für mich wichtig, dass man den Kreis der Figuren, den Dea mit „Wir" umschreibt, nicht auf diejenigen eingrenzt […], die direkt involviert sind, sondern dass man diesen Kreis erweitert über Nachbarn oder zufällige Begegnungen. Insofern hätte ich das Stück lieber mit zwanzig Schauspielern erzählt, weil es ein Element der Hoffnung einfügt, dass alle einander zuschauen, alle einander wahrnehmen, alle voneinander wissen und letztendlich auch einander durch die Leben begleiten.*[508]

Zusätzlich zu den eindeutig verteilten Rollen verkörpern daher Sandra

507 Loher 2008, 4. Szene 5.
508 Kriegenburg zitiert nach Caesar 2008, 23.

Flubacher und Angelika Thomas unbestimmte Rollen innerhalb der Figuren-Gemeinschaft und erhalten demnach häufig Textpassagen mit Erzählerfunktion. Jede Figur erzählt mithilfe des distanzierten Berichts ihre eigene Geschichte, in der Abwesenheiten, Fehlen oder Fehlbarkeiten stets eine Rolle spielen. Die Aufeinandertreffen erfolgen schließlich teilweise in Dialogform, die jedoch ebenfalls einen stimmlichen Gleichklang beibehält und durch diese Monotonie das Drehmoment in seiner Stetigkeit noch unterstreicht.

Der Tod des Jungen ist zentrales Element der Handlung, welches immer wieder thematisiert wird und damit bereits eine Produktivität des Abwesenden bedeutet: EDGAR ist in der Personenliste vor Beginn des Stücktextes aufgeführt, wobei hinter seinen Namen bereits ein Kreuz gesetzt ist. Edgar taucht weder im Stücktext noch in der Inszenierung als handelnde Figur auf, zumindest nicht hinsichtlich einer über Zeichen-Wahrnehmung erfahrbaren Präsenz. Edgar ist tot und damit einerseits abwesend, nicht mehr da, weg. Andererseits werden sowohl Edgars Tod und Fehlen thematisiert, als auch er selbst - und somit atmosphärisch wahrnehmbar gemacht:

> *ROSMARIE: Ich hab Spiele gekauft. Für Edgar. Memory. Ein Tiermemory. Ein Automemory. [...]*
> Pause.
> *Wo ist denn das Edgarchen.*
> *SUSANNE: Edgar hat uns verlassen, Mama.*
> *ROSMARIE: Verlassen. Wo ist er denn hin. Habt ihr ihn ins Internat gesteckt. Is doch kein Geld für da. So ein zarter Junge. Darf er Post bekommen. Ich schick ihm das Memory. [...]*
> Schweigen.
> *ROSMARIE: Kommt Edgar am Wochenende nach Hause.*
> *SUSANNE: Nein, er kommt nicht nach Hause.*
> *ROSMARIE: Darf er nicht. Hat er was angestellt.*
> *LUDWIG: Natürlich kommt er. Er wird uns besuchen. Jedes Wochenende.*
> *ROSMARIE: Was für ein Tag ist heute. [...] Ich muss ihm das Memory einpacken. Gleich. Falls heute erst Montag sein sollte, vergess ich es bis zum Wochenende.*
> Sie macht ein Paket.[509]

Die Figur der Rosmarie Schraube thematisiert Edgars Tod insofern nicht als Abwesenheit, als sie immer wieder vergisst, dass er tot ist:

509 Loher 2008, 10. Szene 20.

Schweigen. Rosmarie sieht das Paket.
ROSMARIE: Ist das Paket für mich?
Schon packt sie es aus. Strahlend.
Ein Memory!
Überlegt, erschrickt. Erinnert sich.
Ach Edgar ist ja tot! Das ist es! Edgar ist tot! Edgar ist tot![510]

Andererseits wird dadurch den Figuren innerhalb der Handlung immer wieder Edgars Tod regelrecht vor Augen geführt und muss zum Teil sogar immer wieder von ihnen benannt werden bzw. in Ausreden erklärt werden:

> *FRAU SCHRAUBE: Wo ist denn das Edgarchen. Hat mich heute noch gar nicht besucht.*
> *SUSANNE: Das Edgarchen ist tot, Rosmarie.*
> *FRAU SCHRAUBE: Tot –. Seit wann denn.* Pause. *Das war aber doch noch ganz klein. Wieso ist das denn gestorben. [...]*
> *FRAU SCHRAUBE: Wo ist denn –*
> *LUDWIG: Der Edgar macht einen Schulausflug. Mit der ganzen Klasse. [...]*
> *FRAU SCHRAUBE: Ach so.* Pause. *Und da bleiben sie über Nacht.* Pause. *Dann kommt er ja bald wieder. [...]*
> *SUSANNE: Hier sind deine Gedächtniszettel, Rosmarie. Ich leg sie neben die Wäsche. [...]*
> *SUSANNE: Is für morgen früh. – Erinner mich dran, dich zu erinnern.*
> *ROSMARIE: Wenn ichs nicht vergesse.*[511]

Wie Peggy Phelan hinsichtlich der Präsenz der verstorbenen Schwester[512] ausführt, wird hier der Tod als eigentliche Abwesenheit nicht als solche erfahren, was dieser wiederum den Charakter der Produktivität zuspricht: am Beispiel des Vergessens und Rückgängigmachens, das sich alle Figuren wünschen, veranschaulicht die Krankheit der Rosmarie, wie notwendiges Vergessen den Tod erst präsenter macht. Sie vergisst den Tod ihres Enkels und daher muss er für sie – und für alle anderen – immer wieder passieren:

Für Oma Schraube ist es am schlimmsten, weil
Die vergisst ja immer wieder, was passiert ist
Und erschrickt dann jedes Mal neu

510 Loher 2008, 11. Szene 20.
511 Loher 2008, 3f. Szene 3.
512 Siehe Kapitel 2.8.

Jedesmal aufs Neue
Ein kleiner Tod
Das macht am Tag
Pause.
Ungefähr
Pause.
So sechs bis acht Mal sterben[513]

Edgars Eltern hingegen wird per Stücktext die Trauer zunächst nicht zugesprochen und drückt sich auch in ihrer Unfähigkeit aus, über Edgar zu sprechen:

Hier sehen Sie
Die Eltern des getöteten Kindes
Die Eltern des verunglückten Kindes
Die Familie des Unglücks
Ludwig und Susanne Schraube
[...]
Wir zeigen Ihnen nicht
Wie die Nachricht vom Tod ihres Kindes
Die Eltern erreicht
Kein Schrei
Kein Schock
Nix Hysterie[514]

Unglück existiert gewissermaßen für die Eltern nicht innerhalb einer Zeichen-Wahrnehmung für die Zuschauer, indem diese die Trauer der Eltern nicht über sicht- und hörbare Schreie oder Verzweiflung wahrnehmen. Das Unglück existiert zunächst in der nüchternen Erzählung des WIR und bezeichnet so eine anfängliche Abwesenheit der Tragik, die analog zur Abwesenheit des Todes keine ist: Das ganze Unglück ist da, drückt sich in unterschiedlicher Weise aus und ist mit der Antrieb für das durch die Drehbühne versinnbildlichte Weitergehen.

Stillstand ist da nicht angebracht
Die Familie des Unglücks
Muss in Bewegung bleiben
Das Unglück, nachdem es sich eingeschlichen hat in diese Familie
Wie Ungeziefer

513 Loher 2008, 3. Szene 2.
514 Loher 2008, 2. Szene 3.

Wie Schimmelpilz
Wie Gift in eine Speise
Will unschädlich gemacht
Will vernichtet, will ausgeräuchert
Will erkannt und erbrochen werden
[...][515]

Ein weiterer Aspekt bezüglich der Abwesenheit, der in der vorangegangenen Kapiteln angesprochen worden ist, ist der der Zeugenschaft, innerhalb derer Zeugnis von etwas abgelegt wird, das vergangen, nicht mehr da, abwesend ist. Rabe ist der Augenzeuge des Autounfalls und zugleich Zeuge des Krieges, aus dem er zurückgekehrt ist.

Der Fremde wird vernommen
[...]
Aber was haben Sie gesehen
Der genaue Ablauf
Wäre wichtig für uns
Auch um die Kollegin zu
Entlasten eventuell
Auskunft Ablaufsauskunft
Nur diese eine
Dann sind wir schon gleich

Ja
Sagt der Fremde
Ja Ja Ich habe alles gesehen
Ich war dabei Ja Ja Alles alles gesehen Alles

Aber was Was war da

Dann kippt er um Und schläft Scheinbar Anscheinend
Oder ist er
Bewusstlos
Erinnerungslos
Will die Erinnerung sich nicht erinnern lassen[516]

Nach dem Unfall nimmt er sich ein Zimmer gegenüber der Wohnung der Familie Schraube, aus dem der Berichterstattung des WIR zufol-

515 Loher 2008, 2. Szene 3.
516 Loher 2008, 5. Szene 6.

ge den restlichen Tag und die folgende Nacht Schreie zu hören sind, weil Rabe sich, nachdem er den Unfalltod des Jungen gesehen hat, mit einer Eisenfeile die Finger wund und blutig feilt.[517] Der Akteur Hans Löw trägt in der Inszenierung Mullbinden an den Händen bzw. Fingern, deren Erklärung und Notwendigkeit sich dann erst im Verlauf der Erzählungen ergibt. Die Mullbinden legen Zeugnis ab von einer Verwundung, die wiederum Zeuge bzw. Verarbeitungsversuch für etwas anderes ist, das sich im Handlungsverlauf als kollektives traumatisches Erlebnis herausstellt.

Darüber hinaus legen seine Wunden und Narben Zeugnis unter anderem dessen ab, was er erlebt und durchlitten hat: die Narben sind also wahrnehmbare Anwesenheit des Abwesenden. Im Verlauf der Handlung kommen sich Susanne Schraube und Rabe näher:

Sie wagen sich vor auf fremdes Körpergebiet
Rabe mit seinen Mullverbandsfingern
[...]
Susanne sammelt und zählt mit geschlossenen Augen
Jedes Mal, jede Narbe auf Rabes Haut
Und mit jedem Mal kommt sie auf eine andere Zahl
Und muss ihre Forschertätigkeit von neuem beginnen
Narbe 9 oder 12, der Biss eines Hundes, harmlos
Narbe 17 oder 21, am Knie, Erinnerung an einen Sturz in Glassplitter
Das dicke Muttermal unter dem linken Arm, angeboren
Die Einbuchtung in der Mitte des Brustbeins
Ein gebrochener und dann verwachsener Knochen
Über solche Dinge wie die Naht am Oberschenkel, 15 oder 16
Und das münzgroße Relief unterhalb des Schulterblattes, 8 oder 11
Gibt Rabe keine Auskunft
Schiebt Susannes tastende Finger sacht beiseite
Und täuscht vor, eingeschlafen zu sein
So aber, weil er schläft, kann Susanne die nicht erklärten Spuren
Umso konzentrierter küssen, mit einer Hingebung
Die glauben möchte, ihre Zärtlichkeit sei es
Die sie bis in die tiefste Vergangenheit hinein auslöschen könnte

Vergessen, was zu vergessen ist[518]

517 Siehe Loher 2008, 4. Szene 4.
518 Loher 2008, 11. Szene 23.

Die Narben zeugen von Ereignissen, über die zum Teil nicht gesprochen werden kann. Bis kurz vor Ende des Textes und der Inszenierung will Rabe nichts darüber erzählen, was im Krieg passierte und was dies in Zusammenhang mit Edgars Unfalltod in ihm auslöst. Schließlich spricht er zu Susanne, während sie schläft, damit sie ihn nicht hören kann und erschafft damit einen Sprechakt, der in Bezug auf Susanne in Unhörbarkeit mündet, für Rabe selbst aber eine erschaffene Anwesenheit des Geschehenen bedeutet:

> *Da sagt er es*
> *Er sagt ihr flüsternd, fast ohne Ton*
> *Was er gesehen hat, was ihm passiert ist*
> *Er spricht es aus, während sie schläft, damit sie es weiß, ohne*
> *Dass sie es sich anhören muss, ohne dass sie Mitleid bekommen muss, ohne*
> *Dass ihr etwas weh tun muss, ohne*
> *Dass sie darauf antworten muss, sie braucht nicht zu reagieren*
> *Er spricht es in die Nacht*
> *In den dunklen Raum hinein*[519]

Die Unhörbarkeit wird in der Inszenierung auf einer weiteren Ebene insofern virulent, als sie zumindest hinsichtlich des Akteurs Löw mit einer Tonlosigkeit einhergeht, denn er spricht den Text der wörtlichen Rede nicht zu Spielpartnerin Natali Seelig. Auf Inszenierungsebene wird damit ein fehlender Dialog zwischen Rabe und Susanne verbildlicht, der auch auf Stücktextebene durch Fehlen gekennzeichnet ist, denn Susanne schläft und ist so selbst abwesend, zumindest was ihre Wahrnehmung betrifft. Der obige Text wird von Rabe als erzählende Hinführung gesprochen, das eigentliche Geschehnis jedoch - der Tod eines Kindes in Rabes Händen während seiner Wachaufsicht - spricht nicht der Akteur Löw, sondern Seelig selbst und verleiht der Präsentmachung von Rabes Kriegserfahrung damit per se eine Absenz, indem die Nichtverfügbarkeit von Rabes Worten durch diese fremde Instanz noch unterstrichen wird.

Ein weiteres Beispiel für die Verlustmarkierung durch Narben ist die Erzählung der Kunsterzieherin Karoline, die im Gegensatz zu Rabe von ihrer Brustkrebserkrankung und Brustamputation spricht und dementsprechend offensiv mit den Narben umgeht. Sie erzählt Rabe von ihren Operationen und dem Verlust ihrer Anstellung als Kunsterziehe-

519 Loher 2008, 15. Szene 31.

rin, den sie auf ihre Krankheit bzw. den ihr aufgrund der gesundheitlichen Probleme unterstellten Alkoholismus zurückführt:

> *RABE: Außen fehlen ein paar Teile, aber innen bist du ganz.*
> *KAROLINE: Besser als umgekehrt.*
> *RABE: Ich hab das vermisst. Dass was fehlt.*
> *KAROLINE: Sie versprechen dir, dass man nichts merkt. Sie versprechen dir „einen harmonischen Übergang zum Dekolleté" und ein „natürliches Bewegungsverhalten". […] Weißt du, es gibt diese seriösen Geschäfte. Eben, für Frauen wie ich eine war, rentenversicherte Lehrerinnen. Medizinbedarf. Orthopädie-Technik. Das klingt, als wäre man kriegsversehrt. Entschuldigung.*
> *RABE: Ich hab das vermisst. Das Versehrte.*
> *KAROLINE: Scheiß drauf. Und es gibt die Läden: Make your Boobs come true. Für Frauen, die nie so waren wie ich und nie so sein wollen wie ich war; für Frauen, die Bomben sein wollen […] um außen zu zeigen, was sie innen fühlen. Ich habe beschlossen, eine Bombe zu sein. Zu zeigen, was ich nicht habe […].*[520]

Karoline versucht durch eine übertriebene Sichtbarmachung dessen, was fehlt, den Verlust und die Abwesenheit unsichtbar zu machen, indem sie in der zweiten Hälfte der Inszenierung eine Brustprothese trägt, die sowohl in Text als auch Inszenierung unproportional groß für ihren Körper ist. Nach erniedrigenden Kommentaren von Schülern oder Missachtung durch die Kollegen[521] kehrt Karoline ihren ‚Mangel' umso deutlicher sichtbar nach außen.

Der Aspekt des Vergessens zieht sich nicht nur in Bezug auf Edgars Tod durch die Handlung. Susanne kommt mit einem Koffer zu Rabe in sein Pensionszimmer, nachdem ihr Ehemann Ludwig seine Mutter in der Badewanne ertränkt hat, als diese wiederholt nach Edgar gefragt hatte, und daraufhin verschwunden ist: „Jetzt muss ich den Namen des Mannes nicht mehr aussprechen. Beide verschwunden, Kind und Vater."[522] Susanne nimmt wie selbstverständlich ihren Platz in Rabes Pensionszimmer ein, legt wie selbstverständlich ihre Kleidung in Rabes Schrank, aber spricht unaufhörlich von ihrem Ehemann und evoziert mit ihrem Verhalten Rabes Gefühl seiner eigenen Abwesenheit, das an dieser Stelle eine interessante Differenzierung zwischen Gegenwart und tatsächlicher Anwesenheit markiert:

---

520 Loher 2008, 7. Szene 9.
521 Siehe Loher 2008, 12. Szene 24.
522 Loher 2008, 13. Szene 29.

Sie will sich nicht umarmen lassen und geht steif umher
Wie rheumatisch, jede Bewegung verursacht Schmerz
Nachts rückt sie auf Abstand, eine Elle zwischen ihnen

Das kommt Rabe vertraut vor
Du wirst nicht gebraucht
Aber deine Gegenwart wird gewünscht
Ich mag dieses Gefühl
Es stimmt nicht, was sie sagen, darüber, wie man Soldat wird
Dass man sich selber auslöschen muss, die eigene Person vergessen
Ich habe mich nie so sehr gespürt
Wie in der Armee
Ich mochte dieses Gefühl, ich brauchte dieses Gefühl
Ich tat etwas Wichtiges
[…]
Ich bin jetzt Einsatzkraft Operation Susanne
Das ist unser Feldlager[523]

Einerseits ist in dem Moment unwichtig, ob Rabe wirklich da ist, d.h. es kommt nicht auf ihn als Person in ihrer Gegenwart an, allerdings ist es wichtig, dass er *da* ist, denn Susanne will gehört werden und damit die Abwesenheiten, Verluste und Vergessensmomente gegenwärtig machen – gerade um sie verlassen zu können.

Ein Gefühl der Hilflosigkeit droht in Rabe aufzusteigen
Jedesmal, wenn Susanne so redet
Er hat nicht so viele Worte zur Verfügung
Er würde lieber handeln
Kann man handeln durch Worte
Manchmal bekommt er Kopfweh, wenn sie redet
Er redet zurück, so gut er kann
Für zwei Menschen füllen sie diesen Raum mit zu vielen Gedanken
Das spürt er
Die Gedanken, die ausgesprochenen, und die, die sich in ihrer beider Köpfe bewegen, dauernd
Sie drohen den Raum zu sprengen
[…]
Wir brauchen jemand, der sich unserer Gedanken annimmt
Erstens, der sich das in Ruhe anhört; zweitens, der da eine Ordnung reinbringt

523 Loher 2008, 13. Szene 29.

Drittens, der sie aufbewahrt, bis wir sie vielleicht einmal wieder haben möchten
Wir müssen sie los werden[524]

Die Produktivität des Abwesenden besteht an dieser Stelle innerhalb der Handlung demnach darin, dass ein Verlust kein vollständiges Fehlen markiert[525] und darüber hinaus weitere thematisch ähnliche Abwesenheitsmomente provoziert. Innerhalb der Inszenierung wird diesen Aspekten eine Monotonie entgegengestellt, die paradoxerweise ein gleichmäßiges Weiterlaufen impliziert, als wäre nichts geschehen. Die Verluste aber holen die Figuren ein, treiben sie in Verzweiflung und Aggression, der allein die Stetigkeit der Bühne standhält. Susanne hat ihren Mietvertrag gekündigt, als sie bei Rabe einzieht: dies stellt ebenfalls einen Kreislauf dar, denn es wird ein neuer Mieter folgen, und wird bereits durch den Schauplatz in eben der ehemaligen verlassenen Wohnung unterstrichen. Die Akteure Natali Seelig und Hans Löw durchlaufen die Kulisse der ehemaligen Wohnung der Familie Schraube, während sich ihre Figuren Susanne und Rabe genau dort *nicht* befinden:

Dauernd steht er am Fenster und sieht hinüber
Jemand schraubt die Glühbirnen heraus
Susanne, man wird kein Licht mehr machen können
Einer trägt eure Matratzen weg
Soll ich mal kurz rüber
Bloß nicht, bin froh, wenn ich das versiffte Zeug los bin
[...]
Ich will dieses Leben nicht mitnehmen Ich will nicht daran erinnert werden

Er versteht sie ja, er versteht sie
Seine Hände, die Finger, die Haut unter den Verbänden juckt
Er versteht sie ja, nur dass er, nachdem er so oft so viel zurückgelassen hat
Endlich etwas Festes will, das redet er sich ein
Die Haut unter den Verbänden juckt
Er muss endlich wieder etwas in die Hände nehmen können
Das tote Kind taucht öfter wieder auf
Und er kann es nicht anfassen[526]

Rabe wird durch den Unfall von Edgar, dessen Fußball er kurz zuvor noch in den Händen hielt, weil der Junge ihm diesen entgegengestreckt

524 Loher 2008, 13. Szene 29.
525 Siehe Kapitel 2.2.
526 Loher 2008, 14. Szene 31.

hat, an einen Vorfall im Krieg erinnert. Rabe hat Edgars Ball in seinen Händen gedreht und das Ventil gesucht, denn der Ball hatte kaum noch Luft.[527] Im Krieg ist ein Kind mit geschwollenem Bauch gestorben, während er seine Hände auf dessen Bauch gelegt hatte: „Ich nahm eine Hand des Kindes in meine. Eine Fliege setzte sich auf sein Gesicht, ich verjagte sie und streichelte seine Wange. Es öffnete die Augen, sah mich an und starb."[528]

Die Erinnerung wird so zu einem zentralen Teil in *Das letzte Feuer*, da sie entweder nicht ‚funktioniert' - wie hinsichtlich Rosmaries Alzheimererkrankung -, ihr ins Gesicht gesehen und entgegengesteuert wird - wie Karolines offensiver Umgang mit der Brustamputation und den damit verbundenen Beleidigungen -, oder aber immer wieder auftaucht und sich nicht ausmärzen lässt:

> *SUSANNE: Am Anfang hatte ich einen Plan. Ich wollte ein Jahr warten. Ein Jahr oder länger, bis ihr mich vergessen haben würdet. Bis ihr denken würdet, mein Schmerz sei so weit hinabgesunken auf den Grund meines Herzens, dass er, selbst wenn er sich bewegte, nur noch als die Erinnerung einer Bewegung spürbar sein würde, nicht mehr als Bewegung selber.*
> *Und dann, wenn ich so kühl geworden wäre. Dann, wenn ich seinen Namen nennen könnte und sähe meine Hände nicht mehr zittern, dann würde ich Rache nehmen. Ich wollte jeden bestrafen, der beteiligt war an seinem Tod. […] Es brauchte nichts Großes zu sein, aber eine Narbe sollte bleiben; eine Erinnerung, die sich wütend bemerkbar macht, die nie Ruhe geben wird. Jeden Mittag, wenn die Uhr zwölf schlägt. Jedesmal, wenn ein Motor anspringt. Jedesmal, wenn du die Post aus dem Briefkasten holst; über einen Zebrastreifen gehst; die Farbe Gelb siehst. Jedesmal, wenn du das Wort „Fußball" liest. Dann tut sie dir weh.*[529]

Das im Stücktext vermittelte Bild der Wiederkehr und des unaufhörlichen Weitergangs wird nun in Szene gesetzt mittels der Drehbühne, die unbeirrbar ihre Aufgabe befolgt und welcher dadurch eine Aktivität zugesprochen wird, die zusätzlich zu den in Kapitel 3.2 und 3.3 herausgearbeiteten Aspekten zum Raumverständnis eine neuerliche Betrachtung und *Rolle* des Raumes einläutet.

Die erfolgte Analyse bezog sich stark auf den Stücktext und dessen Spuren der Abwesenheit. Die dabei scheinbare Vernachlässigung der

527 Siehe Loher 2008, 15. Szene 33.
528 Loher 2008, 15. Szene 31.
529 Loher 2008, 9. Szene 14.

Inszenierung ist so zu erklären, dass den Text wenig inszenierte Handlung begleitet. Der Text wird wie bereits erwähnt monoton gesprochen und dabei in nüchternen Bildern innerhalb der Wohnungskulisse gerahmt, die zumeist relativ bewegungslos sind, dabei aber zugleich von der Drehbühne in permanenter Bewegung gehalten werden. Eine bewusste Inszenierung aller Szenen in einer festen Abfolge der Kulissenzimmer gestaltete sich darüber hinaus schwierig, da mit jeder Aufführung und jeder unterschiedlichen Sprechgeschwindigkeit am jeweiligen Abend sich die einzelnen Schauplätze verschieben können und es daher gar *notwendig* ist, dass die Wohnungsräume nicht eindeutig zuordenbar sind. Im Symposium des Deutschen Theaters im April 2010 wurde die Zeit für eine komplette Drehung mit fünf Minuten benannt, unterlag jedoch bei jeder Probe und jeder Aufführung bestimmten Verschiebungen durch die Akteure, um die beiden Ansagen „Wer Text hat, kommt nach vorne" und „Wenn ihr merkt, dass die Bühne sich weg dreht, müsst ihr ins nächste Zimmer gehen"[530] zu beachten. Im Laufe der Proben habe es sich jedoch eingespielt, dass bestimmte Szenen in bestimmten Räumen spielen. Anfänglich setzten Ehrlich und Kriegenburg die Akteure auf die Drehbühne und dann wurde überhaupt unter Berücksichtigung der beiden Ansagen zu proben begonnen:

> *Was die ersten zehn Minuten des „letzten Feuers" in seiner Metaphorik gefangen nimmt, wird danach zu einem enervierenden Spießrutenlauf. Keine Szene kann von den Schauspielern ausgespielt werden. Ständig laufen sie Gefahr, in die hintere Bühnenhälfte gekreiselt zu werden. Wegen der erzwungenen Spontaneität nennt Kriegenburg diese Inszenierung seine spielerischste. Aber genau das Gegenteil wird vermittelt: Die szenische Darstellung muss hinter der erschlagenden Bühnenmetapher zurück stehen.*[531]

4.2 Zur richtigen Zeit am richtigen Ort: (Dreh-)Bühne und Raum

Das Bühnenbild stellt wie erwähnt eine Wohnung dar, die in erster Linie der Familie Schraube zugeordnet werden kann, wobei auch für Szenen, die im Freien, in Rabes Pensionszimmer oder vor Olafs Wohnung spielen, kein Szenenwechsel vorgenommen wird, so dass die Wohnung nicht notwendigerweise mit bestimmten Figuren ver-

530 Andreas Kriegenburg im Symposium *„Verstehen - davon war nie die Rede"* zu Dea Loher und Elfriede Jelinek im Deutschen Theater Berlin am 11.04.2010.

531 Behrendt 2010.

knüpft ist, zumal beispielsweise Karoline, die Polizistin Edna oder Peter dort schlafen oder das Badezimmer benutzen. Die Zimmer sind tortenstückartig angeordnet: aufeinanderfolgend sind Küche, Hauswirtschafts-/Abstellraum, Schlafzimmer, Kinderzimmer, Wohnzimmer, Badezimmer und Hausflur zu sehen. Bühnenbildnerin Anne Ehrlich hat die Einrichtung der Zimmer an Fotografien des Künstlers Bert Teunissen angelehnt[532]: dessen Projekt *Domestic Landscapes*[533] zeigt Fotos von Menschen in ihren Wohn- und Arbeitsräumen, die in ländlichen Gegenden in Europa und Japan[534] seit 1997 aufgenommen worden sind.

> *The title Domestic Landscapes refers to the characteristic panoramic format of a landscape photo. It also refers to the idea that the homes that I photographed form a landscape of the life of the people that live in them. These homes have changed just as slowly through the years as the landscapes in which I found them. The people in the photos have aged with their habitats and have become part of it.*[535]

Demnach folgt die Einrichtung der Wohnungskulisse im Bühnenbild keiner Optik der 1960er oder 70er Jahre, auf die sich Ehrlich zufolge die Nachfragen zur Verortung des Bühnenbilds oft beziehen[536], sondern ist an zeitgenössischen Einrichtungen orientiert, wie sie in zumeist ländlichen Gegenden zu finden sind: die Möbel sind zweckmäßig, alt und abgegriffen, die Badezimmerfliesen zum Teil gesprungen, die Dusche befindet sich im Schlafzimmer, um die Bilderrahmen bilden sich Schmutzränder, Rohre verlaufen sichtbar außerhalb der Wände, die Tapete ist vergilbt und verschmutzt. Die Einrichtung der Wohnungskulisse ist sehr detailliert und insofern technisch versiert, als beispielsweise Dusche, Herd, Deckenlampen und Waschmaschine auch funktionieren und den alltäglichen Kreislauf und das abgebildete alltägliche Leben umso mehr verdeutlichen.

Es wurde bereits beschrieben, dass Kriegenburgs Inszenierung von *Das letzte Feuer* durch die beinahe ununterbrochen bewegte Drehbühne der Bühnenbildnerin Anne Ehrlich eine permanente Abwesenheit ein-

---

532 Mündliche Information von Anne Ehrlich während des Probenbesuchs am 07.04.2010.

533 URL: http://www.bertteunissen.com/index.php.

534 Das dazu 2007 veröffentlichte Buch trägt wiederum den Titel *Domestic Landscapes: A Portrait of Europeans at Home.*

535 URL: http://www.bertteunissen.com/contact.php.

536 Mündliche Information von Anne Ehrlich während des Probenbesuchs am 07.04.2010.

fordert, indem stets ein Teil uneinsehbar ist, während sich ein anderer gerade ,vorne' befindet und sich den Zuschauern darbietet.

Das Bühnenbild weist eine markante Räumlichkeit auf, indem der Aspekt der Nachbarschaft durch die uneindeutige Zuordnung der Zimmer zu Personen unterstrichen wird: der begrenzte Raum der Drehbühne, den die Akteure bis zum Ende der Inszenierung auch nicht verlassen, verdeutlicht die Nachbar- bzw. eher Nebeneinander-Schaft und die Enge sowie dadurch die Nähe der Figuren zueinander, deren Geschichten sich kreuzen und miteinander verwoben sind. Die Drehbühne wiederum erschafft in ihrer stetigen Bewegung eine Dynamik, mit der Akteure in ihren gegenläufigen Bewegungen korrespondieren: sie bleiben nicht stehen - auch wenn sie sich sogar dann ebenfalls bewegten bzw. bewegt würden -, sondern bewegen sich ihrerseits fort, kommen aber dennoch bis zur vorletzten Szene nicht aus dem verbildlichten Kreislauf heraus.

Indem zumeist eine Gleichgültigkeit des jeweiligen Zimmers für die Figur, die spricht, vorherrscht, verschwimmen die Räume und Wohnungen - wie auch die Beziehungen der Figuren untereinander verschwimmen oder gar aufbrechen. Susanne und Ludwig sind zwar verheiratet, aber Ludwig hat ein Verhältnis mit Karoline. Peter und Olaf finden gar nicht mehr zueinander, da Olaf ,sein' Zimmer nicht mehr verlässt. Ludwig tötet seine Mutter Rosmarie. Karoline wendet sich Rabe zu. Edna und Karoline nähern sich an, aber bleiben doch auf Distanz. Susanne wendet sich Rabe zu. Ludwig verschwindet. Edna hat Wahnvorstellungen, in denen sie denkt, sie selbst sei der gesuchte Attentäter. Rabe und Susanne ertragen die gegenseitige und gemeinsame Situation nicht. Rabe wird gewalttätig und begeht Selbstmord.

Die Gedanken drehen sich im Kreis um Verluste und Fehlbarkeiten, Beziehungen drehen sich Kreis, wie sich auch die Bühne dreht: einzig für Ludwigs Mord an Rosmarie, Rabes Erklärung, dass er nun für Susanne da und ,zuständig' sei, sowie für den Epilog wird die Bühne angehalten und markiert damit Zäsuren innerhalb der Handlung: Rosmarie, die als einzige Figur nicht trauert und daher Edgars Tod als Einschnitt in ihrem Leben betrachtet, wird getötet und damit auch Edgars ,Lebendigkeit' ausgelöscht. Zudem wird mit Rosmaries Tod die Möglichkeit des Vergessens vernichtet. Dieses paradoxe Verschwinden des Verschwindens wird also illustriert und in seiner Darstellung ermöglicht durch den Raum, der in diesem Moment an- und innehält. Die Bewegung, über die der Raum erfahren wird[537], bleibt stehen, das statische Bild von Ludwig, der an der Badewanne sitzt und schließ-

537 Siehe Kapitel 3.2.1.

lich den Kopf seiner Mutter unter Wasser drücken wird, evoziert eine beklemmende Atmosphäre: die Handlung wird angehalten, die Bühne wird angehalten und das Fehlen der ständigen Bewegung bewirkt wiederum eine Abwesenheit, angesichts derer der Zuschauer sich auf seine eigene Anwesenheit zurückgeworfen sieht. Die Erinnerungs-Instanz der Rosmarie wird ausgelöscht und damit verschwindet Edgar gewissermaßen endgültig. Eine mögliche Erwartung[538] des Zuschauers, derzufolge das stetige Drehen der Bühne einen entscheidenden und verlässlichen Teil der Inszenierung darstellt, wird in diesem Moment enttäuscht. Die Wahrnehmung allerdings bezieht sich hinsichtlich des Mordes vorrangig auf das akustische Moment, denn der Zuschauer sieht Ludwigs Handlung nicht, welcher lediglich regungslos neben seiner Mutter sitzt: Jörg Pose erzählt Ludwigs Handlungen, wobei dennoch die Wichtigkeit seiner Unbeweglichkeit betont werden muss: so wird durch die Abwesenheit der Bewegung die Wahrnehmung dieser Szene erst ermöglicht, denn das Drehen befördert sie nach außerhalb des Sichtfeldes.

Die zweite Szene abseits der Drehung schließt sich, entgegen der Reihenfolge im Stücktext, direkt an die Szene im Badezimmer an: die Akteure befinden sich in der Küchenkulisse und erzählen die Geschichte der Annäherung von Rabe und Susanne. Rabe fühlt sich ab jetzt verantwortlich für Susanne und spricht damit den Beginn der Veränderung aus. Für diese Sequenz verlassen Hans Löw und Natali Seelig die Drehbühne, indem sie sich zwischen Zuschauer und Drehscheibe stellen und frontal zum Publikum sprechen:

Ich bin jetzt Einsatzkraft Operation Susanne
[…]
Rabe lacht
Rabe sieht auf seine verbundenen Hände
Eines ist sicher
Diesen Einsatz will ich zusammen gewinnen
Eines ist sicher
Ich hol dich hier raus
Verletzte nehmen wir mit
Tote bleiben zurück
Ab jetzt wird alles anders[539]

538 Siehe Lehmann, Kapitel 2.7.
539 Loher 2008, 13. Szene 29.

Es schließt sich ein Monolog von Natali Seelig an, der ebenfalls an der Rampe gesprochen wird und eine zentrale Textpassage innerhalb des Stückes markiert, indem er den allumfassenden Kreislauf, der durch den Raum und die Bühnenkonstruktion versinnbildlicht ist, treffend benennt:

> *Erste Liebe zweite Liebe dritte Liebe vorbei. Ich habe immer darauf gewartet, dass mein Leben ein Ganzes wird. Schön blöd was. Schule, Arbeit, fehlt was, Heiraten, fehlt was, Kind kriegen, fehlt immer noch was. Warten. Ich wusste nicht worauf, dass sich mein Leben komplettiert oder so. [...] Es ist einfach so, dass es immer weitergeht, das Leben. Es ist nicht fertig und wird nie fertig sein, egal, was mit uns geschieht. Das ist kein neuer Schmerz, es ist kein Trost. Es ist nie zu Ende. Das habe ich jetzt verstanden.* Schweigen. *Es ist nie zu Ende. Es ist alles offen. Immer.* Schweigen. *Und deswegen habe ich jetzt größere Angst als jemals zuvor.*[540]

Der Text über das ewige und unentrinnbare Weitergehen wird demnach gesprochen, während das ‚Hamsterrad' der Bühne stillsteht. Vor dem Hintergrund der stetigen Bewegung zeigt sich dieser Stillstand, diese Unbeweglichkeit als Fehlen einer Dynamik, die den Fortgang der Inszenierung, die Handlung, das Leben vorantreibt. Diese Zäsur innerhalb der Stetigkeit fördert als produktive Auslassung von Bewegung eine besondere Eindringlichkeit und markiert damit tatsächlich einen Moment der Veränderung – der jedoch nur von kurzer Dauer ist, denn mit der fortsetzenden Beschreibung der Notwendigkeit des Loslassens der Gedanken betreten die Figuren Rabe und Susanne wieder die Bühne, die sich erneut zu drehen beginnt:

> *Für zwei Menschen füllen sie diesen Raum mit zu vielen Gedanken*
> *[...]*
> *Susanne nickt stumm*
> *Sie haben ihr eine Betreuung angeboten*
> *Fürsorge Fürsorge*
> *Aber dann unternimmt sie doch nichts weiter*[541]

Analog zum Zurücklassen Edgars durch Rosmaries Tod verdeutlicht diese Szene das Loslassen und gleichzeitige Annähern, das sich jedoch ebenfalls der kreisläufigen Bewegung unterordnen muss.

Eine weitere wichtige Veränderung innerhalb des Bühnenbilds ist der

540 Loher 2008, 13. Szene 29.
541 Loher 2008, 13. Szene 29.

Abbau der Wohnungseinrichtung, der in erster Linie Susannes Aufgabe der Wohnung bezeichnet. Möbel werden zusammengerückt oder abgebaut, Umzugskartons stehen in den Zimmern, die Einrichtung wird zusehends weniger, die Bilder an den Wänden werden abgenommen und bringen die Verfärbungen der Tapete zum Vorschein. Im Anschluss an die genannte Sequenz, die im Stillstand und vor der eigentlichen Bühne spielt, setzt das Verschwinden innerhalb der Wohnungseinrichtung ein. Susanne zieht nach Rosmaries Tod und Ludwigs Verschwinden zu Rabe, was das Verblassen und Verschwinden der Familie Schraube endgültig besiegelt und durch die genannten Veränderungen im Bühnenraum veranschaulicht wird. Die Bühne dreht sich ab dieser Szene zudem deutlich erkennbar schneller und präsentiert den Zuschauern damit in einer noch höheren Frequenz den sichtbaren Verfall bzw. Zerfall der Wohnung, die Auflösung der Familie und die Zuspitzung von Susannes und Rabes Verhältnis: Ihre Entfremdung erfolgt inszenatorisch als eine Jagd durch die Räume, welche zusehends leerer, während die Bühne schneller und die Akteure Seelig und Löw erschöpfter werden. An dieser Stelle liegt die Wahrnehmung des Zuschauers eher auf der visuellen Ebene, denn der Text wird mitunter schnell, hastig und daher zum Teil leicht unverständlich gesprochen und ist dabei seinem Inhalt entsprechend, indem er von den Qualen handelt, die beide Figuren angesichts der Verluste einholt. Wieder wird die atmosphärische Wahrnehmung des Zuschauers angesprochen, der zwar die Drehbühne als solche noch sieht, jedoch vielmehr mit sichtbarem Verschwinden der Requisiten konfrontiert ist und daher ein eigenes Unbehagen angesichts der bedrohlichen Stimmung verspürt. Susannes und Rabes Hetzjagd, welche möglicherweise weniger ihnen gegenseitig gilt, sondern vielmehr gegen das Verschwinden gerichtet ist, gipfelt in Rabes Erzählung von dem toten Kind, dass in seinen Armen gestorben ist. Die Geschwindigkeit der Bühne hat merklich abgenommen und leitet über zu einem Streit zwischen Rabe und Susanne, während sie seine Mullverbände abnimmt. Das gegenseitige Verständnis, von dem sie sich versprochen haben, dass sie es nicht haben wollen – verstehen, davon war nie die Rede – holt sie ein und bringt sie gegeneinander auf und beide geben sich die Schuld an dem, was passiert ist.

Während der Aussage „Rabe schlägt zu" verlassen alle Akteure außer Löw und Seelig nacheinander die Drehbühne in Richtung der Zuschauer und reihen sich tableauartig an der Bühnenrampe auf. Folgender Text wird in dieser Konstellation gesprochen:

Es geht so schnell dass er selber erschrickt
Er schlägt zu und schlägt noch einmal zu

[...]
Meine Schuld Dass Edgar tot ist Dass Rosmarie tot ist
Rabe schlägt zu
Es ist jetzt fast eine Erleichterung
Hat sie ihm nicht indem sie hemmungslos weiter redet und einfach nicht aufhört und keine Rücksicht auf ihn nimmt die Erlaubnis gegeben
Er schlägt zu
Dass Ludwig weg ist Meine Schuld Dass er verschwunden ist Meine Schuld
Fordert sie ihn nicht heraus seit sie bei ihm eingezogen ist Muss sie diese gottverdammten Wörter gebrauchen wenn er das nicht will wenn er sie bittet das nicht zu tun Maul halten
Es geschieht mir recht Es geschieht mir recht [...]
Wenn sie einsehen würde dass es nichts nützt sich zu martern mit diesen Gedanken über die Vergangenheit und wer warum was Er ist so müde Er schlägt zu nur aus Müdigkeit Weil sie diese Zukunft die vor ihnen liegt jeden Tag mehr kaputtredet[542]

Während Rabe schließlich in jedem Zimmer der Wohnung auf Susanne einschlägt, erklingt das Lied *Wonderwall* der Band Oasis in einer melodiösen Version von Ryan Adams. Susanne und Rabe beschuldigen sich selbst der vergangenen Ereignisse, Seelig läuft vor Löw weg, durch die Zimmer hindurch, Susanne wehrt sich und schlägt Rabe, hört nicht auf, auf ihn einzureden, Rabe erträgt die Worte nicht. Die beiden werden von den anderen Akteuren Raum für Raum, Zimmer für Zimmer begleitet, und auch der Songtext verdeutlicht die Aussichtslosigkeit ihrer Situation:

Today is gonna be the day that they're gonna throw it back to you
By now, you should've somehow realized what you gotta do
I don't believe that anybody feels the way I do about you now

Backbeat, the word is on the street that the fire in your heart is out
I'm sure you've heard it all before, but you never really had a doubt
I don't believe that anybody feels the way I do about you now

And all the roads we have to walk are winding
And all the lights that lead us there are blinding
There are many things that I would like to say to you, but I don't know how

542 Loher 2008, 16. Szene 33.

I said maybe you're gonna be the one that saves me
And after all, you're my wonderwall
[...]
You're gonna be the one that saves me
You're gonna be the one that saves me[543]

Die bedrohliche Stimmung spiegelt die Verzweiflung der Figuren wider, die sich gegenseitig doch nicht helfen können: „[...] sie weiß jetzt wer ihre Freude verhindert sie selber sind es sie selber hindern sich daran glücklich zu sein da ist es nur folgerichtig wenn sie sich kaputtschlagen das Zerstörerische in ihnen kaputtschlagen damit sie dann Friede haben miteinander [...]"[544]. Das im Songtext angesprochene Einander-Retten findet nicht statt. Die Bühne kommt erneut zum Stehen, wenn von Rabes Selbstmord erzählt wird:

Er hebt sie auf und legt sie aufs Bett
Sie atmet

Wozu werde ich fähig sein

Er will dass sie lebt
Er will dass sie sie finden
Er wird ein großes Feuer machen
Damit sie sie leichter finden können

Er wird das Feuer sein

Er wird das Feuer sein
Das für sie brennt

Er öffnet einen Kanister
Überschüttet sich mit Benzin

Er entzündet sein Feuerzeug

Er brennt

Das letzte Feuer Das erste Feuer[545]

---

543 Erschienen auf dem Album *(What's the Story) Morning Glory?*, 1995.
544 Loher 2008, 16. Szene 33.
545 Loher 2008, 16. Szene 33.

Alle übrigen Akteure stehen oder sitzen in der Küchenkulisse und beginnen - sobald Löw und Seelig aus dem uneinsehbaren Zimmer, in dem sie sich beim letzten Drehmoment befinden, dazugekommen sind - den Epilog zu sprechen, innerhalb dessen in der 1. Person die jeweilige Geschichte jeder Figur weitererzählt und das Weitergehen zusammengefasst wird. Hierbei ist der Schauplatz auch textlich in der Wohnung bzw. im Wohnviertel angelegt: für den Abschluss der Geschichte/n kehren die Figuren an den Schauplatz zurück und folgerichtig dreht sich die Bühne in diesem Moment nicht.

> *Keiner von uns lebt mehr hier*
> *Ich bin im Knast*
> *[…]*
> *Ich bin tot*
> *Ich auch*
> *Ich hab endlich Arbeit gefunden, Koch*
> *[…]*
> *Ich bin immer noch verschwunden*
> *Wenn man mich fragt, sag ich verwitwet*
> *Zweimal verwitwet*
> *[…]*
> *Ich bin weggezogen, nach, stationär*
> *Wir haben uns nie wieder gesehen*
> *[…]*
> *Keiner kommt mich am Grab besuchen*
> *Und ich lieg da und warte und warte*
> *[…]*
> *Keiner von uns lebt mehr hier*
> *Das Malen hab ich aufgegeben*
> *Stattdessen kleines Spezialgeschäft für erotische Prothesen*
> *[…]*
> *Wir haben uns nie wieder gesehen*[546]

Dieses Schlussbild in der Küchenszenerie sieht Kriegenburg als ein „von Dea Loher angebotenes merkwürdiges Trostmotiv“[547], welches einerseits über jede räumliche Trennung hinaus die Verbindung der Figuren untereinander verdeutlicht. Bezeichnenderweise steht die Bühne währenddessen still und bietet so einen Raum für ein längeres Zu-

---

546 Loher 2008, 16. Epilog.

547 Andreas Kriegenburg im Symposium *„Verstehen - davon war nie die Rede“* zu Dea Loher und Elfriede Jelinek im Deutschen Theater Berlin am 11.04.2010.

sammentreffen. Andererseits zeigt sie die Nähe der Figuren, was Kriegenburg als Lohers Intention des Stückes beschreibt[548]: Sie leben sehr nah beieinander in intakten sozialen Situationen und interessieren sich füreinander, dafür, wie es mit ihnen weitergegangen ist. Der Küchenraum als zentraler Ort der Wohnung bildet das Schlussbild für den Epilog, demzufolge sich die Figuren gar nicht am selben Ort befinden können – z. B. im Gefängnis, im Grab, in Danzig, in der Psychiatrie –, erschafft aber vor dem Hintergrund der vorigen stetigen Bewegung einen *Raum für alle*, der in dieser Szene nicht durch technische Bewegung, sondern durch Sprechen erschaffen und zugleich wieder dekonstruiert wird. Das Abwesende – die Figuren sind ‚eigentlich' gar nicht da – zeigt sich dem Zuschauer erneut sowohl im Text als auch durch die Raumsituation.

Die Drehbühne kann demnach regulieren bzw. zumindest unterstützen, was und wer sichtbar, sehbar und abwesend ist und erhält auf diese Weise eine Aktivität, auf die noch einzugehen sein wird. Auch hinsichtlich der Rezensionen scheint der Aspekt der Drehbühne große Aufmerksamkeit zu erregen: Die Kritiken zu *Das letzte Feuer* sprechen oft nur oder sehr stark davon, so dass zum Teil eine alleinige Reduktion der Inszenierung auf den Raum und die Drehbühne zu einfach und zu eng gefasst wirkt, andererseits jedoch *für* das Gewicht des Raumaspekts und das Gewicht der Metapher spricht, welche der Bühnenraum darstellt. Kriegenburg selbst sagt angesichts der wiederholten und wieder verwendeten Dreh-Thematik seiner Bühnen[549] – und schafft sowohl mit der Aussage als auch den Bühnen selbst einen Raum für Auslassung:

> *„Ich arbeite mich an diesen mechanischen Bühnen gerade ab […]. Die Verknüpfung von Mechanik und Inhaltlichkeit interessiert mich. Ich will sehen, wie weit man damit gehen kann." Dabei läuft er immer Gefahr, die Inhaltlichkeit der Mechanik zu unterwerfen. Die Metapher droht in ihrer starken ästhetischen Setzung, jedes Wort zu übertönen. „Bei einem starken Bühnenbild", so Kriegenburg, „kann man mit dem, was darüber hinaus erzählt werden soll, viel freier umgehen." Die Bühne vermittelt also, was dann sprachlich ausgelassen werden kann.*[550]

548 Andreas Kriegenburg im Symposium *„Verstehen – davon war nie die Rede"* zu Dea Loher und Elfriede Jelinek im Deutschen Theater Berlin am 11.04.2010.

549 Franz Kafka: *Der Prozess*. Regie und Bühne: Andreas Kriegenburg. Münchner Kammerspiele, Premiere am 25.09.2008. Dea Loher: *Diebe*. Regie und Bühne: Andreas Kriegenburg. Deutsches Theater Berlin, Premiere am 15.01.2010.

550 Behrendt 2010.

4.3 Sichtbarkeit und Abwesenheit: sichtbare Unsichtbarkeit

Der Aspekt der Sichtbarkeit bezieht sich zunächst auf okkasionelle Abwesenheit, indem durch den Drehmoment stets ein Teil der Bühne nicht zu sehen ist, das heißt in Bezug auf Schürmann bzw. Kapitel 2.3.3 sichtbar, aber nicht sehbar ist. Hier ist die Perspektive des Zuschauers von Bedeutung, der frontal der Bühne im klassischen Guckkasten-Sinne gegenüber sitzt: Der Zuschauer ist daher prinzipiell buchstäblich in der Position, alles sehen zu können, da durch das Drehen der Bühne zwar einerseits Unsichtbarkeiten erzeugt werden, sie andererseits aber auch in ihrer Ganzheit sichtbar ist, eben weil sie sich dreht und temporär verdeckte Zimmer bzw. Räume des Bühnenbilds immer wieder an der Rampe erscheinen. Der Zuschauer ist fixiert in seiner Position und damit in seiner *Sicht*-Weise und kann so gerade nicht alles sehen, obwohl die Bühne sich so praktisch und bequem vor seinen Augen dreht und immer wieder den Blick auf alle Räume freigibt.

Mit der Notwendigkeit, dass gleichzeitig auch Zimmer der Bühnenkulisse nicht sichtbar sind, ist eine technische Veranschaulichung dessen gegeben, was in Kapitel 2.3 als Verknüpfung von Sicht- und Unsichtbarem beschrieben wurde: Indem Zimmer und Akteure ‚vorne' zu sehen sind, sind ebenso andere Zimmer nicht zu sehen - anders als beispielsweise in Beiers *Die Schmutzigen, die Hässlichen und die Gemeinen,* wo ebenfalls Zimmer einer Wohnung nebeneinander angeordnet sind. Auf diese Weise ist sehr gut das Spiel mit Unsichtbarkeiten beschrieben, das weiter gedacht als Inszenierung von okkasionellen Abwesenheiten bezeichnet werden soll und daher *Das letzte Feuer* unter den hier besprochenen Inszenierungen einen Sonderstatus verleiht.

Hier entsteht eine interessante Ebenenverschiebung hinsichtlich der Drehbühne: Die eigentliche Funktion der Drehbühne beinhaltet die ebenso pragmatische wie praktische Möglichkeit, mehrere Bühnenbilder bereits auf verschiedenen Teilen der Bühne aufgebaut zu lassen, was dann einen schnellen Szenen- und Ortswechsel ermöglicht, indem die Bühne je nach Anzahl der verschiedenen errichteten ‚Räume' um 180, 120, 90 etc. Grad gedreht wird.

Dieser eigentlichen Funktion beraubt scheint es hier jedoch keine Absicht der Drehbühne, zwischen den Zimmern der Wohnung von Lohers Protagonisten um des Szenen- und Schauplatzwechsels willen zu springen, sondern das permanente Drehmoment erfordert eine Flexibilität, die gerade nicht vom Szenenwechsel her rührt, sondern vom aktiven Aspekt des Raumes.

Diese Möglichkeit, mehrere Räume ohne Umbau und damit einhergehendem Zeitverlust verfügbar zu haben, wird in *Das letzte Feuer* dahingehend relativiert, dass der Umbau während der permanenten Drehung erfolgt und so der Zeitverlust ebenfalls verhindert wird, allerdings nicht als praktisches, bühnentechnisches Element, sondern um genau diese Umbauten als beispielsweise Verfall der Wohnung vor Augen zu führen. Die Bühne dreht sich vor Augen der Zuschauer und führt ihm auch die Änderungen innerhalb der Kulisse vor, was demnach gleichzeitig Unsichtbarkeiten - indem ein Teil der Bühne ‚sich wegdreht' - wie spezielle Sichtbarkeit hervorbringt: Indem der Umbau zwar im uneinsehbaren Teil der Bühne, jedoch bei jeder Drehung geschieht, sieht der Zuschauer die Veränderungen innerhalb der Zimmer umso deutlicher. Hier unterliegen die Geschehnisse, die im jeweilig ‚gedrehten' Zimmer stattfanden, der Imagination des Zuschauers, der sich möglicherweise die „kleinen Geschichten"[551] selbst weiterdenkt. So ist in einer Sequenz die angeschaltete Waschmaschine samt geöffneter Waschmittelpackung im Badezimmer zu sehen und beim nächsten Dreh ist die Wäsche denn auch aufgehängt worden. Ehrlich zufolge gab es zu Beginn der ursprünglichen Proben festgestellte Bilder, auf die es auch ankam und die beibehalten wurden, jedoch habe es sich hinsichtlich beispielsweise kleiner Gegenstände eingespielt, dass die Akteure diese mit aus der Kulisse nehmen oder hineinbringen und so ihren Teil zur ‚Nutzung' der Wohnräume beitragen. Anne Ehrlich zufolge befinden sich hinter der Drehbühne 15 bis 20 Arbeiter, die die Räume umdekorieren und für die Zuschauer unsichtbar agieren.[552] Details werden ‚hinter der Bühne' verändert, so dass beispielsweise im Küchenraum Geschirr auf dem Tisch steht, was beim nächsten Dreh abgeräumt worden ist. Nach Auskunft Ehrlichs sind bei einzelnen Aufführungen zu bestimmten Jahreszeiten oder Ereignissen noch zusätzliche Elemente eingearbeitet worden: Sie berichtete beispielsweise von einem kleinen Tannenbaum, der während der Weihnachtszeit zu den Requisiten der Inszenierung gehörte und dann in Wohnzimmer oder Küche aufgestellt wurde. Während der Aufführung in Wiesbaden am 16. Juni 2008 wurde im Fernseher in der oberen Zimmerecke der Küche in einer Szene ein Fußballspiel gezeigt und neben dem Gerät je eine deutsche und eine österreichische Flagge drapiert. Im Wiesbadener Kurpark hinter

551 Mündliche Information von Anne Ehrlich während des Probenbesuchs am 07.04.2010: „Wenn Wäsche gewaschen wird, dann z. B. nur weiße oder nur bunte, die dann auch beim nächsten Dreh aufgehängt ist - uns war es wichtig, kleine Geschichten zu erzählen."

552 Mündliche Information von Anne Ehrlich während des Probenbesuchs am 07.04.2010.

dem Theaterhaus bzw. benachbarten Casino wurde zur gleichen Zeit das entsprechende Gruppenspiel der Gruppe B der Fußball-Europameisterschaft 2008[553] aus Wien auf Großbildleinwand übertragen: in ganz stillen Momenten war der Jubel von draußen sogar innerhalb des Theatergebäudes zu hören. Die diesbezügliche Verschränkung von Raumerleben und Sichtbar- bzw. Hörbarkeit sei hier nur am Rande genannt: Indem die Flaggen vom Zuschauer gesehen und verortet werden können, erschließt sich für ihn eine Anwesenheit des eigentlich Abwesenden. Möglicherweise hat er sich bewusst gegen das Fußballspiel und für einen Theaterbesuch entschieden, um das Spiel eben *nicht* zu sehen, jedoch wird ihm die Abwesenheit des Spiels durch die sichtbare Vorführung im Raum der Bühne vor Augen geführt bzw. wenige Male auch akustisch deutlich.

Außerdem ist die Position bzw. Perspektive des Zuschauers von Bedeutung, der überhaupt erst die Funktionalität der Drehbühne ermöglicht und damit an der Produktivität des Abwesenden, die sich wiederum mitunter aus seiner Wahrnehmung konstituiert, beteiligt ist.

Das vermeintliche Alles-Sehen, welches die Drehbühne in ihrer unaufhörlichen Bewegung suggeriert, wird empfindlich gestört, weil ein Teil hierbei stets auch unsichtbar bzw. uneinsehbar bleiben muss, um die gleichzeitige Sichtbarkeit an anderer Stelle zu ermöglichen. Die Untrennbarkeit von An- und Abwesenheit wird hier deutlich und lässt eine Verlagerung der Charakterisierung der Abwesenheit von okkasionell zu inszeniert zu, wobei es sich vielmehr um eine Verschmelzung beider handelt. Die Drehbühne ist natürlich wesentlicher Teil der Inszenierung und bedingt damit inszenierte Abwesenheiten bestimmter Teile der Wohnungskulisse, die während ihrer Uneinsehbarkeit ebenfalls inszenatorisch verändert werden. Zugleich jedoch ist die Sichtbarkeit der Akteure, wenn sie Text sprechen, deutlich als inszenierte Anwesenheit einzustufen, die jedoch wiederum notwendigerweise Abwesenheiten hervorbringt, denn irgendetwas muss okkasionell-technisch bedingt für irgendjemanden unsichtbar sein. *Das letzte Feuer* bewegt sich diesbezüglich auf einer Zwischenstufe von inszenierter und okkasioneller Abwesenheit, da hier im Gegensatz zu den vorangegangenen Inszenierungsbeispielen, in denen auch unter anderem durch Wahrnehmung oder Aufmerksamkeit bedingt Dinge abwesend bleiben, die Einordnung der inszenierten Abwesenheit eindeutiger zu treffen ist.

553 URL: http://www.fussball-em-info.de/em-endrunde/gruppe-b.html.

Es ergibt sich hinsichtlich dieser Inszenierung eine untrennbare Verschränkung von Raumerleben und Sichtbar- bzw. Unsichtbarkeit, welche in Kapitel 3 angesprochen worden ist: Sowohl Raum als auch Sichtbarkeit sind in *Das letzte Feuer* abhängig von Bewegung, die in diesem Falle durch die Drehbühne und die darin angelegten Orte gegeben ist. Das Raumerlebnis *macht* das Unsichtbare, was ‚hinten' passiert, was für die Zuschauer unsichtbar ist, sichtbar: es wird nach vorn gedreht. Dadurch wird sich der Zuschauer der Realität und Objektivität des Raumes im Sinne der Raumkonstruktion bewusst: Er sitzt an diesem bestimmten Ort, sieht nicht alles, bedingt durch den Bühnenraum und die Idee des Bühnenraums. Es ist also eine objektive Komponente, dass der *Firstspace*, die Anordnung der Elemente und Kulissen auf der Bühne und deren Beschaffenheit, die Fiktion bzw. das fiktionale Erleben beeinflussen. Daher erfolgt auf der Ebene des *Secondspace* eine subjektive Einordnung der Räumlichkeit, indem eine Prüfung dessen entsteht, *wie* der objektive wahrgenommene Raum zu begreifen ist. Als Resultat ergibt sich der *Thirdspace*, der gelebte Raum, den der Zuschauer nicht nur in Bezug auf die präsentierten Einzelbiographien innerhalb der Inszenierung und hervorgehend aus einer Verschränkung der beiden vorigen Raumbegriffe erfährt:[554] Die Theaterinszenierung beinhaltet demnach gewissermaßen Grundzüge der Trialektik der Räumlichkeit. Den statischen, behältnisorientierten Raum stellt die Bühne bzw. Bühnenkonstruktion dar, die in subjektiver Ergänzung durch den Zuschauer einen erweiterten Charakter bekommt: der Zuschauer trägt mit seinem Raumdenken über den *Firstspace*, beispielsweise dessen Anordnung und Nutzung durch die Akteure oder dessen Beschaffenheit zur Entstehung eines subjektiven *Secondspace* bei. Dieses Raumdenken erfolgt per Wahrnehmung, per Sehen und Hören dessen, was innerhalb des *Firstspace* geschieht – dessen Teil der Zuschauer auch selbst ist. Durch seine Anordnung im Raum, seine Ko-Präsenz mit Elementen im Raum macht er diesen zu einem gelebten Raum, denn er konstituiert ihn durch seine Teilhabe, seine eigene Bewegung bzw. Blickbewegung überhaupt erst mit und kann daher im Sinne Sojas auch Veränderungen hervorrufen, indem er seine Wahrnehmung unterschiedlich ausrichtet – und dabei stets auch Abwesenheiten hervorbringt –, die Aufführung verlässt oder stört.

An dieser Stelle sei eine Parallelität zum in Kapitel 2.8 vorgestellten Modell zur Verortung der Abwesenheit genannt und als deutliches Ergebnis der Verschränkung von Wahrnehmung, Raum und Räumlichkeit sowie Abwesenheit festgehalten: Die raumwissenschaftlich von

554 Siehe Soja 2008, 241ff. Bzw. Kapitel 3.1.

Soja postulierte Trialektik[555] eines vorgestellten, wahrgenommenen und gelebten Raums lässt sich anhand der Untersuchung von Abwesenheitsproduktivität auf dem Theater insofern stärken, als auch die Abwesenheitskonstruktion, die des Raumes in ihrer Beschaffenheit wie auch ihrer aktiven und passiven Wahrnehmung bedarf, dreischrittig erfolgt und dabei von Objektivität über subjektive Verortung hin zu einer Verselbständigung bzw. damit Veränderung der in diesem Falle räumlich- oder abwesenheitskonstituiert wahrzunehmenden Situation verläuft.

Auf erster Stufe erkennt der Zuschauer über die eigene Wahrnehmung, dass Unsichtbarkeiten in Form uneinsehbarer Räume innerhalb des Bühnenbaus auftauchen und wieder verschwinden. Seine eigene Anordnung im Raum, seine eigene Anwesenheit und daraus resultierende Wahrnehmung an- und abwesender Elemente ermöglichen die reine Feststellung und den Übergang zur zweiten Stufe: das Fehlen wird virulent und demnach thematisiert hinsichtlich und übertragen auf mehrere Ebenen des Werkes - sowohl Lohers Stücktext als auch der Figuren und der ihnen eigenen Abwesenheiten und Entbehrungen. In einem dritten Schritt schließlich erfolgt eine Verselbständigung des Fehlens: es wird möglicherweise nicht einmal mehr als solches wahrgenommen. Stattdessen werden beispielsweise der ‚neue' Effekt oder das neue Bild, dessen Vorbereitung im Verborgenen stattgefunden haben muss, erwartet und so durch den Zuschauer in seiner Rezeption in die Inszenierung funktional und aktiv ‚eingebaut'. Dies genau soll als der Moment festgehalten werden, in dem das Abwesende produktiv wird.

4.4 (Neben)Rolle *Raum*: Schlussbemerkung zur Abwesenheit in *Das letzte Feuer*

Zusammengefasst finden also bedingt durch den Aspekt des Drehens auf der Bühne ‚unsichtbar' im hinteren Teil Umräumarbeiten statt, die der Zuschauer nicht sieht, mit denen er aber beim nächsten Drehmoment konfrontiert wird und die dann zu etwas Sichtbarem werden: etwas, das im Verborgenen stattgefunden hat. Der Aspekt einer deutlicheren Präsenz der Szene bzw. Situation durch Abwesenheit wird ebenso aufgegriffen wie die Bedeutung der Perspektive, die der Zuschauer vom Zuschauerraum aus einnimmt, denn bereits die widersprüchlichen Auffassungen vom ‚alles sehen' von Dramaturg und Bühnenbildnerin deuten die Problematik dessen an, dass etwas nicht pauschal unsichtbar sein kann. Gerade durch das Nicht-Sichtbare auf dem Theater entsteht

555 Siehe Soja 2005.

eine starke bzw. stärkere Verdeutlichung des (Un)sichtbaren. Voraussetzung für diese Wahrnehmung ist der Raum als anordnendes System der einzelnen Sehenden, Gesehenen und Blicke. Indem die Wahrnehmung also räumlich gebunden ist und so die Existenz von An- und Abwesenheiten bedingt, erfährt der Raumbegriff eine neue Dimension, die insbesondere anhand der Inszenierung von *Das letzte Feuer* veranschaulicht werden kann. Der Raum erhält eine aktive Rolle. In der Werkschau *Katrin Brack: Bühnenbild/Stages. Theater der Zeit* berichten Akteure von ihren Erfahrungen mit Bracks Bühnenräumen:

> *Wir kämpfen gegen Schlamm, Nebel, Konfetti, Schaum, Luftballons, Schaukeln… Und wir kämpfen solange, bis wir diese Hindernisse überlisten, sie zähmen, uns mit ihnen anfreunden und beginnen, das Spiel mit ihnen zu bestimmen. Diese Kämpfe sind nicht einfach. Genauso wie es nicht einfach ist, einem vollendeten Gedicht eine neue Zeile hinzuzufügen. Doch Katrins luftige Bühnenpoeme öffnen den Schauspielern genug Raum für ihre eigene Dichtung. Diese als Bühnenbilder getarnten poetischen Metaphern entwickeln während der Proben ihre spezielle Organik und werden zu körperlich spürbaren, eigensinnigen und unentbehrlichen Mitspielern.*[556]

In *Das letzte Feuer* ist diesbezüglich eine zweifache Aktivität festzuhalten: der Raum macht, bewirkt, ermöglicht (Un-)Sichtbarkeiten und ihm kann außerdem ein Akteur-Status zugesprochen werden. Der Raum wird zu einem Mitspieler, dem sich die Mit-Akteure hinsichtlich der gegenläufigen Drehsituation anpassen müssen: „Akteure sind nicht nur die Darsteller, sondern auch das Licht, die Kostüme, Objekte oder das Bühnenbild. Akteure sind all jene Personen und Gegenstände, die Teil einer dort aufgeführten Szene sind."[557] Der Raum wird zum Mitspieler, indem sich die Akteure in seiner sturen Drehbewegung an ihn anpassen müssen, ihn einbeziehen müssen sowie ihre Bewegungen und ihr Spiel von ihm abhängen und beeinflusst werden. Das eingangs genannte Zitat über den Raum als Rahmung sei also notwendigerweise erweitert um dessen aktiven Charakter im Zusammenhang mit produzierten Abwesenheiten. Die Thematik der Abwesenheit in *Das letzte Feuer* ist einerseits räumlich – und damit okkasionell – bedingt bzw. außerdem im Stücktext angelegt. Andererseits ist sie durch den Einsatz der Drehbühne bewusst inszeniert: es sei demnach auf die Unterscheidung dieser Abwesenheitsformen insofern hingewiesen, dass im Theater sowohl okkasionelle als auch inszenierte Abwesenheit vor-

556 Finzi, Samuel zitiert nach Nioduschewski 2010, 232f.
557 Rodatz 2010, 94.

kommen und auch beide produktiv sein können – und zwar bedingt durch den Raum und zugleich den Raum bedingend, der durch Wahrnehmungsprozesse über die Anordnung von Zuschauern und Akteuren entsteht. Der Raum ermöglicht erst die Wahrnehmung über die leibliche Anwesenheit und schließt die eigene Anwesenheit ein. Zugleich weist die Unsichtbarkeit den Raum als eigenständigen Akteur und erste Instanz dessen aus, was man (nicht) sieht, indem er als klassische Vorstellung eines Containers Sicht auf bestimmte Aspekte zulässt oder gerade nicht zulässt. Der Bühnenraum bzw. die Bühnenkonstruktion und die damit ermöglichte oder verhinderte Wahrnehmung der Zuschauer trägt also rahmend wie produktiv einzelne Elemente zusammen und korrespondiert auf einer weiteren Ebene mit dem kollektiven WIR in *Das letzte Feuer* und den Aspekten des (Nicht-)Verstehens, Erinnerns, Wissens und Fehlens:

Wir, die wir diese Geschichte erzählen
Uns gibt es womöglich gar nicht
Wir, als die Gemeinschaft, die wir vorgeben zu sein
Uns gibt es gar nicht
Wir, wir tragen nur diese Geschichte zusammen
Stück für Stück
Weil wir glauben, zusammen wüssten wir mehr
Als jeder allein
Wir, wir haben uns zusammengefunden
Zusammengerauft
Auf Zeit
Nur dafür
Zu diesem einen Zweck
Aber kennen wir uns
Werden wir uns danach besser kennen
Können wir uns verständigen
Das gelingt
Manchmal
Wir, kehren die Scherben auf
Und fügen sie zusammen
Ein zersprungenes Irgendetwas
In dem hie und da irgendetwas zu erkennen ist
Können wir uns verstehen
Verstehen
Davon war nie die Rede[558]

558 Loher 2008, 3. Szene 2.

5 Ergebnisse und Fazit

Im Kontext der Kunst kann selbst das Verschwinden
eine Quelle des Erscheinens sein.
(Martin Seel)[559]

Die Räume in *Das letzte Feuer* sind verschwunden - um nach einigen Minuten wieder aufzutauchen, mehr oder weniger leicht verändert, immer weiter laufend und damit beinahe unbemerkt die erzählte Handlung unterstreichend, die ohne große Gesten der Akteure zur Verfügung gestellt wird, wie Kriegenburg sagt:

> *Die überwiegende Zeit auf den Proben verbringen wir damit, zu versuchen zu formulieren, was für einen Schauspieler bleibt, wenn man sagt, er solle jetzt nicht spielen. Denn darum geht es, glaube ich: Die Texte werden nicht gespielt, sondern zum Anhören zur Verfügung gestellt, und auch die Figuren werden nicht gespielt, sondern zum Anschauen zur Verfügung gestellt.*[560]

Hörbare Dialoge fehlen in *Die Schmutzigen, die Hässlichen und die Gemeinen*. Lebendige Akteure fehlen in *Stifters Dinge*. Dramenhandlung fehlt in *Fräulein Julie*. Doch zugleich bewirken die Abwesenheiten dermaßen viel, dass die negative Dimension, die einer Auslassung anhaften kann, ungenügend wird. Es wurde gezeigt, dass „Auslassungen eben nicht nur Lücken sind, sondern zugleich ein evokatorisches Potential enthalten, das programmatischen Überlegungen durchaus zugänglich ist."[561]

Ausgehend von dieser Virulenz und Bedeutung des Ausgelassenen sollte untersucht werden, wie überhaupt eine Wahrnehmung desselben erfolgen kann und wie sich im Zusammenspiel mit der Aufführungssituation im Theater-Raum, die Ko-Präsenz von Akteur und Zuschauer vorsieht, eine Wirkungsweise des Abwesenden ergibt.

Indem das Abwesende - in Kapitel 2 vorgestellt als Unsichtbares, Unsehbares, Unhörbares und Schweigen - nicht den Charakter eines vollständigen Fehlens erhält, sondern durch eben seine auslassende Instanz die Bedeutung und Aufmerksamkeit umso deutlicher auf das verbleibende Anwesende verschiebt, wurde in Zusammenhang mit den spezifischen Formen des Abwesenden die untrennbare und sich gegenseitig bedingende Verknüpfung zwischen An- und Abwesendem betont: sei

559 Seel 2000, 10.
560 Kriegenburg zitiert nach Caesar 2008, 20f.
561 Adamowsky/Matussek 2004, 16.

es in Form von Sichtbarkeit und notwendigem gleichzeitigem Verdecken und Auslassen anderer Elemente oder in Form von Sprechen und darin notwendig enthaltenem Schweigen.

Daher wurden speziell die Vorgänge des Sehens, Hörens und Wahrnehmens betrachtet und anhand ausgewählter Inszenierungen in Bezug zum Theater gesetzt, dessen Charakter eines Seh-Mediums sowie eine Verlagerung auf die akustische Dimension des Visuellen vorgestellt worden sind.

> *Einen Gegenstand sehen heißt entweder, ihn marginal im Gesichtsfeld haben und ihn fixieren können, oder aber, dieser Aufforderung Folge leisten und ihn wirklich fixieren. Fixiere ich ihn, so fasse ich in ihm gleichsam Fuß, doch auch dieses „Ruhen" des Blicks ist nur eine Modalität seiner Bewegung: das Forschen des Blicks, der eben alle Gegenstände überflog, setzt sich nunmehr innerhalb des einen Gegenstandes fort; in ein und derselben Bewegung erschließt sich der Gegenstand und verschließt sich seine Umgebung. Beide Vorgänge koinzidieren nicht zufällig: nicht ist es meine kontingente Körperorganisation, etwa die Struktur meiner Netzhaut, der zufolge ich die Umgebung nurmehr verschwommen sehen kann, will ich den Gegenstand klar sehen. Selbst wenn ich nichts wüsste von Zäpfchen und Stäbchen, begriffe ich es als notwendig, die Umgebung außer acht zu lassen, um den Gegenstand besser zu sehen, an Untergrund zu verlieren, was ich gewinnen will an Gestalt, da einen Gegenstand betrachten heißt, sich in ihn versenken, die Gegenstände aber ein System bilden, in dem der eine sich nur zeigen kann, indem er andere verdeckt.*[562]

Die hier von Merleau-Ponty angesprochenen drei Aspekte der Bewegung, der Aufmerksamkeit und der notwendigen Auslassung fassen treffend die zugrunde gelegten Thematiken der Arbeit zusammen: der Blick als Bewegung wurde in Kapitel 2.3.5 bzw. 3.2 angesprochen, die Fixierung bzw. notwendige Ausklammerung eines Gegenstandes in Kapitel 3.3 genannt und die Notwendigkeit der Untrennbarkeit von Unsichtbarem und Sichtbarem bzw. An- und Abwesendem zieht sich durch die ganze Arbeit.

Indem der Begriff der Abwesenheit eingangs unterteilt worden ist in okkasionelle und inszenierte Abwesenheit, wurden für jede Form beispielhafte Inszenierungsanalysen vorgenommen. Heiner Goebbels inszeniert in *Stifters Dinge* die Abwesenheit, indem der Schauspieler aus dem Zentrum genommen wird und abwesend bleibt. *Fräulein Julie* thematisiert hingegen vielmehr die Anwesenheit und Aufmerksamkeit, welche vor allem vor dem Hintergrund der Sichtbarkeit notwen-

---

562 Merleau-Ponty 1974, 91.

dige Auslassungen hervorbringt. Karin Beier vermischt in *Die Schmutzigen, die Hässlichen und die Gemeinen* die Ebenen von okkasioneller und inszenierter Abwesenheit, indem das Bühnengeschehen vornehmlich hinter einer Glaswand stattfindet, welche okkasionell die Geräusche verschluckt, jedoch zugleich als inszenatorisches Element fungiert. In jeder der Inszenierungen wird gleichzeitig das Gegenteil von jeweils An- oder Abwesenheit mitinszeniert und veranschaulicht, inwiefern die Notwendigkeit des Rezipienten die Theorie der Sichtbarkeit oder Hörbarkeit mitbestimmt: An- und Abwesendes kann nur benannt werden, indem es ko-präsent anwesend realisiert und wahrgenommen wird.

Die Abhängigkeit des Sehens und Hörens sowohl von notwendigem Rezipienten und dessen Wahrnehmung, als auch von der Position dessen, der sieht und der Anordnung der Elemente Raum wurde im Anschluss deutlich gemacht: der Raum fungiert als wesentlicher Bestandteil im Hinblick auf die Perspektive des Sehenden - und somit der Abwesenheitsanalyse. Raum muss notwendigerweise berücksichtigt werden, wenn Wahrnehmung thematisiert werden soll: Wahrnehmung sowohl zeichengebundener als auch atmosphärischer Art. Indem der Raum den Wahrnehmenden und das Sichtbare ordnet wie anordnet, gewährleistet er Sehbarkeit oder eben Abwesenheiten und muss dahingehend differenziert werden, dass über diese Ordnungsfunktion hinaus weitere Charakteristika der Raumkonstitution nötig werden.

Die erläuterte Notwendigkeit des Zuschauers bedingt also die Ko-Präsenz von Akteur und Zuschauer, aufgrund derer sich wahrnehmungstheoretisch notwendige Auslassungen und Abwesenheiten ergeben. Die Ko-Präsenz, die insbesondere hinsichtlich des Theater- bzw. Aufführungsbegriffs erläutert wurde, sieht eine gleichzeitige Anwesenheit von Akteuren und Zuschauern am selben Ort vor. Indem das Räumliche unter anderem von Merleau-Ponty als existenziell beschrieben wurde und sich daraus der Raum der leiblichen Anwesenheit als erste Voraussetzung der räumlichen Erfahrung anschließt, wurde gezeigt, dass die Verbindungskette von Theater, Sehen und Gesehenwerden, notwendiger Verknüpfung von An- und Abwesendem, dessen Wahrnehmungsnotwendigkeit und daraus resultierender Ko-Präsenz zu einer Notwendigkeit des Raumes führt. Die Vorstellung des Raumes als *Behältnis* wurde dabei erweitert um dessen Zuschreibung als Voraussetzung von Wahrnehmung: Die vorliegende Arbeit hat den Weg vom Raumverständnis als ordnendem, rahmendem Element zu einem dynamischen, durch Ko-Präsenz von Akteuren und Zuschauern sowie Dingen und ihren Bewegungen konstituierten Raum nachgezeichnet, der darüber hinaus mit dem Aspekt des Abwesenden in Form von Fehlen, Unsichtbarkeit, Unhörbarkeit verknüpft ist. Eine Raumkonstitution, die notwendig von Wahrnehmung und Bewegung ausgeht, benötigt Abwesenheiten. Diese Notwendigkeit wird im Theater besonders deutlich, da durch dortige Auslassungen per se deren Möglichkeit und Funktionalität wichtig werden.

Auf diese Weise sei die Wechselwirkung von Wahrnehmung und Räumlichkeit noch einmal zusammengefasst: indem die eigene Anwesenheit in Raum gegeben ist, können andere Elemente oder Stimmungen wahrgenommen werden. Andererseits entstehen durch den Prozess der Wahrnehmung wiederum Räume, die nicht im Sinne des Container-Gedankens fassbar sind. Demnach kann der Raum als Maß aller Wahrnehmung angesehen werden, indem er einerseits die wahrzunehmenden Dinge ordnet und dabei auch den Rahmen bildet für das, was nicht da ist. Andererseits muss er dynamisch verstanden werden als hervorgehend aus Bewegungen, Wahrnehmungsprozessen sowie durch An- und Abwesenheiten.

Indem der Zuschauer im Raum leiblich anwesend ist, sieht und hört er. Diesen Möglichkeiten beraubt und mit Abwesendem jeglicher Form konfrontiert, sieht er sich zurückgeworfen auf die eigene Anwesenheit und wird sich dieser umso bewusster, wenn seine Anwesenheit und Wahrnehmung offenbar nicht ausreichen: das Abwesende wird auf diese Weise im Raum produktiv.

> *Indem Bedeutung entzogen bleibt, sucht der Blick und findet nur sich selbst – das suchende Sehen und den körperlich spürbaren langen Moment der Abwesenheit, in der man ein abstraktes, fast unsichtbares Geschehen aus schlichtesten Tanzschritten, Gesten, Arrangements zur Kenntnis nimmt. Theater der Leere, der Statik und der endlosen Repetition und minimalistischen Variation.*[563]

Raum kann also insofern als erste Instanz der Abwesenheit verstanden werden, als die wahrzunehmenden Dinge, um erneut mit Merleau-Ponty zu sprechen, erst in der Leiblichkeit des Sehenden entstehen und demnach seine Anwesenheit unbedingt erfordern.

Die Definition der Aufführung aus Kapitel 2 ist demnach erweiterbar: die ko-präsente Anwesenheit lässt sich beziehen auf Räumlichkeit bzw. der Raum unterstreicht umgekehrt diese gleichzeitige und ‚gleichraumige' Anordnung. Indem die Abwesenheit ebenfalls durch räumlich-okkasionelle und inszenatorische Anordnungen bestimmt wird, ist ihre Produktivität maßgeblich an den Raum gebunden – bzw.

563 Lehmann 1995, 435.

an mehrere Räume, denn z. B. Herrmann zufolge kann es sich nicht um *ein* spezifisches Raumerlebnis handeln.

Es wurde also gezeigt, dass Abwesenheit hinsichtlich ihrer Wechselwirkung mit Anwesendem - darin eingeschlossen Präsenz des Wahrnehmenden sowie Wahrnehmung selbst - produktiv wird. Die Sonderform der inszenierten Abwesenheit wird daher besonders durch den Theaterraum virulent, der jedoch okkasionelle Abwesenheiten notwendigerweise mit einschließt und daher konstituiert ist durch Bewegung, leibliche Anwesenheit, Wahrnehmung und, wie als deren ‚Folge' festgehalten wurde: Abwesenheit.

Die Differenzierung von okkasionellen und inszenierten Abwesenheiten wird hinsichtlich des Seh-Mediums *Theater* mithilfe der Performativität noch produktiver. Aufgrund der Tatsache, dass man ins Theater geht, um etwas zu *sehen*, und möglicherweise enttäuscht wird, wenn der Blick durch Zuschauer in den vorderen Reihen oder große Säulen des Theaterbaus verhindert wird, versucht man dennoch, möglichst erfolgreich daran vorbei zu blicken. Sind aber die Abwesenheiten in der Inszenierung angelegt und performativ, wirkt insbesondere der Theaterraum als besonderer Katalysator der Produktivität des Abwesenden.

In Kriegenburgs Inszenierung von *Das letzte Feuer* bietet sich eine Analogie zu Merleau-Pontys Würfel- oder Lampenbeispielen: Die Drehbühne ist wie der Würfel ebenfalls nicht auf einmal vollständig sichtbar, da stets eine Seite bzw. ein bestimmter Winkel des Kreises, den sie einnimmt, für die Zuschauer nicht sichtbar ist. Zugleich ist der ihnen sichtbare Teil für die Bühnenarbeiter oder die Akteure hinter der Bühne nicht sichtbar. Das genannte evidente Sehen bezieht sich also einerseits nicht auf Anne Ehrlichs Bühnenentwurf, da er gedreht und gewendet werden muss, um ihn in der Gänze zu erfassen. Andererseits ist genau diese Sichtbarkeit Teil der Inszenierung, die somit okkasionelle und inszenierte Abwesenheit vereint: indem die ‚Wohnung' gedreht wird, erhält der Zuschauer erst Einblick in ihre Vollständigkeit und damit die alltäglichen Situationen, in denen die Figuren gezeigt werden. Rosmarie sitzt in der Badewanne, Peter läuft in Unterwäsche durchs Zimmer, Susanne geht zu Bett oder probiert ihre Brustprothesen an, jemand steht unter der Dusche.

Die okkasionelle Abwesenheit ist demnach technisch bedingt: Der Bühnenkonstruktion geschuldet hört der Zuschauer in *Die Schmutzigen, die Hässlichen und die Gemeinen* kaum etwas, durch die Drehbühne in *Das letzte Feuer* sieht er gewisse Dinge nicht. Allerdings ist das Drehmoment hier nicht in dem Sinne in die Inszenierung eingebunden, dass

Teile der Geschichte nicht sichtbar werden – vielmehr ist es Anforderung an die Akteure, vorne, also für die Zuschauer sichtbar zu bleiben, wenn sie in einer Szene Text sprechen. Die Akteure haben keine Auftritte, sondern werden wieder nach vorne gedreht, um dem Zuschauerraum die Handlung zu präsentieren. In Karin Beiers Inszenierung hingegen wird eine mögliche Handlung nicht primär über Sprache erzählt, weshalb das Fehlen des Hörbaren auch keine okkasionelle Abwesenheit darstellt, sondern von Vornherein inszenatorisch angelegt worden ist.

Die spezielle Bedeutung des Theaters hinsichtlich der Abwesenheitskonstruktion lässt sich demnach folgendermaßen greifbar machen: Die generelle Anwesenheit als Voraussetzung von Wahrnehmung wird insbesondere hinsichtlich der Aufführungssituation signifikant, da der Begriff der Präsenz sich dort als mitkonstituierend erweist. Über die Begrifflichkeiten der Präsenz und insbesondere Ko-Präsenz also lässt sich der Bogen schlagen zum Theaterraum, da besonders dessen Charakter eines Seh-Mediums hinsichtlich der Raumerfahrung von Bedeutung ist: Diese wird über die leibliche Anwesenheit besonders deutlich durch Abwesendes – *und* überdies speziell im Theater, da die dortige Erwartungshaltung die Produktivität in Form von Zurückgeworfensein auf die eigene Anwesenheit unterstützt.

Um auf den Titel der vorliegenden Arbeit und seine Klammersetzung zurückzukommen: *Ich sehe was, was du nicht hörst* beinhaltet die notwendige Verschränkung von Sicht- und Hörbarkeit sowie Sicht- und Unsichtbarkeit und bedarf beinahe notwendigerweise dieser Doppeldeutigkeit, da das eine nicht ohne das andere existiert. Eine reine Formulierung als *Ich sehe was, was du nicht siehst,* um besonders die Abwesenheit des Visuellen hervorzuheben, wäre den vorangegangenen Ausführungen zufolge nicht in aller Gänze jenes erfassend, was schließlich als produktiv bestimmt werden soll.

Die Produktivität im Raum und die *Produktivität im Theaterraum* sind in ähnlicher Form gleichzusetzen: Indem der Aspekt der Wahrnehmung an den Raum geknüpft ist, erweist sich der Theaterraum diesbezüglich allerdings als besonders bedeutsam, da er wie gesagt einerseits notwendige Lücken braucht, sofern vom Wahrnehmungsmedium Theater und dessen Anordnung in Zuschauer-, Bühnenraum oder Raum der eigenen Anwesenheit ausgegangen wird. Andererseits weist dieser Raum über eben jenes Fehlen das Verbleibende als umso deutlicher präsent aus. Der Theaterraum erfährt somit über einerseits notwendige, also okkasionelle, wie andererseits inszenierte Auslassungen eine prägnante Zuschreibung von Produktivität.

Die Produktivität des Abwesenden *im Raum* und selbige *im Theaterraum* markiert folglich über die Klammersetzung eine pluralistische Raumauffassung, der zufolge der Theaterraum nicht gänzlich vom Raum zu trennen ist, wenn man ihn als Raum der eigenen Anwesenheit, mitkonstituiert durch eigene und fremde Bewegungen, auffasst. Eine Entscheidung für einen der möglichen vier Titel erweist sich demnach insofern als unzureichend, als sich auf mehreren Ebenen Verschränkungen zwischen Wahrnehmung, Sehen, Theater, Räumlichkeit, Auslassung und produktiver Kraft des Fehlens ergeben. Dies spricht *für* die eingangs getroffene Klammersetzung, die die Verwobenheit der jeweiligen Teile untereinander unterstreicht.

Abwesenheiten erweisen sich nicht nur, sondern insbesondere als produktiv im Theaterraum, wobei der Theaterraum an sich nicht vollständig zu trennen ist von einer *Raum*vorstellung. Ein *theatralisches Raumerlebnis* ist demnach zu reformulieren:

> *Wo vom realen Theaterraum doch die Rede ist, wollen wir wesentlich an unsere moderne Guckkasten-Bühne und den üblichen Zuschauerraum der Gegenwart denken. Die Betrachtung aber auch dieses ‚modernen' Theaterraumes ist nicht Selbstzweck unserer Ausführungen. [...] Bühnenkunst ist Raumkunst. Das darf aber nicht so verstanden werden, als ob die Darstellung des Raumes Selbstzweck im Theater sein könnte. Die Bühne nur als Schauplatz ohne Menschen stellt sich eigentlich niemals dem Blicke dar oder doch nur, wenn es sich um einen Moment der Verlegenheit handelt, oder auch wohl bei einem ganz kurzen Leersein des Schauplatzes zu außergewöhnlichen Zwecken [...].*[564]

Entgegen des von Herrmann genannten Verlegenheitsmomentes kann die Auslassung gerade das sein, was innerhalb des Raumerlebnisses als inszenierte Abwesenheit produktiv wird. Hierbei handelt es sich nicht um einen ausnahmsweise stattfindenden Zustand der Leere oder des Fehlens, sondern gerade dieses trägt zum Raumerlebnis bei und bringt es überdies mit hervor.

Insofern sei eine Bemerkung zu den sämtlich erwähnten kulturwissenschaftlichen Wenden angeführt: Die Fülle der *Turns,* welche mit *Visual, Pictorial, Iconic, Spatial, Topographical, Topological Turn* erwähnt worden ist, könnte nun im Hinblick auf die Produktivität des Abwesenden weitergeführt werden mit *Absent(ic), Elliptic, (In)Visible, Fragmentary, Negative* oder *Nihilistic Turn.* Siegmund beschreibt diese Tendenz als „[...] strategische[n] Perspektivwechsel weg von der Präsenz hin zur Absenz als Kategorie, weil sich unter diesem veränderten Blickwinkel

564 Herrmann 2006, 501.

mehr und Spezifischeres über die Gegenstände aussagen lässt."[565] Er beantwortet damit die Frage, „[...] was die Präsenz hervorruft. Die Antwort [...] ist die Abwesenheit."[566]

Indem nicht nur beispielsweise mit der Entwicklung neuer auslassender Theaterformen, die den Zuschauer ins Zentrum stellen, aktive Teilnahme fordern oder den Raum auflösen, sondern – wie in der vorliegenden Arbeit geschehen – auch mit Berücksichtigung des Abwesenden als produktiver Instanz eine veränderte Perspektive aufs Theater genommen werden kann, bedarf die Leerstelle und Auslassung hinsichtlich der kulturwissenschaftlichen Betrachtung weiterer Aufmerksamkeit. Für eine Ästhetik des Abwesenden, Fehlenden oder des Schweigens stünde ein möglicher ‚abwesender *Turn*' – buchstäblich im Doppelsinne, weil es einerseits diesen *Turn* nicht gibt, er aber genau ein derartiges ‚Nicht-geben' behandelte: „Theatre [...] is ever the presence of the absence and the absence of the presence."[567]

565 Siegmund 2006, 58.
566 Siegmund 2006, 58.
567 Elinor Fuchs zitiert nach Siegmund 2006, 73.

6 Literaturverzeichnis

6.1 Inszenierungen

Das letzte Feuer. 2008, Regie: Andreas Kriegenburg, Bühne: Anne Ehrlich, Hamburg.

Die Schmutzigen, die Hässlichen und die Gemeinen. 2010, Regie: Karin Beier, Bühne: Thomas Dreißigacker, Köln.

Fräulein Julie. Frei nach August Strindberg. 2010, Regie: Katie Mitchell und Leo Warner, Bühne und Kostüme: Alex Eales, Berlin.

Stifters Dinge. 2007, Regie: Heiner Goebbels, Bühne: Klaus Grünberg, Frankfurt.

6.2 Primärliteratur

Loher, Dea (2008): Das letzte Feuer. In: *Theater heute* 2008:03. Beilage/ Stückabdruck. 2-16.

6.3 Sekundärliteratur

Adamowsky, Natascha und Matussek, Peter (2004): Formen des Auslassens. Ein Experiment zur kulturwissenschaftlichen Essayistik. In: Adamowsky/Matussek 2004. 13-28.

Adamowsky, Natascha und Matussek, Peter (Hg.) (2004): *[Auslassungen]. Leerstellen als Movens der Kulturwissenschaft.* Würzburg.

Austin, John L. (2002): Zur Theorie der Sprechakte. Zweite Vorlesung. Übers. von Eike v. Savigny. [orig.: 1962] In: Wirth 2002. 63-71.

Bachmann-Medick, Doris (2006): *Cultural Turns. Neuorientierungen in den Kulturwissenschaften.* Reinbek bei Hamburg. (rowohlts enzyklopädie.)

Balme, Christopher (2003): Einleitung (zum Abschnitt „Theaterwissenschaft"). In: Ernst/Gropp/Sprengard 2003. 209-214.

Barthes, Roland (2002): Der Tod des Autors. Übers. von Matías Martínez. [orig.: 1968] In: Wirth 2002. 104–110.

Belting, Hans (2008): Vorwort (zu *Das Leben der Bilder. Eine Theorie der visuellen Kultur*). In: Mitchell 2008. 7-10.

Benthien, Claudia (2006): Die *vanitas* der Stimme. Verstummen und Schweigen in bildender Kunst, Literatur, Theater und Ritual. In: Kolesch/Krämer 2006. 237–268.

Bleeker, Maaike (2009): Visualität als Ereignis. In: Röttger/Jackob 2009. 77–91.

Böhme, Gernot (1995): *Atmosphäre. Essays zur neuen Ästhetik*. Frankfurt am Main. (edition suhrkamp 1927.)

Böhme, Gernot (2001): *Aisthetik. Vorlesungen über Ästhetik als allgemeine Wahrnehmungslehre*. München.

Böhme, Gernot (2004): Der Raum der leiblichen Anwesenheit und der Raum als Medium von Darstellung. In: Krämer 2004. 129–140.

Böhme, Hartmut (2004): Das Unsichtbare - Mediengeschichtliche Annäherungen an ein Problem neuzeitlicher Wissenschaft. In: Krämer 2004. 215–245.

Böhme, Hartmut (2007): Raum - Bewegung - Grenzzustände der Sinne. In: Lechtermann/Wagner/Wenzel 2007. 53–72.

Caesar, Claus (2008): Was ist mit dem Glück? Ein Gespräch mit Andreas Kriegenburg. In: Thalia Theater (Hg.): *Das letzte Feuer. Programmheft*. 2007/2008: 77. Hamburg. 15–23.

De Certeau, Michel (2006): Praktiken im Raum. [orig.: 1980] In: Dünne/Günzel 2006. 343–353.

Deck, Jan (2008): Zur Einleitung: Rollen des Zuschauers im postdramatischen Theater. In: Deck, Jan und Sieburg, Angelika (Hg.): *Paradoxien des Zuschauens. Die Rolle des Publikums im zeitgenössischen Theater*. Bielefeld. (Theater 3.) 9–19.

Döring, Jörg und Thielmann, Tristan (Hg.) (2008): *Spatial Turn. Das Raumparadigma in den Kultur- und Sozialwissenschaften.* Bielefeld.

Dünne, Jörg und Günzel, Stephan (Hg.) (2006): *Raumtheorie. Grundlagentexte aus Philosophie und Kulturwissenschaften.* Frankfurt am Main. (suhrkamp taschenbuch wissenschaft 1800.)

Dubost, Jean-Pierre (Hg.) (2004): *Bildstörung. Gedanken zu einer Ethik der Wahrnehmung.* Leipzig. (Reclam-Bibliothek 1499.)

Eilers, Dorte Lena und Raddatz, Frank (2007): Der Zuschauer als Souverän. Heiner Goebbels im Gespräch. In: *Theater der Zeit* 2007:12. 8–15.

Elzenheimer, Regine (2008): *Pause. Schweigen. Stille. Dramaturgien der Abwesenheit im postdramatischen Musik-Theater.* Würzburg. (Epistemata, Reihe Literaturwissenschaft 581.)

Ernst, Christoph/Gropp, Petra/Sprengard, Karl Anton (Hg.) (2003): *Perspektiven interdisziplinärer Medienphilosophie.* Bielefeld.

Fischer-Lichte, Erika (1988): *Semiotik des Theaters: eine Einführung. Bd. 1. Das System der theatralischen Zeichen.* Tübingen.

Fischer-Lichte, Erika (2001): *Ästhetische Erfahrung. Das Semiotische und das Performative.* Tübingen/Basel.

Fischer-Lichte, Erika (2002): Grenzgänge und Tauschhandel. Auf dem Wege zu einer performativen Kultur. In: Wirth 2002. 277–300.

Fischer-Lichte, Erika (2003): Performativität und Ereignis. In: Fischer-Lichte [u. a.] 2003. 11–37.

Fischer-Lichte, Erika (2004a): *Ästhetik des Performativen.* Frankfurt am Main. (edition suhrkamp 2373.)

Fischer-Lichte, Erika (2004b): Einleitende Thesen zum Aufführungsbegriff. In: Fischer-Lichte/Risi/Roselt 2004. 11–26.

Fischer-Lichte, Erika (2006): Performative Räume und imaginierte Szenen. Wie leibliche Bewegung die Einbildungskraft in Bewegung versetzt. In: Hüppauf, Bernd und Wulf, Christoph (Hg.) (2006): *Bild und Einbildungskraft*. Paderborn, München. (Bild und Text.) 216–225.

Fischer-Lichte, Erika [u. a.] (Hg.) (2003): *Performativität und Ereignis*. Tübingen/Basel. (Theatralität 4.)

Fischer-Lichte, Erika/Risi, Clemens/Roselt, Jens (Hg.) (2004): *Kunst der Aufführung – Aufführung der Kunst*. Berlin. (Theater der Zeit Recherchen 18.)

Frank, Michael C. [u. a.] (Hg.) (2008): *Räume*. Bielefeld. (Zeitschrift für Kulturwissenschaften 2008:2.)

Früchtl, Josef (2001): Der Schein der Wahrheit. Adorno, die Oper und das Bürgertum. In: Früchtl/Zimmermann 2001. 164–182.

Früchtl, Josef und Zimmermann, Jörg (Hg.) (2001): *Ästhetik der Inszenierung. Dimensionen eines künstlerischen, kulturellen und gesellschaftlichen Phänomens*. Frankfurt am Main. (Aesthetica edition suhrkamp 2196.)

Glöde, Marc (2007): Zur Wahrnehmung der Aufmerksamkeit. In: Lechtermann/Wagner/Wenzel 2007. 31–41.

Gumbrecht, Hans Ulrich (2001): Produktion von Präsenz, durchsetzt mit Absenz. Über Musik, Libretto und Inszenierung. In: Früchtl/Zimmermann 2001. 63–76.

Günzel, Stephan (2007): Raum – Topographie – Topologie. In: Günzel, Stephan (Hg.): *Topologie. Zur Raumbeschreibung in den Kultur- und Medienwissenschaften*. Bielefeld. 13–29.

Hauthal, Janine (2009): Von den Brettern, die die Welt bedeuten, zur ‚Bühne' des Textes: Inszenierungen des Raumes im Drama zwischen *mise en scène* und *mise en page*. In: Hallet, Wolfgang und Neumann, Birgit (Hg.): *Raum und Bewegung in der Literatur. Die Literaturwissenschaften und der Spatial Turn*. Bielefeld. 371–397.

Heeg, Günther (2009): Bild/Bewegung. Das Theater der Visualität. In: Röttger/Jackob 2009. 207-217.

Herrmann, Max (2006): Das theatralische Raumerlebnis. [orig.: 1931] In: Dünne/Günzel 2006. 501-514.

Jackob, Alexander (2009): Zwischen Bild und Vorstellung - Drei Gedankengänge. In: Röttger/Jackob 2009. 93-111.

Jackob, Alexander und Röttger, Kati (2003): Ab der Schwelle zum Sichtbaren. Zu einer neuen Theorie des Bildes im Medium Theater. In: Ernst/Gropp/Sprengard 2003. 234-257.

Jackob, Alexander und Röttger, Kati (2009): Einleitung: Theater, Bild und Vorstellung. Zur Inszenierung des Sehens. In: Röttger/Jackob 2009. 7-39.

Kolesch, Doris (2001): Ästhetik der Präsenz: Theater-Stimmen. In: Früchtl/Zimmermann 2001. 260-275.

Kolesch, Doris (2006): Wer sehen will, muss hören. Stimmlichkeit und Visualität in der Gegenwartskunst. In: Kolesch/Krämer 2006. 40-64.

Kolesch, Doris und Krämer, Sybille (2006): Stimmen im Konzert der Disziplinen. In: Kolesch/Krämer 2006. 7-15.

Kolesch, Doris und Krämer, Sybille (Hg.) (2006): *Stimme. Annäherung an ein Phänomen.* Frankfurt am Main. (suhrkamp taschenbuch wissenschaft 1789.)

Kramer, Kirsten und Dünne, Jörg (2009): Einleitung. Theatralität und Räumlichkeit. In: Dünne, Jörg/Friedrich, Sabine/Kramer, Kirsten (Hg.): *Theatralität und Räumlichkeit. Raumordnungen und Raumpraktiken im theatralen Mediendispositiv.* Würzburg. 15-32.

Krämer, Sybille (Hg.) (2004): *Performativität und Medialität.* München.

Krämer, Sybille (2006): Die ‚Rehabilitierung der Stimme'. Über die Oralität hinaus. In: Kolesch/Krämer 2006. 269-291.

Kümmel, Peter (2010): Spiele im Sturm. In: *Die Zeit*. 07.10.2010.

Lagaay, Alice (2004): Züge und Entzüge der Stimme in der Philosophie. In: Krämer 2004. 293–306.

Laux, Lothar/Spielhagen, Caroline/Renner, Karl-Heinz (2003): Persönlichkeitseigenschaften als Selbstdarstellungsprodukte: Vom Ereignis zur Eigenschaft. In: Fischer-Lichte, Erika [u. a.] 2003. 243–257.

Lazardzig, Jan und Wagner, Kirsten (2007): Raumwahrnehmung und Wissensproduktion. Erkundungen im Interferenzbereich von Theorie und Praxis. In: Lechtermann/Wagner/Wenzel 2007. 123–137.

Lechtermann, Christina/Wagner, Kirsten/Wenzel, Horst (Hg.) (2007): *Möglichkeitsräume. Zur Performativität sensorischer Wahrnehmung*. Berlin. (Allgemeine Literaturwissenschaft – Wuppertaler Schriften 10.)

Lehmann, Hans-Thies (1995): Ästhetik. Eine Kolumne. Fülle, Leere. In: *Merkur. Deutsche Zeitschrift für europäisches Denken* 49:554. 432–438.

Lehmann, Hans-Thies (1999): Die Gegenwart des Theaters. In: Fischer-Lichte, Erika/Kolesch, Doris/Weiler, Christel (Hg.): *Transformationen. Theater der neunziger Jahre*. Berlin. (Theater der Zeit Recherchen 2.) 13–26.

Lehmann, Hans-Thies (2001): *Postdramatisches Theater*. Frankfurt am Main.

Leonhardt, Nic (2009): Theater und visuelle Kultur im 19. Jahrhundert. Modi der Relation aus historischer Perspektive. In: Röttger/Jackob 2009. 233–254.

Löw, Martina (2007): Die Kontextabhängigkeit der Raumwahrnehmung. Eine Annäherung über Taten und Bilder im Feld des Tourismus. In: Lechtermann/Wagner/Wenzel 2007. 93–106.

Luhmann, Niklas und Fuchs, Peter (1989): *Reden und Schweigen*. Frankfurt am Main. (suhrkamp taschenbuch wissenschaft 848.)

Merleau-Ponty, Maurice (1974): *Phänomenologie der Wahrnehmung*. Übers. von Rudolf Boehm. [orig.: 1945] Berlin. (Phänomenologisch-psychologische Forschungen 7.)

Merleau-Ponty, Maurice (1984): *Das Auge und der Geist. Philosophische Essays*. Übers. von Hans Werner Arndt. Hamburg. (Philosophische Bibliothek 357.)

Merleau-Ponty, Maurice (1986): *Das Sichtbare und das Unsichtbare. Gefolgt von Arbeitsnotizen*. Übers. von Regula Giuliani/Bernhard Waldenfels. [orig.: 1964] München. (Übergänge 13.)

Merleau-Ponty, Maurice (2003): Das Primat der Wahrnehmung und seine philosophischen Konsequenzen. Übers. von Jürgen Schröder. [orig.: 1946] In: Merleau-Ponty, Maurice (2003): *Das Primat der Wahrnehmung*. Hrsg. von Lambert Wiesing. Frankfurt am Main. (suhrkamp taschenbuch wissenschaft 1676.) 26–84.

Meyer, Petra Maria (2009): Der Raum, der Dir einwohnt. Zu existentiellen Klang- und Bildräumen. In: Bohn, Ralf und Wilharm, Heiner (Hg.): *Inszenierung und Ereignis. Beiträge zur Theorie und Praxis der Szenografie*. Bielefeld. (Szenografie & Szenologie 1.) 105–134.

Mitchell, William J. Thomas (2008): *Das Leben der Bilder. Eine Theorie der visuellen Kultur*. München. (beck'sche reihe 1860.)

Nancy, Jean-Luc (1994): Die Kunst - Ein Fragment. In: Dubost 1994. 130–147.

Nioduschewski, Anja (Hg.) (2010): *Katrin Brack: Bühnenbild. Stages. Theater der Zeit*. Berlin.

Pavis, Patrice (2009): Medien auf der Bühne. In: Röttger/Jackob 2009. 115–130.

Phelan, Peggy (1993): *Unmarked. The Politics of Performance*. London/New York.

Picard, Max (1948): *Die Welt des Schweigens.* Erlenbach-Zürich.

Risi, Clemens (2006): Hören und Gehört Werden als körperlicher Akt. Zur *feedback*-Schleife in der Oper und der Erotik der Sängerstimme. In: Fischer-Lichte [u. a.] (Hg.) (2006): *Wege der Wahrnehmung. Authentizität, Reflexivität und Aufmerksamkeit im zeitgenössischen Theater.* Berlin. (Theater der Zeit Recherchen 33.) 98–113.

Rodatz, Christoph (2010): *Der Schnitt durch den Raum. Atmosphärische Wahrnehmung in und außerhalb von Theaterräumen.* Bielefeld.

Roselt, Jens (2008): *Phänomenologie des Theaters.* München. (Übergänge 56.)

Röttger, Kati (2009a): Bilder-Schlachten im Bambiland: Zur Politik des Sehens im Theater. In: Röttger/Jackob 2009. 61–75.

Röttger, Kati und Jackob, Alexander (Hg.) (2009): *Theater und Bild. Inszenierungen des Sehens.* Bielefeld.

Schlesier, Renate (2004): Eine Ellipse: Wie Nietzsche etwas über die Entstehung eines Kunstwerks sagt, ohne etwas dazu zu sagen. In: Adamowsky/Matussek 2004. 221–230.

Schouten, Sabine (2004): Zuschauer auf Entzug. Zur Wahrnehmung von Aufführungen. In: Fischer-Lichte/Risi/Roselt 2004. 104–118.

Schramm, Helmar (2004): Schweigen lernen. Kleine Erinnerung an Max Picard. In: Adamowsky/Matussek 2004. 185–190.

Schumacher, Eckhard (2002): Performativität und Performance. In: Wirth 2002. 383–402.

Schürmann, Eva (2004): Kunstsehen als Performanz einer ikonischen Praxis. In: Fischer-Lichte/Risi/Roselt 2004. 76–90.

Schürmann, Eva (2008): *Sehen als Praxis. Ethisch-ästhetische Studien zum Verhältnis von Sicht und Einsicht.* Frankfurt am Main. (suhrkamp taschenbuch wissenschaft 1890.)

Seel, Martin (2000): *Ästhetik des Erscheinens.* München, Wien.

Seel, Martin (2001): Inszenieren und Erscheinenlassen. Thesen über die Reichweite eines Begriffs. In: Früchtl/Zimmermann 2001. 48–62.

Siegmund, Gerald (2006): *Abwesenheit. Eine performative Ästhetik des Tanzes. William Forsythe, Jérôme Bel, Xavier Le Roy, Meg Stuart.* Bielefeld.

Siouzouli, Natascha (2008): *Wie Absenz zur Präsenz entsteht. Botho Strauß inszeniert von Luc Bondy.* Bielefeld. (Theater 1.)

Soja, Edward W. (2005): Die Trialektik der Räumlichkeit. [orig: 1990] In: Stockhammer 2005. 93–123.

Soja, Edward W. (2008): Vom „Zeitgeist" zum „Raumgeist". New Twists on the *Spatial Turn.* In: Döring/Thielmann 2008. 241–259.

States, Bert O. (1987): *Great Reckonings in Little Rooms. On the Phenomenology of Theater.* Berkeley [u. a.].

Stockhammer, Robert (Hg.) (2005): *TopoGraphien der Moderne. Medien zur Repräsentation und Konstruktion von Räumen.* München. (Trajekte.)

Streisand, Marianne (2005): Rhythmische Räume. In: Stockhammer 2005. 229–262.

Stricker, Achim (2007): *Text-Raum. Strategien nicht-dramatischer Theatertexte. Gertrude Stein, Heiner Müller, Werner Schwab, Rainald Goetz.* Heidelberg. (Neues Forum für allgemeine und vergleichende Literaturwissenschaft 35.)

Strindberg, August (2010): Bühnenpraxis. [orig.: 1908/09] In: Schaubühne am Lehniner Platz (Hg.): *Fräulein Julie. Programmheft.* 2010/11. Berlin. 27–33.

Tackels, Bruno (1994): Ethik der Zeugenschaft. In: Dubost 1994. 130–147.

Tardieu, Jean (1965): *Mein imaginäres Museum*. Frankfurt. (edition suhrkamp 131.)

Virilio, Paul (1989): *Die Sehmaschine*. Berlin.

Virilio, Paul (1994): Das Privileg des Auges. In: Dubost 1994. 55–71.

Wagner, Kirsten (2007): Raum und Raumwahrnehmung. Zur Vorgeschichte des ‚Spatial Turn'. In: Lechtermann/Wagner/Wenzel 2007. 13–22.

Wagner, Meike (2003): Fremde Körper. In: Ernst/Gropp/Sprengard 2003. 258–274.

Waldenfels, Bernhard (2006): Das Lautwerden der Stimme. In: Kolesch/Krämer 2006. 191–210.

Wiesing, Lambert (2003): Merleau-Pontys Entdeckung der Wahrnehmung. In: Merleau-Ponty, Maurice (2003): *Das Primat der Wahrnehmung*. Hrsg. von Lambert Wiesing. Frankfurt am Main. (suhrkamp taschenbuch wissenschaft 1676.) 85–124.

Wirth, Uwe (2002): Der Performanzbegriff im Spannungsfeld von Illokution, Iteration und Indexikalität. In: Wirth 2002. 9–60.

Wirth, Uwe (Hg.) (2002): *Performanz. Zwischen Sprachphilosophie und Kulturwissenschaften*. Frankfurt am Main. (suhrkamp taschenbuch wissenschaft 1575.)

6.4 Internetquellen

Für alle Quellen aus dem Internet gilt, wenn nicht anders angegeben, folgendes Datum: [Stand: 05. April 2011].

Anderson, Shane (2010): *Questions About Representation*. URL: http://www.theatertreffen-blog.de/tt10/artikel-zu/questions-about-representation.

Behrendt, Barbara (2010): *„… und kreist und dreht sich nur und hat kein Ziel…“.*
URL: http://www.theatertreffen-blog.de/tt10/artikel-zu/diebe/und-kreist-und-dreht-sich-nur-und-hat-kein-ziel.

Büning, Eleonore (2010): Diese Story ist eine Warnung an uns alle. In: *Frankfurter Allgemeine FAZ.net*: 21.07.2010.
URL: http://www.faz.net/s/RubFE0AD350416641D19-B3904FF23B62FEB/Doc~EFFE8CD4CD84B475B859D1FE3F8979AB1~ATpl~Ecommon~Scontent.html.

Dobretsberger, Christine (2009): Louise Martini. In: *Wiener Zeitung.*
URL: http://www.wienerzeitung.at/DesktopDefault.aspx?TabID=4664&Alias=wzo&cob=441857&Page15308=1.

Döring, Gerd (2007): *Mut zu unkonventionellem Materialmix.*
URL: http://www.allgemeine-zeitung.de/feuilleton/objekt.php3?artikel_id=3029320. [Stand: 08. November 2007]

Fischer, Karin (2010): *Unterschichten-Menschenzoo. Karin Beier inszeniert „Die Schmutzigen, die Hässlichen und die Gemeinen“ nach Ettore Scola.*
URL: http://www.dradio.de/dlf/sendungen/kulturheute/1101943.

Fischer, Ulrich (2010): *Schmutzig, hässlich und gemein. Karin Beier verschärft in der Krise ihren Kölschen Realismus.*
URL: http://www.suite101.de/content/schmutzig-haesslich-und-gemein-a67698.

Göpfert, Peter Hans (2010): *Schaubühne am Lehniner Platz: „Fräulein Julie“. Drama frei nach August Strindberg.*
URL: http://kulturradio.de/rezensionen/buehne/2010/fraeulein_julie.html.

Hein, Christoph (2010): *Laudatio für Anja Schneider.*
URL: http://www.gorki.de/de_DE/hpg/detail/46157/117729.

Heppekausen, Sarah (2010): *Die Schmutzigen, die Hässlichen & die Gemeinen – Karin Beiers tonloses Armutstableau nach Scola. Das Gift der Armut.*
URL: http://nachtkritik.de/index.php?option=com_content&task=view&id=3748&Itemid=0.

Höbel, Wolfgang (2010): *Digitalkamera killt den Theaterstar.*
URL: http://www.spiegel.de/kultur/gesellschaft/0,1518,719419,00.html.

Hoghe, Raimund (2006): „Den Körper in den Kampf werfen". Behinderungen schockieren auf der Bühne oft mehr als Gewalt: ein Plädoyer für das Unperfekte. In: *du – Zeitschrift für Kultur* 765:3.
URL: http://www.raimundhoghe.com/de/de_dasunperfekte.html.

Hustvedt, Siri (2009): *Notes on Seeing.*
URL: http://sirihustvedt.net/2009/11/notes-on-seeing.

Krämer, Sybille (2009): *Gibt es eine Performanz des Bildlichen? Reflexionen über ‚Blickakte'.*
URL: http://userpage.fu-berlin.de/~sybkram/media/downloads/Performanz_des_Bildlichen.pdf.

Laudenbach, Peter (2007): Nichts ist schöner als eine leere Bühne. Interview mit Heiner Goebbels. In: *Tip Berlin.* 04.10.–17.10.07.
URL: http://www.heinergoebbels.com. [Stand: 08. November 2007]

Linke, Hans-Jürgen (2007): Was ein Klavier zu erzählen weiß. Heiner Goebbels' „Stifters Dinge". In: *Frankfurter Rundschau.* 14.09.2007.
URL: http://www.heinergoebbels.com. [Stand: 08. November 2007]

Müller, Alexandra (2010): *RTL 2 präsentiert: das poetisierte Grauen.*
URL: http://www.theatertreffen-blog.de/tt10/allgemeines/rtl2-prasentiert-korper-von-gewicht/.

Müller, Tobi (2010): *Liebe: The Making Of.*
URL: http://www.kultiversum.de/Schauspiel-Theaterheute/Fruehkritik-Fraeulein-Julie-Katie-Mitchell-Berlin.html.

Neugebauer, Christian (2007): *Herrmann, Max (1931); „Das theatralische Raumerlebnis“.*
URL: http://european-spaces.eu/archives/55-Herrmann,-Max-1931;-Das-theatralische-Raumerlebnis.html.

Pilz, Dirk (2007): Die Entdeckung der Unschärfe. Mit Heiner Goebbels „Stifters Dinge“ wurde die Saison von spielzeiteuropa eröffnet. In: *Berliner Zeitung.* 08.10.2007.
URL: http://www.heinergoebbels.com. [Stand: 08. November 2007]

Rakow, Christian (2010): *Fräulein Julie – Katie Mitchells Video-Arrangement an der Schaubühne Berlin. Blut ist am Stuhl.*
URL: http://www.nachtkritik.de/index.php?_option=com_content&view=article&id=4711:fraeulein-julie-katie-mitchell-an-der-schaubuehne-berlin&catid=38&Itemid=40.

Röttger, Kati (2009b): *In Bildern denken.*
URL: http://www.tmg-online.org/download/symposium_roettger_de_0905.pdf.

Schaper, Rüdiger (2010): Katie Mitchell seziert Strindbergs „Fräulein Julie“. In: *Der Tagesspiegel.* 26.09.2010.
URL: http://www.tagesspiegel.de/kultur/katie-mitchell-seziert-strindbergs-fraeulein-julie/1942964.html.

Scheyko, Manfred (2007): Der Reiter durch den Text. Heiner Goebbels inszeniert Adalbert Stifters Naturliteratur in Lausanne. In: *3Sat Kulturzeit.* 17.09.2007.
URL: http://www.heinergoebbels.com. [Stand: 08. November 2007]

Spahn, Claus (2007): Ein Lied in allen Dingen. Heiner Goebbels und seine Klanginstallation „Stifters Dinge“ beim Berliner Festival Spielzeit Europa. In: *Die Zeit.* 11.10.2007.
URL: http://www.heinergoebbels.com. [Stand: 08. November 2007]

Spreng, Eberhard (2010): *Lautsprecher, Leinwand und Fräulein Julie. Katie Mitchell inszeniert frei nach August Strindberg in Berlin.* URL: http://www.dradio.de/dlf/sendungen/kulturheute/1282005.

[o. A.]: *Das letzte Feuer – Andreas Kriegenburg verhilft Dea Loher zum Triumph.* URL: http://nachtkritik.de/index.php?option=com_content&view=article&id=945%3Adas-letzte-feuer-andreas-kriegenburg-verhilft-dea-loher-zum-triumph&catid=37&Itemid=62.

[o. A.]: URL: http://www.bertteunissen.com/index.php.

[o. A.]: URL: http://www.buehnen-frankfurt.de/content/schau_alt/spielplan/stueckinhalta1a8.html?InhaltID=5791&ZusatzInhaltID=6304.

[o. A.]: URL: http://www.fussball-em-info.de/em-endrunde/gruppe-b.html.

In der Schriftenreihe *Kleine Mainzer Schriften zur Theaterwissenschaft* sind bisher erschienen:

Becker, Kristin:

Chicago.
Ein Mythos in seinen Inszenierungen

(KMT, Band 1)

166 Seiten, 24,90 Euro, 2005

ISBN 978-3-8288-8929-3

Wiegmink, Pia:

Theatralität und öffentlicher Raum.
Die Situationistische Internationale am Schnittpunkt von Kunst und Politik

(KMT, Band 2)

146 Seiten, 24,90 Euro, 2005

ISBN 978-3-8288-8935-4

Pfahl, Julia:

Québec inszenieren.
Identität, Alterität und Multikulturalität als Paradigmen im Theater von Robert Lepage

(KMT, Band 3)

120 Seiten, 24,90 Euro, 2005

ISBN 978-3-8288-8948-4

Walkenhorst, Birgit:

Intermedialität und Wahrnehmung.
Untersuchungen zur Regiearbeit von John Jesurun und Robert Lepage

(KMT, Band 4)

100 Seiten, 24,90 Euro, 2005

ISBN 978-3-8288-8949-1

Butte, Maren:

Das Absterben der Pose.
Die Subversion des Melodramas in Cindy Shermans Fotoarbeiten

(KMT, Band 5)

134 Seiten, 24,90 Euro, 2006

ISBN 978-3-8288-8969-9

Naumann, Matthias:

Dramaturgie der Drohung.
Das Theater des israelischen Dramatikers und Regisseurs Hanoch Levin

(KMT, Band 6)

268 Seiten, 24,90 Euro, 2006

ISBN 978-3-8288-8973-6

Küssner, Lisa Marie:

Sprach-Bilder versus Theater-Bilder.
Möglichkeiten eines szenischen Umgangs mit den Bilderwelten von Werner Fritsch

(KMT, Band 7)

164 Seiten, 24,90 Euro, 2006

ISBN 978-3-8288-9050-3

Faust, Nicole:

Körperwissen in Bewegung

(KMT, Band 8)

150 Seiten, 24,90 Euro, 2006

ISBN 978-3-8288-9175-3

Dapp, Götz:

Mediaclash In Political Theatre.
Building on and Continuing Brecht

(KMT, Band 9)

156 Seiten, 24,90 Euro, 2006

ISBN 978-3-8288-9176-0

Watzka, Stefanie:

Verborgene Vermittler.
Ansätze zu einer Historie der Theateragenten und –verleger

(KMT, Band 10)

174 Seiten, 24,90 Euro, 2006

ISBN 978-3-8288-9199-9

Holling, Eva:

Ist alles gespielt?
Blicke auf den Stadtraum im neuen Theater

(KMT, Band 11)

122 Seiten, 24,90 Euro, 2007

ISBN 978-3-8288-9207-1

Reinbold, Stephanie:

Schwedisches Kinder- und Jugendtheater.
Ein Paradigma für das deutsche Kinder- und Jugendtheater seit den 1980er Jahren?

(KMT, Band 12)

132 Seiten, 24,90 Euro, 2007

ISBN 978-3-8288-9259-0

Freund, Alexandra:

Fake ist total real.
Das Theater des Igor Bauersima

(KMT, Band 13)

204 Seiten, 24,90 Euro, 2007

ISBN 978-3-8288-9348-1

Plappert, Stefanie:

„Wahrhaftige Begegnungen"?
Facetten des ‚Fremden' im zeitgenössischen norwegischen Theater

(KMT, Band 14)

204 Seiten, 24,90 Euro, 2007

ISBN 978-3-8288-9497-6

Waniek, Ellen:

Gerettet?
Spiegelungen des prekären Sinn-Subjekts im jungen deutschen Regietheater

(KMT, Band 15)

138 Seiten, 24,90 Euro, 2008

ISBN 978-3-8288-9737-3

Lenhardt, Martina:

Grenz.Fall.
Zum Verhältnis von Perfomance und Spiel

(KMT, Band 16)

124 Seiten, 24,90 Euro, 2008

ISBN 978-3-8288-9758-8

Pohl, Katharina:

Schönes Scheitern?
Die Suche nach Identität in den Inszenierungen Florian Fiedlers

(KMT, Band 17)

182 Seiten, 24,90 Euro, 2010

ISBN 978-3-8288-2223-8

Zipf, Hanna Maria:

Giorgio Strehlers *Arlecchino* am Piccolo Teatro di Milano

(KMT, Band 18)

178 Seiten, 24,90 Euro, 2010

ISBN 978-3-8288-2224-5

Dupré, Johanna:

Spiele des (Un)Sichtbaren.
Performativität und Politik der Wahrnehmung im argentinischen Gegenwartstheater

(KMT, Band 19)

246 Seiten, 24,90 Euro, 2010

ISBN 978-3-8288-9947-6

van den Heuvel-Arad, Maja:

Focalizing Bodies.
Visual Narratology in the Post-Dramatic Theatre

(KMT, Band 20)

90 Seiten, 24,90 Euro, 2011

ISBN 978-3-8288-2623-6

Peschke, Nadine:

Gebrochen in Raum und Zeit – Performanzen des Lichts im Dazwischen

(KMT, Band 21)

267 Seiten, 24,90 Euro, 2011

ISBN 978-3-8288-2658-8

Wehrle, Annika:

Die Orte des Festival d'Avignon.
Die „theatrale Eroberung" einer Stadt

(KMT, Band 22)

180 Seiten, 24,90 Euro, 2011

ISBN 978-3-8288-2785-1

Skwirblies, Lisa:

Performing the Veil.
Zur Darstellung ‚muslimischer' Verschleierung und ‚weiblichem' Körper in den visuellen Künsten nach *9/11*

(KMT, Band 23)

126 Seiten, 24,90 Euro, 2012

ISBN 978-3-8288-2867-4

Brühl, Simone
Heller, Jakob Christoph:

Re: Medium.
Standortbestimmungen zwischen Medialität und Mediatisierung

(KMT, Band 24)

288 Seiten, 24,90 Euro, 2013

ISBN 978-3-8288-3051-6

Czymoch, Christiane:

(Alp)Traumfrauen – Performative Reflexionen von Gender in der britischen Live Art. Suvbersives Potenzial bei Kira O'Reilly, Bobby Baker und Oreet Ashery

(KMT, Band 25)

224 Seiten, 24,90 Euro, 2013

ISBN 978-3-8288-3295-4

Voss, Hanna:

Reflexion von ethnischer Identität(szuweisung) im deutschen Gegenwartstheather

(KMT, Band 26)

246 Seiten, 24,95 Euro, 2014

ISBN 978-3-8288-3298-5

Schellmann, Nikola:

Ich sehe was, was du nicht hörst. Zur Produktivität des Abwesenden im (Theater)Raum

(KMT, Band 27)

215 Seiten, 24,95 Euro, 2015

ISBN 978-3-8288-3615-0

Zeitfracht Medien GmbH
Ferdinand-Jühlke-Straße 7
99095 Erfurt, Deutschland
produktsicherheit@kolibri360.de